¿Qué Europa queremos?

PAIDÓS ESTADO Y SOCIEDAD

Últimos títulos publicados:

Loukas Tsoukalis

¿Qué Europa queremos?

Los retos políticos y económicos
de la nueva Unión Europea

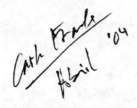

PAIDÓS
Barcelona • Buenos Aires • México

Título original: *What Kind of Europe?*
Originalmente publicado en inglés, en 2003, por Oxford University Press, Oxford, RU
Traducción publicada de conformidad con Oxford University Press
Originally published in English in 2003. This translation is published by arrangement
with Oxford University Press

Traducción de Josep Ibáñez

Cubierta de Mario Eskenazi

© 2003 Loukas Tsoukalis
© 2004 de la traducción, Josep Ibáñez
© 2004 de todas las ediciones en castellano,
   Ediciones Paidós Ibérica, S.A.,
   Mariano Cubí, 92 - 08021 Barcelona,
   http://www.paidos.com

ISBN: 84-493-1546-8
Depósito legal: B. 1.669/2004

Impreso en Gràfiques 92, S.A.
Avda. Can Sucarrats, 91 - 08191 Rubí (Barcelona)

Impreso en España - Printed in Spain

A Maria

SUMARIO

Tercera parte
Conclusiones

PREFACIO

Desde un punto de partida analítico, este libro intenta explicar y destacar algunas de las cuestiones fundamentales que estarán en juego en el desarrollo próximo de Europa en tanto que entidad económica y política regional, así como las opciones cruciales que presentan dichas cuestiones. Al ir más allá de los reducidos confines de un trabajo estrictamente académico, se pretende implicar al lector generalmente informado, y de este modo contribuir al debate abierto sobre el futuro de Europa. Es tal vez un objetivo ambicioso, pero también coherente con su principal premisa, que es que las cuestiones relativas a la integración europea necesitan ser más politizadas.

Escribir este libro ha llevado más de un año y destilar las ideas contenidas en él, mucho más. Las ideas se han tomado prestadas de diversas fuentes y puede que ahora sea difícil rastrear o reconocer la forma original de algunas de ellas. Me he nutrido de una larga experiencia como profesor e investigador en diferentes países, así como de actividades más cortas desarrolladas en el sector privado y en la política pública; y, por supuesto, de la experiencia prolongada y constantemente enriquecedora que supone intentar ser un ciudadano activo de la Europa en formación.

Las ideas recogidas en este libro han sido expuestas en toda Europa y fuera de ella ante muchos y variados públicos, desde estudiantes a profesionales. Hubiese sido imposible escribir este libro sin la inspiración, la información y las reacciones que he recibido de gente muy variada. Aun en una existencia peripatética, algunas paradas duran más que otras. Atenas, Oxford, Londres, Brujas y Florencia han sido lugares en los que he acabado pasando buena parte de mi vida. Agradezco a todos los amigos y colegas el privilegio que ha supuesto para mí aprender de ellos.

Estoy especialmente agradecido a Helen Wallace y William Wallace por sus comentarios detallados y sus consejos valiosos sobre los primeros borradores, y a Chris Hill, Nikos Koutsiaras, George Pagoulatos y Xavier Prats por sus comentarios críticos y sugerencias. Me gustaría agradecer a Susan Woodward, André Sapir y Panos Tsakloglou su ayuda en diferentes capítulos, y a Marta Arpio su consejo sobre temas jurídicos. Dimitris Bourikos me ha proporcionado una valiosa ayuda en la recogida de datos estadísticos y en la preparación de los gráficos y cuadros, mientras que Vivian Politou ha realizado un excelente trabajo ayudando a mantener unidos muchos cabos sueltos.

Con Oxford University Press he mantenido una larga y fructífera colaboración. Esta vez fueron Tim Barton, Dominic Byatt y muchos otros los que allanaron el camino para combinar en la publicación una elevada calidad y una considerable rapidez. Han realizado un excelente trabajo y querría agradecerles sus esfuerzos. También debo agradecer a Michael James su gran eficiencia en la edición del manuscrito.

El libro está dedicado a Maria Logotheti, que ha contribuido de formas muy diversas a su redacción. Mantengo una deuda inmensa de gratitud con mis padres, una pequeña parte de la cual intento saldar a través de Christos y Panos. Supongo que éste es el lado bueno de la redistribución intergeneracional a la que a menudo se refieren los estudiosos de las ciencias sociales.

LOUKAS TSOUKALIS
Marzo de 2003

Capítulo 1

¿QUÉ EUROPA QUEREMOS?

Europa está cambiando con rapidez y el ritmo no hace más que acelerarse. Muchas cosas que habrían sido impensables hace diez o quince años están sucediendo ahora y las vidas cotidianas de los ciudadanos se están viendo directamente afectadas. Desde el 1 de enero de 2002 doce países de Europa han sustituido sus monedas nacionales por el euro, dejando en el camino cualquier vestigio de soberanía monetaria. Otros están pensando si siguen por la misma senda, mientras que algunos países europeos menos afortunados simplemente se están haciendo a la idea de tener el euro como patrón de facto para sus economías nacionales. Entretanto, los antiguos países comunistas de Europa Central y Oriental, muchos de ellos liderados en la actualidad por antiguos comunistas reconvertidos en socialdemócratas y elegidos ahora según las normas de la «democracia burguesa», se han movilizado para sumarse al club en el que sus vecinos de Europa Occidental han estado aprendiendo de manera lenta y dolorosa formas y mecanismos para compartir soberanía y gestionar conjuntamente sus economías capitalistas: un club denominado oficialmente Unión Europea (UE).

Sociedades que durante mucho tiempo se habían acostumbrado a enviar al extranjero a muchos de sus miembros jóvenes y dinámicos en pos de trabajos y de un futuro mejores, una tradición que ha marcado su literatura y su música popular, han estado intentando en los últimos años adaptarse a las oleadas de inmigrantes, a menudo venidos de países lejanos. Otras sociedades que acumulan largas historias de inmigración y denodados esfuerzos en favor del multiculturalismo experimentan ahora el rechazo de grandes capas de población que creen que la cifra de extranjeros en su país ha superado el umbral de tolerancia, lo cual se ha convertido en un asunto político de primer orden. Entretanto, a medida que los aspectos internos de la seguridad estatal tienden a fundirse cada vez más con los externos, los responsables policiales y los del ministerio del interior, representantes de la esencia del viejo Estado soberano, están empezando a aprender las normas del reconocimiento mutuo y del reparto de tareas. Puede que no quede tan lejos la creación de una fuerza policial europea común.

Algunos cambios son más constatables que otros; algunos afectan a grandes grupos de población, mientras que otros se refieren sólo a grupos específicos. Una cantidad cada vez mayor de europeos se gana la vida gracias a la cooperación o a la integración transnacionales; en otras palabras, Europa se ha convertido en una profesión, y habitualmente una profesión muy lucrativa. Además, son muchos los que se benefician en cuanto consumidores, productores o ciudadanos. Pero también están los que simplemente no entienden o, lo que es peor, se sienten amenazados por los cambios rápidos cuyo origen parece situarse en lugares lejanos de Europa o allende sus límites. Al ser tan lejana, la situación precisa apenas importa, de modo que lo europeo se funde con lo global en la mente de quienes se consideran a sí mismos objetos impotentes (y víctimas) de los cambios que están más allá de su influencia y de su entendimiento. La cantidad de perdedores, o de perdedores imaginarios, parece estar creciendo y eso se ha traducido a su vez en movimientos de protesta que cuestionan la verdad establecida de la integración europea, y de la globalización.

Las fronteras se han venido abajo, aunque los límites entre sociedades siguen siendo significativos. Tras inventar el Estado-nación y el concepto de soberanía al que va asociado, durante más de cincuenta años los europeos han estado experimentando con un nuevo orden político y económico para su continente, de acuerdo con el cual la soberanía ya no es tratada como un concepto absoluto, al mismo tiempo que la cooperación y la integración transnacionales han adquirido niveles desconocidos en otras partes del mundo. Eso se está extendiendo progresivamente al resto de Europa, sobre todo desde la caída del imperio soviético. Muchos aspectos de la vida diaria de los ciudadanos europeos dependen en la actualidad de decisiones que son tomadas más allá de las fronteras estatales.

La UE ha servido de instrumento principal y catalizador para el establecimiento de este nuevo orden europeo. Sin duda alguna, existen muchas otras organizaciones regionales: el abanico que va de la simple cooperación a la integración total está plagado de todo tipo de organizaciones, tanto gubernamentales como no gubernamentales, con una participación universal o limitada, que cubre una gran variedad de actividades. Todas han contribuido, en grado variable, al llamado proceso de europeización, caracterizado por una cooperación intensa y por una interpenetración estrecha de las sociedades, los mercados y los gobiernos:

un proceso caracterizado también por la influencia mutua entre las instituciones europeas y estatales. Al mismo tiempo, han contribuido al lento surgimiento de una identidad regional europea, aunque por ahora aparentemente limitada todavía a los representantes de las élites nacionales. Sin embargo, en esta compleja red de interacción transnacional, la UE destaca claramente en términos de estructura institucional, de funciones desempeñadas y de ambiciones políticas cristalizadas en los textos sagrados de la integración europea. De hecho, se parece más bien poco a cualquier otra organización regional de Europa o de cualquier otro lugar.

La Unión Europea se encuentra en un proceso de transformación que acabará teniendo un gran impacto sobre el conjunto de Europa. Dos motores importantes en dicha transformación son la moneda única y la adhesión inminente de muchos nuevos miembros. Hace ya algún tiempo que ambos motores han estado en la agenda política europea. En el futuro, otros pueden ser igualmente importantes, si no más. La evolución de la economía mundial, las relaciones cambiantes con Estados Unidos, la única superpotencia que queda en pie, por no mencionar las nuevas crisis, especialmente si surgen en las inmediaciones de Europa, acabarán influyendo en la forma que adopte la construcción europea. Y, por supuesto, esta construcción exige una combinación de apoyo activo y aquiescencia pasiva de amplios sectores de nuestras sociedades, que cada vez muestran más signos de indigestión con respecto a lo europeo. Es posible que esta integración regional haya ido demasiado lejos. Deberemos averiguarlo a medida que supere una prueba de popularidad tras otra. En definitiva, la agenda oficial podría verse completamente desbordada por los acontecimientos en el frente exterior o en el frente interior. Los hechos tienen esta desagradable costumbre de secuestrar hasta la mejor diseñada de las políticas.

Este libro trata del tipo de Europa que queremos construir y de las principales cuestiones que están en juego. Trata de la regulación de los mercados, de eficiencia y solidaridad económicas, de ganadores y perdedores. También trata de la gestión de la globalización y de la gestión de la nueva moneda única, así como de la europeización y la modernización de los nuevos Estados democráticos. Por último, y no menos importante, trata de la exportación de valores comunes a las periferias inmediatas y alejadas. Sobre todas estas cuestiones se deben tomar decisiones, y entre ellas los europeos deben decidir qué quieren hacer de manera conjunta o qué quieren hacer por separado, cómo y con qué finalidad. La interacción entre, mayor cooperación e integración, por un lado, y mayor autonomía y diversidad, por otro, necesita hacerse más explícita. Existe un acuerdo amplio sobre la incapacidad de las instituciones europeas comunes para seguir desempeñando las tareas que les han sido asignadas. El proceso democrático también es débil y, como consecuencia de ello, el debate público está distorsionado por la ausencia de un foro apropiado para abordar las cuestiones que trascienden las fronteras estatales. Nadie ha respondido todavía con claridad a la pregunta de cómo puede funcionar adecuadamente una democracia en un nivel superior al del Estado-nación.

Éste ha sido el punto de partida para el debate actual sobre el futuro de Europa, un debate que progresivamente ha ido adquiriendo peso y que se centra en el futuro de la Unión Europea ampliada. Ciertamente, existe una especie de imperialismo por parte de la Unión Europea, que se arroga el nombre de Europa y, de este modo, sigue el ejemplo previo de Estados Unidos, que también tiende a monopolizar el nombre de todo el continente americano. El debate ha estado directamente vinculado a los trabajos de la Convención Europea que, con la participación de representantes de veintiocho países europeos y de las instituciones comunitarias, ha preparado el terreno para una nueva revisión de los tratados europeos. Durante el año 2003 se completaron los trabajos de la Convención Europea, aunque el proceso posterior de ratificación del documento resultante se desarrollará a partir de 2004. En el momento de escribir estas líneas el autor desconoce el resultado final de este ejercicio largo y complicado de reforma constitucional al nivel europeo, pero probablemente será una constitución europea o un tratado constitucional (un compromiso europeo típico), acompañado de importantes reformas institucionales. Inevitablemente, dada la naturaleza del ejercicio, el debate ha versado en buena medida sobre las instituciones comunitarias y la división de poderes entre los diferentes niveles de autoridad; de ahí el uso repetitivo de palabras como «soberanía» y «subsidiariedad», que en ocasiones se utilizan como sustitutos de argumentos sustantivos o como velos tras los que se esconden intereses particulares.

La cuestión «¿cuánta Europa?» es, por supuesto, una cuestión relevante, aunque inadecuada y potencialmente equívoca cuando se formula fuera de contexto. Los que abogan en favor de más transferencias de competencias a las instituciones comunitarias son cada vez menos. Son la vieja raza de federalistas europeos, en su mayoría viejos y no demasiado relevantes. El bando opuesto cuenta todavía con más seguidores: los que se aferran al Estado-nación sin preocuparse de hacer la distinción crucial entre autonomía formal y autonomía real en un mundo en el que los mercados y el entorno internacional imponen cada vez más constricciones sobre la acción independiente de los gobiernos salidos de las urnas. La inmensa mayoría de la gente se encuentra en algún punto entre ambos bandos: en general apoya la cooperación/integración europea, es difícil de movilizar y es más o menos consciente de una realidad que es mucho más compleja y variada de lo que están dispuestos a reconocer los bandos opuestos en los extremos del espectro.

Una cuestión es «¿cuánta Europa?» y otra cuestión es «¿qué tipo de Europa?», aunque ambas estén estrechamente relacionadas. Examinemos algunos ejemplos. La ausencia de una institución política responsable de la política macroeconómica europea puede tener consecuencias negativas sobre la estabilidad financiera, el crecimiento y la credibilidad de una moneda única nueva: ¿aceptamos todos que las recesiones son un acto divino que no debe ser objeto de interferencias por parte de gobiernos pecadores, o incluso que el dinero es neutro y que debería estar totalmente al margen de la esfera política? La liberalización del mercado sin poderes reguladores efectivos a menudo obliga a tomar decisiones en la interacción entre eficiencia, estabilidad y equidad: ¿acaso no son esas decisiones una parte integral de la política contemporánea?; y, si lo son, ¿quién las tomará y cómo en el mercado único europeo? Una Europa social fuerte puede proveer de un escudo protector a las economías más adelantadas: ¿es ésta la finalidad de las normas de armonización?; y, si no lo es, ¿conduce automáticamente la competencia entre sistemas estatales a una armonización de mínimos? La competencia entre diferentes modelos de capitalismo en el seno de Europa necesita normas: ¿a qué modelo deberían favorecer y cuál es el precio de la diversidad? En la Unión hemos invertido la secuencia tradicional en la que la fiscalidad precede a la representación, y ya tenemos a esta última sin la primera: ¿estamos preparados ahora para un impuesto europeo? Con las próximas ampliaciones las disparidades económicas se harán muy grandes: ¿qué efectos tendrán sobre la cohesión de la Unión, debería permitirse que la convergencia quedase únicamente en manos de los mercados? La defensa de valores e intereses comunes de puertas afuera exige dinero y, en última instancia, también tropas: si asumimos que estamos preparados para pagar este precio, ¿puede una política exterior común funcionar sin un ejecutivo europeo fuerte o, si no es así, puede éste ser sustituido por un concierto de grandes potencias?

Ésta es sólo una lista indicativa de cuestiones reales a las que se enfrenta la Europa actual. De la Convención Europea no se espera que ofrezca las respuestas, aunque las decisiones relativas a la reforma institucional y a las disposiciones constitucionales generales acabarán influyendo en los resultados políticos futuros. Todas las preguntas formuladas se refieren a dilemas políticos y a diferentes intereses e ideologías. Reducirlas a un simple dilema entre supranacionalidad europea (otra palabra larga) y soberanía nacional desvirtuaría por completo lo que verdaderamente está en juego. La política cotidiana en la Unión Europea consiste en buena medida en ofrecer respuestas a estas preguntas —y a muchas otras—. Ciertamente, no siempre están presentes como tales en los Consejos Europeos: el vocabulario comunitario oficial tiende a estar políticamente esterilizado, lo cual dificulta el surgimiento del debate público. Cuando empezamos a debatir seriamente estas cuestiones y logramos escapar de los viejos clichés encorsetados sobre la soberanía y el superestado europeo, podemos descubrir paulatinamente que ser británico o alemán, sueco o griego, no es necesariamente el único factor determinante en el tipo de preferencias que expresamos: izquierda o derecha, nuevo o viejo, verde o negro (¿es el negro lo opuesto al verde en política?) adquirirán entonces un papel cada vez más importante en el tipo de Europa por el que optemos. Todavía estamos al principio y este proceso promete ser lento. La percepción va por detrás de una realidad rápidamente cambiante, al mismo tiempo que las instituciones establecen el marco para el debate público.

Las preguntas formuladas constituyen el núcleo de este libro, dedicado al tipo de Europa que queremos construir y a los resultados que debería obtener; por tanto, tiene una fuerte orientación política. El énfasis se pone en las opciones políticas y económicas más que en la mecánica institucional, por muy importante que ésta pueda ser. El libro también ofrece un enfoque amplio e intenta armar las diferentes piezas de un complicado puzle. En tiempos de especialización extrema, en parte consecuencia de la enorme complejidad del mundo en el que vivimos, muchos científicos sociales contemporáneos prefieren distanciarse de los grandes temas, que sin duda serían difíciles de abordar, y se ocupan más bien de minucias. Hace muchos años, un estudioso de la integración europea comparaba a unos pocos colegas atrevidos que intentaban comprender el proceso en su conjunto con un grupo de ciegos que intentaban hacerse una idea de la forma de un elefante tocando las diferentes partes del cuerpo del animal. Desde entonces, el elefante se ha hecho muy grande y muchos analistas se han resignado a estudiar sus pezuñas, generalmente con un alto nivel de precisión y con la metodología correcta.

En mi opinión, necesitamos el enfoque amplio para comprender mejor cuáles son las principales cuestiones que están en juego y las grandes opciones políticas asociadas a ellas. La aproximación es ecléctica de manera intencionada: se concentra en algunos grandes temas que sirven de lentes a través de las cuales podemos analizar ámbitos y dilemas políticos específicos. Si no fuera así, hubiese sido necesaria una enciclopedia —que exige tiempo y es además aburrida—. Con todo, intentar hacerse una idea del comercio y el mercado único, de la política agrícola y de la política de la competencia, de cuestiones de bienestar y solidaridad, de los mercados financieros y de la unión monetaria, por no mencionar el doloroso parto de la política exterior y de seguridad común, es un trabajo extremadamente exigente para un único analista. Existe un riesgo de excesiva generalización y simplificación, pero se trata de un riesgo que después de sopesarlo vale la pena correr: el lector juzgará.

En las páginas iniciales de este libro se han mencionado repetidamente las opciones políticas. Una de las principales ideas es que la Unión Europea necesita una dosis elevada de oxígeno político para respirar adecuadamente. Al intentar identificar los parámetros económicos y políticos clave en el amplio abanico de cuestiones antes planteadas, se ha realizado conscientemente un esfuerzo por subrayar los diferentes intereses en juego y las opciones disponibles en el reino de lo factible política y económicamente —no sólo en el de lo imaginable teóricamente—, con todo lo que ello implica. Este libro se dirige al lector en general informado y no sólo al especialista. Por tanto, intenta evitar el lenguaje apócrifo de la ciencia social moderna, que ayuda a mantener a los no iniciados al margen de la torre de marfil. El libro pretende ser una modesta contribución a un debate público informado sobre cuestiones europeas, un debate postergado durante mucho tiempo.

Es también lo que podríamos llamar «comprometido», es decir, toma partido político y no evita las afirmaciones normativas, aunque éstas se basan en un estudio cuidadoso de los datos teóricos y empíricos, al tiempo que los puntos de vista alternativos son objeto de un tratamiento justo en la medida de lo humanamente posible. Este «compromiso» se manifiesta en dos sentidos: mediante el apoyo a la integración europea en general, por considerar que ha contribuido sustancialmente a la paz, a la democracia y al bienestar en Europa, aunque este apoyo no se identifica con todas y cada una de sus manifestaciones; y, siguiendo los pasos de la larga tradición de la socialdemocracia, mediante el otorgamiento de un valor especial al interés público y al bien común, así como a la solidaridad y al internacionalismo. El libro, sin embargo, no pretende ser partidista en el sentido retrictivo del término. El lector ha sido avisado.

Aunque cubre un amplio abanico de cuestiones, el libro concede más peso a los aspectos económicos y sociales de la integración europea que a algunos de los ámbitos de cooperación política relativamente nuevos, entre los que destacan especialmente la política exterior y la defensa. Es una opción intencionada y basada en la convicción de que el progreso en dichos ámbitos posiblemente seguirá siendo lento durante algún tiempo, con las importantes implicaciones que eso tendrá para el tipo de Europa que se desarrolla y que lo lidera. Dicho de manera sencilla, una política común de seguridad, que implique un compromiso claro de sacrificar soldados nacionales en aras de un bien común, presupone una verdadera política exterior común, que es a su vez difícilmente imaginable sin una identidad europea común mucho más fuerte de lo que se aprecia en la actualidad y probablemente en un futuro previsible. La Alianza Atlántica contaba con un enemigo identificable (que ya no tiene) y con un líder político indiscutible (que sigue teniendo en cierta forma, aunque algunos de los aliados muestran claramente su descontento con el tipo de liderazgo ejercido en la actualidad), y ambos elementos ayudaron considerablemente a movilizar a los otros miembros bajo una política común. En la UE es muy diferente. Ésta es la explicación racional de la preferencia por cuestiones económicas y sociales en el libro. También hay quizás una preferencia oculta por Europa en tanto que «poder suave» (*soft power*), que el despiadado lector puede atribuir simplemente a una insuficiente familiaridad con los grandes temas de la guerra y la paz.

En la primera parte el libro da cuenta de lo conseguido hasta ahora en la integración europea y de las cuestiones relevantes heredadas del pasado. El capítulo 2 se orienta a la brecha creciente entre la integración económica y la integración política; en otras palabras, a la naturaleza subdesarrollada del sistema político europeo, que se encuentra lejos de las funciones económicas desarrolladas por este sistema. Las implicaciones son importantes: puede que las sociedades europeas dejen de seguir lo que siempre ha sido un proceso impulsado esencialmente por las élites. El capítulo 3 adopta una aproximación poco ortodoxa a los efectos de la integración, centrándose en los ganadores y en los perdedores del proceso. Ya no se dan las condiciones de un juego de suma cero, ese sueño habitualmente incumplido tanto del político como del economista teórico: han acabado con ellas el empeoramiento del entorno económico, la profundización de la integración y la incapacidad creciente del Estado-nación para realizar funciones de redistribución interna. Lo que puede ser políticamente más relevante es que las diferencias dentro de los países tienden a ser más importantes que las diferencias entre países. El capítulo 4 aborda las relaciones con el resto del mundo: la UE aparece ante todo como una potencia económica regional que cuenta con algunos socios privilegiados, casi siempre también débiles, y que ha demostrado hasta ahora una incapacidad manifiesta para definir una nueva relación transatlántica con la única superpotencia que queda en pie.

La segunda parte es la continuación lógica: se ocupa con mayor profundidad de cuestiones y políticas específicas, concentrándose en los principales desafíos que afronta la UE ampliada y en las opciones disponibles. Hasta ahora, la integración europea ha consistido sobre todo en la gestión conjunta de economías nacionales cada vez más interdependientes o, por decirlo de otro modo, en la gestión conjunta de diferentes modelos de capitalismo que se ven obligados a interactuar entre ellos. A menudo los temas parecen demasiado técnicos o demasiado dependientes de la competencia entre instituciones estatales y europeas. Sin embargo, hay intercambios políticos y también intereses muy concretos que no siempre se ajustan a las líneas divisorias estatales. El capítulo 5 trata algunos temas ilustrativos que van de la liberalización económica y la reforma agrícola a la política social y la armonización fiscal. El capítulo 6 se ocupa de la Unión Económica y Monetaria (UEM) en tanto que principal factor unificador de cara al futuro previsible. La moneda única integrará aún más las economías, pero también comporta un riesgo de división entre los miembros de la Unión. La UEM ha nacido con una constitución intencionadamente incompleta que deja para más adelante decisiones políticas cruciales. Enredarse con instituciones inadecuadas tendrá costes reales. Por último, aunque no menos importante, está la cuestión de las políticas e instituciones que convienen a un bloque europeo poderoso, a una entidad política emergente, pero lejos todavía de ser una superpotencia, y que debe ocuparse de sucesivas ampliaciones, de una periferia difícil, de mercados cada vez más globales e inestables y de un aliado poderoso con una tendencia creciente al unilateralismo y con menos inhibiciones a la hora de recurrir a tácticas de divide y vencerás. Las perspectivas y posibles implicaciones de una política exterior común son abordadas en el capítulo 7; algunos de sus aspectos parecen más factibles que otros, pero todos ellos conllevan un precio político.

En la integración europea la economía está íntimamente vinculada a la política. La europeización no es un proceso neutral: comporta opciones y habitualmente genera ganadores y perdedores. El capítulo 8, como capítulo de conclusiones, vuelve al enfoque amplio y a las grandes cuestiones asociadas al futuro de la UE. El proyecto europeo es un proyecto fascinante. Es más, es un proyecto revolucionario que aspira a una transformación radical del mapa económico y político del viejo continente, y también una forma de reforzar la paz, la democracia y el bienestar a través de Europa. En la actualidad, el ciudadano de a pie habitualmente lo ve como algo natural o lo percibe como algo oscuro y distante —y algunos también como una amenaza—. No hay sólo una forma de cooperación o de integración, por lo que las decisiones políticas deben ser todo lo precisas posible. Del mismo modo, los costes y los beneficios de no cooperar tienen que ser comprendidos claramente. Los europeos de profesión y los burócratas de traje gris que están en Bruselas no han sido formados para este trabajo. Es el papel que deben asumir los partidos políticos, los viejos y los nuevos, así como otras formas organizadas de la sociedad civil. Pero todos ellos necesitan información e incentivos. Los economistas y los científicos sociales pueden contribuir a lo primero, mientras que las instituciones normalmente aportan lo segundo. En cualquier caso, hay pocas dudas de que la Unión Europea necesita ser más política si quiere tener algún futuro.

Primera parte

EL BALANCE

Capítulo 2

LA DISTANCIA ENTRE LA POLÍTICA Y LA ECONOMÍA, O ENTRE LA PERCEPCIÓN Y LA REALIDAD

La integración europea durante el período de la posguerra se ha caracterizado por una expansión continua, tanto en términos geográficos como en cuanto a funciones políticas. Nació sólo algunos años después de una guerra mundial devastadora, como un intento muy ambicioso de integrar las industrias del carbón y del acero —consideradas entonces como sectores estratégicos de la economía— entre seis países de Europa Occidental. Alcanzó su adolescencia con un mercado común todavía incompleto, y se hizo mayor con la llegada del nuevo siglo tomando la forma de una Unión Europea de quince miembros que desempeñaba (o compartía) buena parte de las funciones tradicionales del Estado-nación. Y puede decirse que, como signo de la madurez que suele conllevar el paso de los años, la Unión Europea ha decidido hacerse con uno de los atributos cruciales de la soberanía, esto es, una moneda propia, relegando así a un rincón de la historia a las viejas monedas de los Estados europeos.

Tras el final de la Guerra Fría, que dividió Europa en dos campos fuertemente armados, entre los cuales sólo pocos países intentaron preservar algún tipo de neutralidad, se ha abierto una nueva perspectiva para la extensión a todo el continente europeo de la integración (o unificación, según algunos). En la actualidad, diez países más están listos para adherirse y otros ya se encuentran en la sala de espera. Esta nueva ronda de ampliaciones es un proceso lento, como lo ha sido en el pasado. Y como entonces, la mayoría de los Estados miembros están buscando formas de combinar esta participación ampliada con una mayor profundización del proceso de integración —al menos éste es el objetivo proclamado de la mayoría de miembros, mientras una minoría parece pensar de otro modo—. La ampliación y la profundización han sido fenómenos recurrentes en la integración europea, pero esta vez el reto es mayor que nunca.

Este proceso continuo de integración a través de la ampliación y de la profundización ha transformado por completo la economía política de

Europa y sus partes constitutivas. Ha cambiado de manera fundamental las formas de interactuar de los Estados, los mercados y las sociedades. Aquí analizaremos cómo ha evolucionado durante los últimos cincuenta años aproximadamente y nos concentraremos en cuatro temas principales: la evolución gradual de la agenda política en el ámbito europeo; la expansión geográfica de los Estados miembros; la naturaleza cambiante de las instituciones comunes y de la «gobernanza» en Europa (es éste un término nuevo, pero muy de moda, referido a algo más indefinido que los gobiernos, pero también más amplio); y por último, aunque no menos importante, las actitudes cambiantes de los ciudadanos de la Unión y de sus Estados miembros. Eso nos llevará a unas conclusiones generales sobre el estado de la integración europea en las que se pondrá el acento en la distancia creciente entre la política y la economía o, dicho de otro modo, entre la política y las políticas, o entre la percepción y la realidad. Ésta es una cuestión crucial para Europa y para sus ciudadanos.

El camino hacia la Unión Monetaria, y más

Todo empezó hace más de cincuenta años, con el carbón y el acero. Por supuesto, ahora nadie escogería esos dos sectores, pues desde hace ya algún tiempo su importancia se ha ido reduciendo rápidamente. El plan presentado por el ministro de Asuntos Exteriores francés, Robert Schuman, condujo a la creación de la Comunidad Europea del Carbón y el Acero (CECA) por parte de Francia, Alemania Occidental, Italia y los países del Benelux (Bélgica, los Países Bajos y Luxemburgo). Los rasgos principales del plan Schuman dejaron su impronta en la integración europea. Se trataba de un intento francés de resolver el problema alemán después de la Segunda Guerra Mundial; era un medio económico hacia un fin político; y era impulsado por élites, pues la inmensa mayoría de los ciudadanos, e incluso buena parte de la clase política de los países europeos, todavía no estaban preparados para tender puentes sobre las fronteras estatales después de una guerra tan larga y sangrienta. Resulta tentador mencionar otro aspecto del plan que tuvo una influencia prolongada, como fue la tendencia de los británicos a subestimar la seriedad del compromiso de sus socios continentales con la integración regional.

Todo era parte del capitalismo dirigido y de las economías mixtas que surgieron en la Europa Occidental de la posguerra, especialmente en el caso del carbón y el acero, con una larga historia de intervención gubernamental y cartelización. El paso siguiente y más ambicioso tenía que ser más liberal en su aproximación económica. El Tratado de Roma, firmado en 1957, condujo al establecimiento de dos comunidades más, la Comunidad Económica Europea (CEE) y la Comunidad Europea de la Energía Atómica (Euratom). Esta última demostró ser un fracaso, mientras que la primera aspiró al establecimiento de un mercado único, aunque muy incompleto, poniendo el énfasis en la eliminación de los controles transfronterizos sobre la circulación de bienes.

Durante muchos años la CEE —con mucho la organización más importante de los seis Estados firmantes del Tratado de Roma— se ocupó de la liberalización del comercio de bienes entre sus miembros, concentrándose en la eliminación de aranceles y cuotas estatales, al tiempo que intentaba reconciliar el libre comercio con la realidad de las economías mixtas y de la intervención estatal extensiva en el interior de las fronteras estatales. A duras penas podía ser llamado libre comercio, pero contribuyó al crecimiento del comercio intraCEE, que creció mucho más rápido que la producción y también que el comercio con el resto del mundo.

A lo largo del proceso se levantaron los pilares de la gobernación común europea gracias a las actividades de instituciones comunes y al establecimiento conjunto de normas. El incompleto mercado común de bienes fue complementado por los primeros intentos de crear una política común de la competencia, inspirada en buena medida en la experiencia antimonopolística estadounidense, así como una política comercial común que unió a los Seis en el Acuerdo General sobre Aranceles y Comercio (GATT). Este mercado común incompleto contaba asimismo con una política agrícola muy intervencionista como elemento clave del acuerdo global en el que se apoyaba la CEE y como única forma posible de incorporar un sector que representaba una parte significativa de la producción y de la fuerza de trabajo de las economías continentales. De hecho, por aquel entonces el acuerdo global de la integración europea no parecía tener mucho sentido en términos de economía neoclásica. Pero ¿acaso tenía mucho más sentido la realidad económica nacional desde la perspectiva de los economistas vírgenes?

La Era Dorada del crecimiento elevado y la estabilidad monetaria duró casi treinta años después del fin de la guerra —los *trente glorieuses* a los que se refieren a menudo los franceses—. Un período posterior de estanflación trajo consigo nuevas presiones y tensiones proteccionistas en el seno de la Comunidad Europea (CE) —término éste cada vez más usado por aquel entonces para referirse a las tres Comunidades—. Este período de estanflación coincidió con la primera ronda de ampliaciones, con la que se adhirieron tres nuevos miembros en 1973. También preparó el terreno para un cambio en las ideas económicas predominantes y para el inicio de una nueva fase de la integración europea. Ésta se centraba en el programa de un mercado interior (o único), que fue establecido en 1985 y que condujo a una importante revisión de los tratados el año siguiente. El programa del mercado interior era ante todo el reconocimiento de la naturaleza claramente incompleta del mercado común, hasta entonces el logro económico más importante y con mucho de la integración europea. En él se reconocía la incómoda simbiosis entre libre comercio y economías mixtas, según la cual las intervenciones estatales en las economías nacionales distorsionaban inevitablemente las transacciones transfronterizas, ya fuese a través de ayudas estatales o de diversos tipos de regulación: todo lo que en los manuales de economía solía agruparse bajo el término «barreras no arancelarias», que deberían ser eliminadas en algún momento anterior a la segunda oleada.

La decisión de ocuparse de la gran variedad de barreras no arancelarias (en otras palabras, de las múltiples manifestaciones de la economía mixta europea) llevó a la CE a una nueva fase de desregulación y re-regulación a escala europea. Desde entonces, buena parte de las decisiones y de la legislación adoptadas conjuntamente en Europa se ha referido a nuevos marcos de regulación sobre estándares técnicos para productos industriales, telecomunicaciones, transporte o servicios financieros. Eso ha expandido la integración económica más allá del comercio de bienes para incluir servicios y capitales, que de manera completamente deliberada habían sido previamente dejados al margen. Los servicios tenían una larga historia de regulación pública y la descoordinación (a menudo el proteccionismo explícito) entre las regulaciones estatales había significado que la mayoría de los servicios quedasen prácticamente excluidos de las transacciones transfronterizas. En lo que respecta a los movimientos de capitales, se suponía que constituían una de las llamadas cuatro libertades fundamentales tan apreciadas por los juristas (las otras tres eran la libertad del comercio de bienes y de servicios, y la libertad de establecimiento, entendida como la libertad para iniciar y desarrollar actividades autónomas sin discriminación alguna por motivos de nacionalidad). Sin embargo, antes de la adopción del programa del mercado interior todas las medidas de liberalización de capitales que habían tenido lugar en la CE habían sido adoptadas unilateralmente y a título individual por parte de Estados miembros. Un elemento crucial del programa del mercado interior era precisamente la liberalización completa de los movimientos de capital intracomunitarios y extracomunitarios.

El resultado ha sido un impulso renovado del crecimiento a través de las fronteras estatales de todo tipo de transacciones económicas, incluidas ahora los servicios y el capital, lo cual ha provocado un cambio cuantitativo y cualitativo en la interdependencia económica intraeuropea. En la actualidad, las exportaciones de bienes y servicios representan más del 30% de la media del PIB de un miembro de la UE y entre el 27 y el 35% del PIB de los países grandes. La apertura de las economías europeas fue ciertamente espectacular durante la segunda mitad del siglo xx. La figura 2.1 (véase pág. sig.) muestra que las exportaciones de bienes y servicios, representadas como porcentaje del PIB de los quince Estados miembros de la UE, registraron entre 1960 y 2001 un incremento muy grande —de más del doble en la mayoría de los casos—. Irlanda y los países del Benelux son con mucho las economías más abiertas, mientras que Grecia es la menos abierta. Aproximadamente el 60% del comercio total de bienes (es más difícil encontrar estadísticas equivalentes para los servicios) se realiza con otros Estados miembros de la UE. Así pues, se trata de economías muy abiertas cuya prosperidad depende de manera crítica de lo que ocurre más allá de sus fronteras y en especial de lo que ocurre en el resto de la Unión.

Este alto grado de interdependencia económica (o integración) se manifiesta no sólo en el comercio, sino cada vez más en los flujos de capital y en la producción. Las numerosas fusiones, adquisiciones y otras formas de cooperación económica transfronteriza, desde las muy conocidas megafusiones como la de Vodafone y Mannesmann a las miles de uniones y *joint ventures* transeuropeas de pequeñas y medianas empresas, están cambiando día a día el mapa empresarial de Europa, al tiempo que anuncian la muerte (¿y la posterior reencarnación?) de campeones nacionales muy consolidados y venerados. Las fusiones y adquisiciones transfronterizas alcanzaron su apogeo antes del estallido de la burbuja financiera de la década de 1990. Aunque es posible que se mantengan en niveles inferiores durante este nuevo período de sobriedad, probablemente nunca constituirán un aspecto determinante para la futura reestructuración en Europa.

Uno de los pocos mercados que siguen siendo predominantemente nacionales es el mercado de trabajo, y no es que los legisladores comunitarios no hayan intentado eliminar las barreras a la movilidad transfronteriza, sino que las barreras lingüísticas y culturales son difíciles de elimi-

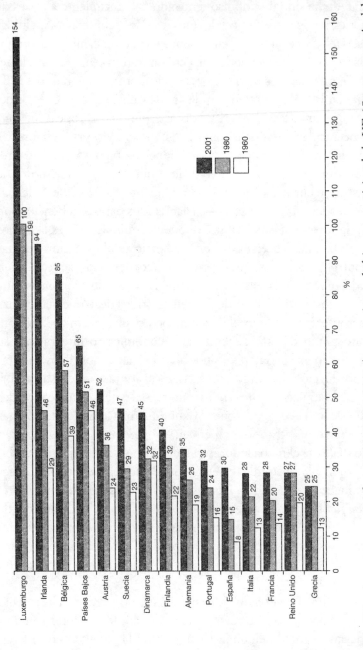

FIGURA 2.1. Apertura comercial en 1960, 1980 y 2001 (exportaciones de bienes y servicios de la UE-15 en porcentaje del PIB).
Fuente: Comisión Europea.

nar con leyes. La existencia de Estados del bienestar nacionales constituye otro obstáculo significativo para la movilidad laboral a través de las fronteras. Los profesionales con capacitación exportable y los estudiantes son los que más se han beneficiado de la eliminación de las barreras legales y similares. De hecho, empieza a aparecer un mercado laboral integrado en lugares como Londres, Bruselas o Fráncfort, pero sólo para una élite transnacional exitosa. La paradoja es que la gran mayoría de extranjeros en los mercados laborales europeos proceden de países que no se benefician de la libertad de movimientos que comporta la pertenencia a la UE. Los que gozan del derecho reconocido a desplazarse raramente lo ejercen, mientras que muchos otros en la periferia cercana o más alejada de la Unión están ansiosos por saltarse las barreras, sean éstas legales o de otro tipo. Al menos en sus capas inferiores, el mercado laboral está dominado sobre todo por la oferta.

Así, con la excepción notable del factor trabajo, la CE/UE se ha convertido en un verdadero mercado común. También se ha desarrollado como un Estado regulador. ¿Es ésta, sin embargo, una descripción adecuada de la actual realidad europea? Está claro que se trata de mucho más que eso. Un elemento crucial y ciertamente revolucionario del Acta Única Europea (la revisión del Tratado de 1986) fue la inclusión de la redistribución como parte del acuerdo global europeo. En el argot comunitario, se la denomina «cohesión social y económica». Así, la liberalización ha pasado a estar directamente vinculada a la redistribución, y en términos prácticos para los países y regiones de la Unión menos desarrollados eso ha significado cuantiosas transferencias financieras a través de los Fondos Estructurales y, posteriormente, del Fondo de Cohesión. Este importante vínculo ha sido confirmado repetidamente en posteriores rondas de negociaciones presupuestarias, y se extiende al menos hasta 2006. Las próximas decisiones cruciales deberán ser tomadas en el contexto de una UE ampliada.

Con el Sistema Monetario Europeo (SME), y todavía más ahora con la Unión Económica y Monetaria (UEM), la UE también ha adquirido una parte importante de lo que los economistas llaman la «función de estabilización». La política monetaria y de tipo de cambio ha sido transferida a una nueva institución central y la mayoría de las monedas nacionales han sido sustituidas por el euro, en lo que constituye una operación de revitalización de gran éxito. Las implicaciones que se derivan para las políticas fiscales estatales son importantes. En la medida en que sigue habiendo margen y ganas para una gestión macroeconómica activa, los términos de referencia en parte ya están situados en el ámbito europeo, constituyendo así nuevas constricciones para la soberanía económica nacional.

La integración europea empezó con instrumentos económicos y la UE sigue siendo en buena medida una organización económica. En Europa la interacción entre el Estado y el mercado está muy determinada —y lo estará cada vez más— por las instituciones comunitarias. Esto es así en lo que respecta a la función de asignación (y de regulación). Sin embargo, la presencia de la dimensión europea varía considerablemente de un ámbito político a otro: de la política de la competencia y la política agrícola, caracterizadas por un alto grado de centralización, a algunos otros ámbitos políticos, en particular la política medioambiental y social, donde el papel de la UE suele limitarse al establecimiento de principios generales y/o estándares mínimos, lo cual deja un margen de maniobra considerable a la discrecionalidad de la política estatal y, consiguientemente, a la competencia entre sistemas reguladores. Con la UEM, a la función de estabilización y a la política macroeconómica en general se les ha dado una fuerte dimensión europea. En la política monetaria la UE ha optado por la centralización, mientras que en el caso de la política fiscal la división de poderes entre la Unión y las instituciones estatales todavía no está resuelta, aunque el énfasis se pone claramente en la discrecionalidad estatal. En cuanto a la redistribución, la responsabilidad primordial sigue estando en manos del Estado-nación, y la mayoría de los aspectos de las políticas sociales y del bienestar siguen siendo una prerrogativa estatal, pese a las remarcables transferencias que se dan entre los Estados miembros de la Unión.

Obviamente, la economía es política por excelencia. En las democracias desarrolladas europeas la política está hecha en buena medida de cosas como el crecimiento económico y el desarrollo regional, la inflación y la creación de empleos, la protección medioambiental y la provisión de bienestar. Todo ello se ve afectado de manera determinante por la pertenencia a la UE, aunque algunos aspectos de la vida económica se ven más afectados que otros. La europeización no se acaba aquí y otras funciones de la gobernación pública tampoco se han librado. Casi cualquier ministro estatal se ve ahora implicado y afectado directamente por la pertenencia a la Unión, aunque también en grado diverso. Durante algún tiempo ha sido así en materia de educación y cultura, pero también lo es cada vez más en asuntos de justicia e interior, que se incorporaron al escenario comunitario en la década de 1990 mediante las revisiones de los Tratados de Maastricht y de Amsterdam en 1992 y 1997, respectivamente. Los visados y la inmigración, así como la cooperación policial, son en la actualidad un ámbito normalizado de la cooperación transnacional en Europa. De hecho, al convertirse en una prioridad política la guerra contra el terrorismo, los asuntos de justicia e interior pueden proporcionar un nuevo (y muy inesperado) impulso a la integración. Los ministros de defensa han sido los últimos en unirse a la fiesta. Queda por ver si tardarán en intentar ponerse a la altura de los demás. La política exterior y de seguridad común sigue siendo por ahora más un objetivo que una realidad. La agenda europea se ha ampliado de forma impresionante, pero las cuestiones económicas siguen constituyendo el núcleo básico.

¿Cuántos miembros podemos admitir?

Al principio eran sólo Seis los embarcados en un proyecto atrevido. Y siguieron siendo Seis durante más de dos décadas, lo que les permitió no sólo levantar los pilares sino también construir las primeras plantas de este edificio europeo que no deja de crecer. Los que llegaron después se vieron entonces obligados a ajustar sus preferencias al diseño global acordado por los miembros fundadores.

Hacia 1960 las líneas de división en el mapa político de Europa eran claras. En primer lugar, estaba la gruesa línea que separaba los dos campos opuestos de la Guerra Fría, con sus propias instituciones comunes y liderados por las dos superpotencias al Oeste y al Este. En lo que respecta a Europa Occidental (no es éste un término geográfico, pues países como Grecia y Turquía tuvieron que ser transportados políticamente al otro lado de Europa), podían distinguirse tres subgrupos de países. Los Seis habían optado por una mayor integración económica y por una transferencia de competencias considerable a las instituciones comunes; los más ambiciosos entre ellos utilizaban el término «supranacionalidad», que sin embargo no aparecía ni una sola vez en los tratados. Otros siete países, liderados por el Reino Unido, habían optado en cambio por una forma de cooperación mucho más laxa, la Asociación Europea de Libre Comercio (AELC), dotada de una secretaría conjunta y cuyo objetivo principal era crear una zona de libre comercio restringida. Y luego estaban los otros, aquellos a los que Jacques Delors, presidente de la Comisión Europea entre 1985 y 1994, se referiría como los «huérfanos» de Europa. Eran los países dejados al margen de los esfuerzos de cooperación subregional a causa de su desarrollo económico inferior o de sus pobres credenciales democráticas, o de ambas situaciones. Buena parte del sur de Europa pertenecía a este grupo.

Treinta años después la mayoría de las líneas divisorias habían sido borradas. Lo que solían ser instituciones occidentales, como el Consejo de Europa, se transformaron gradualmente en instituciones paneuropeas. Algo así parece estar ocurriendo con rapidez también en la Organización del Tratado del Atlántico Norte (OTAN), que está admitiendo a cada vez más nuevos miembros de Europa central y oriental: ¿constituye un síntoma de fuerza creciente o de irrelevancia creciente? Por otro lado, en tanto que reencarnación de las tres antiguas Comunidades (CECA, CEE y Euratom), la UE se ha convertido claramente en la organización regional más importante, una organización en la que aspiran a estar casi todos los países europeos. Quedan todavía algunos huérfanos esperando la adopción. Con todo, a día de hoy los límites de Europa siguen estando (¿deliberadamente?) indefinidos.

Todo ello no ocurrió de golpe. La CE/UE ha atravesado sucesivas rondas de ampliación a medida que han caído diferentes barreras políticas. La primera, y ciertamente la más difícil de superar hasta ahora, fue la de 1973, cuando se unieron a los Seis Dinamarca, Irlanda y el Reino Unido. Tuvieron que esperar muchos años debido al veto sobre la adhesión británica por parte del general de Gaulle, presidente de Francia. De ahí que la primera ampliación trajera consigo a un país, el Reino Unido, que mostraba un claro descontento con el acuerdo global y que se vio obligado a aceptar en bloque el conjunto de la legislación comunitaria. En cuanto a los daneses, mostraron un entusiasmo más bien escaso por los objetivos políticos más amplios de la integración europea y se concentraron en los beneficios económicos concretos que reportaba ser Estado miembro.

La primera ampliación incrementó sustancialmente la diversidad política y económica en el seno de la Comunidad, al tiempo que se producía un gran cambio de signo adverso en el entorno económico internacional. Las crisis del petróleo y el hundimiento del orden monetario internacional de la posguerra (acordado en Bretton Woods en 1944) cambiaron los fundamentos de las economías europeas, mientras que el consenso político interno también pasó a verse sometido a una fuerte presión. El resultado fue menor crecimiento, aumento de la inflación y del desempleo, ampliación de la divergencia económica y divisiones políticas. Buena parte de la década de 1970 y principios de la de 1980 estuvieron protagonizadas por largas y agrias disputas presupuestarias sobre cantidades económicas relativamente pequeñas. Sin embargo, un rayo de luz iluminaba este oscuro panorama: el establecimiento del SME como instrumento para restaurar la estabilidad monetaria y de tipos de cambio en Europa, al mismo tiempo que se sentaban las bases de un bloque monetario regional.

La segunda ronda de ampliaciones, orientada al sur, fue muy diferente. Las solicitudes de Grecia, Portugal y España llegaron en un momento de crisis para los Nueve. Aunque esas jóvenes democracias desplegaron una confianza halagüeña hacia la CE, no ofrecieron nada que pudiese levantar los ánimos de los entonces miembros, sumidos en la estanflación y en las disputas de los Consejos Europeos. Los candidatos de la Europa del Sur, débiles en lo económico y frágiles en lo político, pusieron a la CE ante una nueva y difícil tarea. Al no poder decir de manera colectiva y categórica «no», los Nueve esperaron el momento oportuno y al mismo tiempo optaron por dividir esta ronda de ampliaciones en dos fases: Grecia se adhirió en 1981, y España y Portugal la siguieron en 1986.

De esta ampliación hacia el sur pueden extraerse algunas lecciones útiles. La primera y quizá la más sencilla es que resulta prácticamente imposible negar la pertenencia a cualquier solicitante que sea europeo y democrático; aunque sin duda se puede dejar esperando a los solicitantes durante mucho tiempo. Por supuesto, esta lección tiene una gran relevancia para los numerosos países de Europa central, oriental y meridional que esperan en la cola de la adhesión. La segunda lección es que la CE/UE se ha hecho con un papel extremadamente importante, como es el de catalizador de la modernización económica y política de sus nuevos miembros. Éste ha sido el caso de los dos países ibéricos, que han atravesado una transformación radical desde la caída de sus prolongadas dictaduras y su posterior apertura al mundo. En un sentido diferente, ha sido el caso de Irlanda y también de Grecia, aunque con muchas más dificultades y sufrimientos, sobre todo en las primeras fases. La tercera lección es que la ampliación, incluso cuando implica incorporaciones relativamente débiles, no necesariamente conduce a un debilitamiento de la integración. La ampliación hacia el sur supuso un impulso adicional para la adopción del programa del mercado interior y al mismo tiempo resultó altamente útil para el establecimiento posterior del vínculo entre liberalización y redistribución. Por todos estos motivos, cabe considerar que la ampliación hacia el sur ha sido la más exitosa de todas. Las tres nuevas incorporaciones no tenían dudas ni preguntas existenciales sobre la conveniencia de formar parte de la construcción europea, lo cual ha supuesto una extraordinaria diferencia con respecto a las demás.

Doce era un buen número y existía acuerdo para congelar esta cifra al menos hasta la finalización del programa del mercado interior en 1993. La consolidación parecía tener sentido, pero la rápida e inesperada desintegración del imperio soviético y el hundimiento de los regímenes comunistas al este del famoso Telón de Acero lo cambió todo. La unificación alemana en 1990 supuso una nueva miniampliación al comportar la absorción de cinco *Länder* orientales con sus 17 millones de habitantes en la República Federal de Alemania y, por tanto, también en la CE. De este modo se desencadenó una cascada de acontecimientos que cambiaron radicalmente el aspecto de la construcción europea.

La unificación de Alemania condujo a una alteración importante del equilibrio de poder europeo, que pasó a estar directamente vinculado a la unificación de Europa. La UEM fue adoptada como principal instrumento económico para este fin político. Resulta muy interesante constatar que la discusión acerca de la unión política produjo compromisos menos precisos y extensos en lo relativo a las instituciones, al desarrollo de una política exterior y de seguridad común y a la cooperación en asuntos de justicia e interior. Eso era Maastricht, la más ambiciosa de las revisiones de los tratados comunitarios, firmada 16 meses después de la unificación alemana. Es así como una pequeña ampliación, que ni siquiera cambió el número de representantes estatales en la mesa de los Consejos Europeos, pasó a estar vinculada a la profundización más importante en el proceso de la integración.

De manera paradójica, la unificación alemana también condujo a la mayor de las crisis del SME y al mismo tiempo puso aún más en evidencia la naturaleza asimétrica del sistema. En términos de política monetaria, lo que en aquellos momentos para Alemania era bueno (y necesario, vistos los crecientes déficits presupuestarios), para los demás claramente no lo era. Nada en el SME podría salvar esta diferencia, y los mercados pronto se percataron del problema. En el fragor de la gran crisis cambiaria de 1992-1993, pocos se hubiesen aventurado a profetizar lo que ocurriría sólo unos pocos años más tarde, esto es, el establecimiento del Banco Central Europeo, acompañado de la fijación irrevocable de los tipos de cambio bilaterales que llevaría a la adopción de una moneda europea única. Es cierto que el Tratado de Maastricht lo preveía, pero teniendo en cuenta que los especuladores enloquecían en los mercados cambiarios y los bancos centrales capitulaban ante las presiones del mercado, era comprensible que muchos europeos pensasen, como el general de Gaulle, que los tratados son como las jovencitas y las rosas, y por tanto duran lo que duran. En este caso particular se demostraría que estaban equivocados.

En el camino hacia la UEM, a los Doce se sumaron tres nuevos miembros en 1995. Esta vez le tocaba el turno a los neutrales, que por supuesto comprendieron que la neutralidad había perdido buena parte de su sentido en el período de la posguerra fría. Orgullosos de su alto nivel de desarrollo económico y de sus avanzados sistemas del bienestar, y rebosantes de confianza en sus arraigadas tradiciones corporativistas, Austria, Suecia y, en cierta medida, Finlandia, tenían hasta entonces pocos motivos para pagar el precio que imponía la incorporación a la UE en términos de pérdida de soberanía nacional (si ésta era formal o real es otra cuestión y de gran calado). Su confianza se vio sacudida cuando los niveles de desempleo empezaron a aumentar en la década de 1990, al mismo tiempo que la UE seguía aumentando las apuestas con Maastricht y demás. Al final, cerraron los ojos y saltaron al vacío. Para los nuevos miembros, la pertenencia a la UE no era una cuestión de amor. Era más bien una cuestión de miedo a ser dejado de lado; y para los finlandeses la pertenencia a la UE de alguna forma compensaba su posición periférica, demasiado cercana y tentadora para el impredecible vecino ruso. Hasta ahora, esta última ronda de ampliaciones no ha causado grandes convulsiones ni ha operado como un catalizador para nuevas políticas o decisiones de importancia, a excepción quizá de las futuras ampliaciones. Al fin y al cabo, los tres nuevos miembros son pequeños, ricos y relativamente modosos, con la excepción en Austria de Jörg Haider y sus amigos.

Al iniciarse el nuevo siglo, la UE de los Quince era verdaderamente muy diferente de las tres Comunidades creadas por los Seis en la década de 1950. La agenda política ha crecido a un ritmo elevado, como lo ha hecho el tamaño de las mesas en los Consejos Europeos para acomodarse a la llegada de los nuevos miembros. Trece candidatos se han agolpado durante algún tiempo en la sala de espera y diez de ellos tienen prevista ahora su adhesión como miembros de pleno derecho el 1 de mayo de 2004. La Unión ha vivido un proceso de cambio continuo, pero cabe preguntarse si las instituciones comunes se han ajustado a esta extraordinaria expansión de la Unión y de su agenda política.

UN SISTEMA POLÍTICO SIN UN ESTADO...

Entre el pesado aparato institucional previsto por el Tratado de París y el tipo de decisiones que se esperaba que abordase la CECA existía una gran disonancia, incluso considerando la importancia estratégica con que en aquellos tiempos eran percibidos los sectores del carbón y el acero. Esta disonancia era, sin embargo, intencionada, pues las disposiciones institucionales para la primera Comunidad de los Seis sólo pueden entenderse en conexión con los objetivos políticos a largo plazo de los autores del Tratado.

El origen de lo que se ha dado en llamar el «método comunitario», o el proceso general de toma de decisiones en la CE/UE, se remonta a la CECA: un ejecutivo supranacional en forma de Alta Autoridad, precursora de lo que ahora es la Comisión Europea, en diálogo e interacción continuos con un órgano legislativo intergubernamental (el Consejo de Ministros), un tribunal independiente y una asamblea parlamentaria consultiva. La disonancia entre las instituciones y los resultados políticos se redujo de manera significativa en el Tratado de Roma. Esta vez fueron rebajadas las ambiciones supranacionales de los autores, expresadas sobre todo en las competencias otorgadas a la Comisión, al tiempo que se amplió considerablemente el alcance político de las nuevas Comunidades.

Este método comunitario siempre ha distinguido a la CE/UE, en cualquiera de sus encarnaciones, de las organizaciones internacionales tradicionales, aunque el proceso de integración daría lugar a expectativas y análisis muy diferentes. La comunidad académica les dio la apariencia formal y la respetabilidad intelectual. Estaban aquellos que creían que las cuestiones económicas y de bienestar deberían ser la prioridad en la agenda política de las sociedades pluralistas de Europa Occidental; en otras palabras, que el camino más seguro hacia el corazón de los ciudadanos pasaba por su bolsillo. Se preveía que las lealtades de los ciudadanos serían progresivamente trasladadas a las instituciones europeas comunes a medida que éstas demostrasen su mayor eficiencia en la obtención de resultados. La Comisión supranacional podría y debería actuar como motor de la integración. El resultado y el objetivo final estaba claro: en el futuro todos y cada uno de los Estados-nación serían subsumidos en algún momento en un Estado federal europeo. Estos observadores formaron la denominada escuela de pensamiento neofuncionalista; coincidían con los federalistas en cuanto al objetivo final, aunque no necesariamente en el énfasis otorgado a la economía como principal instrumento de la integración.

Por supuesto, esta lógica de un efecto *spillover* automático en el proceso de integración no convencía a todo el mundo. La escuela intergubernamentalista veía las tres Comunidades como formas de cooperación regional limitadas esencialmente a la economía, que era parte de lo que de manera más bien despectiva describían como «baja política». Según lo veían ellos, la seguridad y la defensa, los valores comunes y los símbolos —la esencia de la soberanía— continuarían siendo responsabilidad exclusiva del Estado-nación, que no iba a desaparecer así como así. Esto era algo muy diferente del análisis neofuncionalista y del tipo de desarrollo de las instituciones regionales que preveía. Sin embargo, en ambos casos resultaba difícil distinguir las predicciones, científicas o de otro tipo, de lo que habitualmente eran preferencias no disimuladas.

La realidad europea contemporánea es, por supuesto, mucho más compleja que el cuadro en blanco y negro que muestran los modelos teóricos. El aparato institucional de las tres Comunidades iniciales, luego de la CE, y ahora de la UE, ha experimentado una gran transformación a través de las revisiones periódicas de los tratados, al incorporar nuevos ámbitos políticos y/o nuevos miembros, así como a través de la práctica cotidiana y de la experiencia acumulada. Sin duda en la actualidad existe un sistema político europeo en el sentido de un conjunto estable y claramente definido de instituciones y normas comunes que han alcanzado una amplia aceptación. Junto a él aparecen una extensa red de intereses económicos y políticos organizados, decisiones colectivas que afectan considerablemente la vida diaria de los ciudadanos y una interacción continua entre la demanda y la oferta de nuevas decisiones y leyes. Claramente, se trata de un sistema político diferente de cualquier otro que pueda encontrarse en un Estado-nación europeo o no europeo, pero también es en esencia diferente de cualquier organización internacional o incluso regional, ya sea el Fondo Monetario Internacional, el Banco Mundial o el Tratado de Libre Comercio de América del Norte (TLCAN).

La UE es un sistema altamente descentralizado en el que los representantes de los gobiernos miembros siguen siendo los gestores clave del poder. El Consejo es el principal órgano legislativo y de toma de decisiones en la Unión. Aunque jurídicamente sólo hay un Consejo, éste reúne a los ministros estatales de diferentes carteras, que se encuentran con sus homólogos y deciden acciones o políticas comunes en sus respectivos ámbitos. Los ministros de exteriores se reúnen más de una vez al mes en el Consejo de Asuntos Generales, que pretendía ser —y de hecho llegó a ser— el Consejo principal con tareas de coordinación. Sin embargo, este papel de coordinación ha sido seriamente debilitado por la ampliación de los ámbitos políticos y con ello del número de Consejos especializados. Los ministros de exteriores no pueden siquiera hacer ver que prescinden de sus colegas de economía y finanzas. No es extraño que esta cuestión esté ahora presente en la agenda de la reforma.

El Consejo también tiene una función ejecutiva importante y las líneas de demarcación entre el Consejo y la Comisión no siempre son muy claras. La función ejecutiva del Consejo es claramente más importante en los ámbitos políticos nuevos. El Consejo cuenta con el apoyo de un amplio abanico de comités más o menos especializados en los que se toman muchas de las decisiones ¿Un gobierno de comités? Hasta cierto punto así es, aunque en este sentido el sistema político europeo no sería sustancialmente diferente de las democracias modernas contemporáneas. Quizás es sólo una cuestión de grado.

Los gobiernos estatales y las administraciones estatales están comprometidos activamente en cada paso del proceso político comunitario, desde el intercambio inicial de ideas y la preparación de borradores legislativos hasta la aplicación de las políticas. De hecho, la naturaleza descentralizada de la aplicación de las decisiones y leyes comunes se ha convertido en un problema cada vez mayor a medida que se profundiza en el proceso de integración. Las culturas administrativas estatales y las eficiencias relativas en términos de aplicación de leyes difieren considerablemente dentro de la Unión, y eso provoca en ocasiones un tratamiento desigual para sus ciudadanos. Por poner un ejemplo, los escandinavos entienden el imperio de la ley de manera algo diferente a como lo hacen sus socios meridionales, y habitualmente lo aplican con mucha mayor rapidez. De ahí que los países escandinavos suelan ocupar los primeros puestos en las clasificaciones sobre la aplicación de la legislación del mercado interior que publica la Comisión para señalar y avergonzar a los rezagados.

Los gobiernos estatales están implicados activamente en el sistema político europeo hasta sus niveles más elevados. Los quince jefes de gobierno (incluido el jefe de Estado en el caso de Francia, y también Finlandia en ciertas ocasiones) y el presidente de la Comisión conforman el Consejo Europeo desde la institucionalización de las cumbres. Es diferente del Consejo de Ministros, lo cual contribuye a la confusión del profano. En los últimos años, los jefes de gobierno y de Estado se han encontrado al menos cuatro veces al año en Consejos «formales» e «informales». No legislan y raramente votan, sino que establecen mediante consenso los principales objetivos de la Unión a medio y largo plazo y, cuando es necesario, zanjan las cuestiones políticas espinosas que sus ministros no han resuelto. El Consejo Europeo es el responsable último de la Unión, y a lo largo de su evolución se ha convertido en el motor clave de la integración, atrayendo hacia sí la atención pública y de los medios de comunicación. Las decisiones se toman por consenso (y a menudo por agotamiento), lo cual implica largas negociaciones que con frecuencia se prolongan durante la noche, y también incluyen complicados paquetes de acuerdos que posteriormente, en sus respectivos Consejos, los ministros deberán traducir en legislación.

La responsabilidad de las grandes decisiones y el establecimiento de las grandes directrices para el desarrollo de la UE recae en la actualidad en el Consejo Europeo. Ejemplos típicos son los acuerdos presupuestarios para cada septenio, las decisiones sobre la UEM y sobre las ampliaciones, las revisiones de los tratados y algunas posiciones de política exterior trascendentales, por no mencionar la designación hasta ahora del presidente de la Comisión y el nombramiento de otros puestos clave en las instituciones de la Unión. Siendo un órgano intergubernamental por excelencia, con un apoyo administrativo adecuado, y dependiendo en buena medida de la eficiencia variable de la presidencia semestral rotatoria, el Consejo Europeo ha dado sobradas muestras de sufrir una carga política excesiva. Esta forma de intentar dirigir la Unión es ineficaz y engorrosa, como se puso claramente de manifiesto en la reunión de Niza de diciembre de 2000, cuando los quince jefes de gobierno, junto con sus ministros de exteriores y el presidente de la Comisión se vieron inmersos en la más larga disputa jamás habida (y seguramente una de las menos decorosas), que se prolongó durante más de tres días y tres noches para intentar conseguir un compromiso sobre una nueva revisión de los tratados. Fue éste, según muchos, un ejemplo del parto de los montes, y qué parto tan desagradable. La insatisfacción con la última revisión ha generado fuertes presiones en favor de una reforma que incluya el nombramiento de un presidente del Consejo con un mandato más largo para intentar asegurar una mayor continuidad.

La función legislativa propiamente dicha sigue recayendo sobre los ministros estatales en el otro Consejo, el de los mortales. En la mayoría de los ámbitos políticos el Consejo (de ministros) puede decidir en una votación por mayoría cualificada (VMC), la cual representa aproximadamente el 70% de los votos. Los votos estatales son ponderados, pero el peso relativo que se asigna a cada país miembro sólo tiene en cuenta de manera parcial las diferencias en el tamaño de la población, de modo que los países pequeños están sobrerrepresentados. La última revisión de los tratados acordada en el Consejo de Niza de diciembre de 2000 pretendía recuperar el equilibrio en favor de los países grandes, especialmente de cara a la entrada prevista de países mayoritariamente pequeños y medios en la nueva ampliación de la Unión. Lo ha conseguido, al menos parcialmente, pero añadiendo dos condiciones suplementarias a la VMC, esto es, que las decisiones deberán ser apoyadas por la mayoría de los Estados miembros y que éstos representarán además la mayoría de la población de la UE. Esta mayoría triple dificultará aún más la adopción de decisiones, y de ahí la extendida percepción sobre la necesidad de una nueva revisión.

La aplicación de la VMC se ha ido extendiendo progresivamente a lo largo de los años mediante revisiones periódicas de los tratados, y en la actualidad se aplica a la mayoría de la legislación sobre el mercado interior, con algunas pocas excepciones destacables, como la armonización fiscal y los derechos vinculados a la seguridad social. Los nuevos ámbitos políticos que forman parte de la denominada «alta política», y muy particularmente la política exterior y de seguridad, están sometidos a la regla de la unanimidad, mientras que los asuntos de justicia e interior ya son en parte decididos según la VMC. La regla de la unanimidad también se aplica a todas las revisiones de los tratados, incluida la adhesión de los nuevos miembros. Pero incluso cuando la VMC es aplicable, el Consejo suele operar por consenso y la celebración de una votación es más la excepción que la regla. Aunque la búsqueda del consenso genera negociaciones extenuantes y lentitud en la toma de decisiones, lo cierto es que la posibilidad jurídica de recurrir a la VMC generalmente ayuda a acercar a los ministros y acaba generando consenso, aunque sea con abstenciones. La unanimidad suele llevar a un punto muerto.

De ahí que la utilización del veto estatal como arma definitiva para defender los intereses nacionales haya sido considerablemente limitada a lo largo de los años, y probablemente lo será aún más en la próxima revisión de los tratados. Por supuesto, sólo los gobiernos democráticamente elegidos tienen derecho a definir el interés nacional. Sin embargo, hablar con propiedad del interés nacional es cada vez más difícil. En primer lugar, en la agenda de las democracias capitalistas avanzadas, y por ello también en la UE, hay muchísimas cuestiones de naturaleza técnica que a la hora de decidir requieren más conocimiento especializado que sensibilidad política. Además, como pertenecer a la UE significa participar en un proceso de negociación continua sobre una amplia gama de ámbitos políticos, en el sistema político europeo el proceso de toma de decisiones y las políticas resultantes son fruto de toda una serie de complicados acuerdos globales, de presiones entre pares (*peer pressure*), de beneficios a largo plazo vinculados a la credibilidad y de la ósmosis entre nuevas ideas y la evaluación comparativa en función de niveles de eficiencia (*benchmarking*). Los representantes estatales necesitan mantener contentos a los electorados de sus países, pero sus actitudes también se ven influidas por el contexto institucional europeo en el que operan. Y con la interdependencia creciente, el «interés nacional» a menudo defendido por los gobiernos estatales no es más que una trinchera para las minorías e intereses bien organizados.

La Comisión Europea ha experimentado varios altibajos en la historia de la CE/UE. Los buenos momentos se asocian habitualmente a Walter Hallstein, el primer presidente de la Comisión de la CEE, y a Jacques Delors, quien fue presidente entre 1985 y 1994. Después de Delors todo va cuesta abajo. Lo que no ha cambiado en todo este largo período han sido los intentos de los gobiernos estatales para influir en los procesos internos de toma de decisiones de la Comisión. La supranacionalidad suena bien, pero es una palabra larga y a veces difícil de tragar.

La Comisión sigue siendo el órgano ejecutivo principal de la Unión, aunque en la práctica comparta muchas funciones ejecutivas con el Consejo. Entre sus principales responsabilidades se encuentra la preparación de borradores legislativos, la adopción de normas y de regulación en ámbitos políticos específicos, el control de la aplicación de la legislación comunitaria por parte de las administraciones estatales, la gestión del presupuesto y la representación de la UE en negociaciones comerciales bilaterales y multilaterales. Está formada por funcionarios europeos y en su cúspide por un órgano político: el Colegio de Comisarios, con el presidente a la cabeza, que hasta ahora ha sido siempre nombrado por el Consejo (en la práctica, cada comisario es nombrado por su gobierno) por un período invariable de cinco años. Las decisiones son tomadas por mayoría simple y los comisarios asumen la responsabilidad de manera colectiva.

En los buenos tiempos —y con buenos presidentes— la Comisión ha ayudado a conformar la agenda política global. Así ocurrió con el mercado interior en 1985 y también en menor medida con la *Agenda 2000*, un documento de política general que pretendía establecer un vínculo entre la nueva ampliación y una mayor profundización de la integración. Las competencias específicas de la Comisión varían considerablemente, dependiendo de las políticas. En términos generales, puede decirse que tiene un papel crucial en todos los aspectos de la legislación comunitaria contemplados por el Tratado de Roma; en otras palabras, todo lo que esté relacionado con el funcionamiento del mercado interior, tal como el Acta Única Europea de 1986 lo redefinió posteriormente y con todas sus implicaciones de gran calado. Resulta imposible imaginar siquiera cómo funcionaría el mercado interior en clave intergubernamental, algo que muchos conservadores británicos, por ejemplo, no entienden en absoluto. Las zonas de libre comercio restringidas pueden ser administradas por secretarías internacionales, pero no un mercado interior como el que ha desarrollado la UE en el contexto de economías mixtas.

En algunos ámbitos específicos, las competencias de la Comisión son particularmente importantes. Éste es el caso de la política de la competencia, pero también de la política agrícola, así como de la política comercial exterior, de las negociaciones de adhesión con los candidatos y de la ayuda financiera a terceros países. La Comisión ha desempeñado un papel crucial en el desarrollo de los Fondos Estructurales y en el establecimiento de criterios para la distribución de la ayuda estructural. Es incluso más destacada su contribución al proceso de regionalización en alguno de los países receptores de la Unión. Como dirán algunos, por si fuera poco perder competencias en favor de Bruselas, sólo falta perderlas también en favor de las autoridades regionales del propio país.

Por otro lado, el debilitamiento político que padece la Comisión Europea desde mediados de la década de 1990 puede ser algo más que una simple cuestión de personalidades. En todos los nuevos grandes ámbitos políticos que se han añadido con Maastricht y luego con Amsterdam, el papel asignado a la Comisión es cuando menos discreto. Así lo es en la UEM y aún más en la política exterior y de seguridad, así como en los asuntos de justicia e interior. Si a eso añadimos las presiones cada vez mayores en favor de una renacionalización al menos parcial de la política agrícola, de la política de la competencia y de la política estructural, entonces puede ser que estemos contemplando un grave y prolongado declive de la Comisión como institución fundamental para la conformación del proceso de integración. Si así fuese, cabrá entonces esperar consecuencias más amplias. El equilibrio relativo entre la Comisión y el Consejo constituye un elemento central en el debate actual sobre la reforma de las instituciones comunitarias.

Gracias a la ampliación de las competencias del Parlamento Europeo (PE), el sistema político europeo se ha vuelto más democrático. Tras comenzar con un papel tan sólo consultivo, el PE ha adquirido cada vez más funciones propias de un verdadero parlamento, entre ellas algunas legislativas, presupuestarias y de control sobre el ejecutivo. Los 626 miembros del PE (en el Tratado de Niza se establece un máximo de 732 miembros para la futura Unión ampliada) son elegidos directamente por los ciudadanos de la UE según una fórmula de representación proporcional y por un mandato invariable de cinco años. Sus competencias sobre el presupuesto comunitario son considerables, pese a las constricciones legales a que están sometidos. También comparten competencias legislativas con el Consejo en lo que ahora es, al menos parcialmente, un sistema bicameral en el que los representantes de los Estados en el Consejo siguen conservando más competencias que los representantes de los ciudadanos de la Unión presentes en el Parlamento Europeo. Como es típico de la UE, las competencias legislativas del PE varían considerablemente según el ámbito político al que se refieran, algo que depende de la historia y de la sensibilidad política, de modo que el proceso político comunitario se convierte en un paraíso para los juristas y, consiguientemente, en un mundo inaccesible para la gente corriente.

En la actualidad el PE autoriza la ratificación de los acuerdos internacionales y de los tratados de adhesión de los nuevos miembros. También aprueba el nombramiento del nuevo Colegio de Comisarios —y en el futuro puede que deba elegir al presidente de la Comisión—. Sus competencias de escrutinio parlamentario son ejercidas de forma activa tanto sobre la Comisión como sobre el Consejo, hasta el punto de que, tras años amenazando repetidamente con utilizar sus antiguas competencias para censurar a la Comisión en bloque, en 1999 acabó echando a la Comisión de Santer por mala gestión financiera. Sin embargo, esta competencia no la posee con respecto a la otra parte del ejecutivo, el Consejo, lo cual reduce la *accountability* democrática.*

Con objeto de hacer un uso efectivo de sus competencias, el PE necesita contar con mayorías amplias, lo cual significa a su vez que habitualmente opera sobre la base de coaliciones amplias. Las formaciones políticas del PE están estructuradas en su mayoría siguiendo las coordenadas de izquierda y derecha, con dos grandes grupos de partidos dominantes. Éstos son, por un lado, el Partido Popular Europeo y Demócratas Europeos (PPE-DE) en el centro-derecha, en el que están sobre todo los partidos demócrata-cristianos, los conservadores británicos y algunos otros, y por otro lado el Partido de los Socialistas Europeos (PSE) en el centro-izquierda. En la búsqueda de mayorías holgadas algunas alianzas

---

* *Accountability* es la responsabilidad política referida a la rendición de cuentas de los gobernantes ante los gobernados. (*N. del t.*)

entre partidos a menudo incluyen al Partido Europeo de los Liberales, Demócratas y Reformistas (PELDR), un grupo mucho menor que representa a un amplio espectro de opinión pública, puesto que «liberalismo» y «reforma» suelen significar cosas diferentes en países diferentes; con frecuencia el PELDR ha demostrado ser un importante partido bisagra. En algunos otros grupos políticos menores del PE el elemento nacionalista es más marcado que el elemento ideológico.

Por eso, para la mayoría de los parlamentarios europeos las divisiones políticas o ideológicas suelen ser más importantes que las divisiones territoriales a la hora de determinar dónde se sientan y cómo votan, lo cual puede ser interpretado como un indicador más de la relativa madurez del sistema político europeo. El grueso de las negociaciones tiene lugar en el seno de las grandes agrupaciones políticas y la cohesión interna de que hacen gala en las votaciones es de hecho bastante elevada, como suele mostrar la comparación con la cohesión interna de los partidos en el Congreso de Estados Unidos. Sin embargo, como se apreciaba también en el Consejo, el PE necesita operar sobre la base de amplias mayorías y, por tanto, de amplias coaliciones de partidos. A menudo el conflicto es interinstitucional (Parlamento frente a Consejo, Parlamento frente a Comisión), lo cual requiere mayorías amplias, y no sólo en términos jurídicos. Por otro lado, la naturaleza del sistema de toma de decisiones comunitario, y en particular del PE, deja un margen considerable para el *lobby* organizado. En este sentido, al menos, el PE se parece al Congreso estadounidense más que cualquier otro sistema parlamentario en Europa.

La construcción europea es una construcción jurídica por excelencia. Teniendo en cuenta la diversidad de sus partes constitutivas y la escasa confianza mutua, al menos en las primeras fases de la integración, es necesario contar con normas explícitas y detalladas para gobernar la interacción entre sus miembros, así como mecanismos de arbitraje y de interpretación autorizada de la ley. Esto es lo que ofrece el Tribunal de Justicia de las Comunidades Europeas (TJ). Como la UE carece todavía de una constitución propiamente dicha, el TJ se ha apresurado a establecer algunos de los principios jurídicos básicos que generalmente se encuentran en las constituciones federales. Uno de ellos es el de la primacía del derecho comunitario sobre cualquier otra norma jurídica en la Unión; otro es el efecto directo del derecho comunitario sobre los ciudadanos. Se trata de un federalismo inconfesado y en la práctica ha sido aceptado por los gobiernos y los tribunales estatales, aunque no siempre sin resistencias. Otra forma de describir lo que ha estado ocurriendo es el «constitucionalismo rampante», en el que el TJ es el principal instrumento y pieza integradora básica. ¿Implica el «activismo» judicial una preferencia ideológica o de cualquier otro tipo, aparte de jugar en favor de la integración? Es ésta una cuestión muy delicada que afecta a muchas sentencias del TJ, que ha actuado como catalizador de la integración económica, especialmente en lo relativo a la liberalización de los sectores controlados por los Estados y a la aplicación amplia del principio del reconocimiento mutuo. Está claro que los jueces no operan en un vacío político, pero ¿quién los juzga a ellos?

La jurisdicción del TJ comprende casos presentados contra los Estados miembros, recursos judiciales sobre actos legislativos y ejecutivos comunitarios, cuestiones prejudiciales interpuestas por los tribunales estatales (estableciéndose así un vínculo estrecho y un diálogo continuo entre el TJ, en cuanto tribunal supremo en ciernes, y los tribunales inferiores de la Unión) y acciones judiciales contra las instituciones comunitarias. El número de casos resueltos por el Tribunal ha aumentado rápidamente a lo largo de los años, del mismo modo que lo ha hecho el número de casos resueltos por el Tribunal de Primera instancia creado en 1989 para aligerar la carga del TJ. El ordenamiento jurídico comunitario se basa en el respeto al imperio de la ley en los países miembros, pues carece de competencias directas de aplicación. Desde Maastricht el TJ también puede imponer multas a los gobiernos miembros cuando no aplican el derecho, lo cual supone una sanción importante. A medida que crecen sin cesar los casos y ámbitos de actividad bajo la jurisdicción del TJ, la aplicación y el cumplimiento del derecho se está convirtiendo día a día en una cuestión de calado en la Unión. La importancia del TJ es debidamente reconocida tanto por los defensores como por los detractores de la integración, de ahí que estos últimos se resistan con uñas y dientes a cualquier intento de involucrar al TJ en ámbitos políticos nuevos y delicados, como la política exterior y de defensa o el «ámbito de libertad, seguridad y justicia». El TJ es una parte absolutamente crucial del «método comunitario» de gobernación y de todo lo que eso implica para la integración y la soberanía nacional.

El marco institucional de la UE en sentido amplio abarca otros organismos u órganos, con tareas variadas. Algunos son de tipo consultivo, como el Comité Económico y Social (CES) —un intento más bien fracasado de corporativismo institucionalizado a escala europea cuya historia se remonta a los tratados fundacionales— y más recientemente el Comité de las Regiones. Otros tienen encomendadas tareas específicas, como la Oficina Europea de Policía (Europol) y el Banco Central Europeo (BCE), responsable de la política monetaria en la UEM. Si existe alguna institución supranacional, ésa es el BCE —cuya *accountability* democrática brilla por su ausencia—. En un mundo con una elevada movilidad de capitales, los banqueros centrales son los sacerdotes supremos de las finanzas internacionales y los políticos ni siquiera tienen permitida la entrada al templo.

Éste es un breve resumen de cómo funciona el sistema político europeo: un sistema político sin un Estado y, por tanto, sin soberanía externa legalmente reconocida, aunque la UE ya esté facultada para firmar tratados internacionales; y un sistema político sin poderes directos de coerción. Es también un sistema político que carece por ahora de constitución, pero que opera como si realmente existiese una: una «carta constitucional», según el TJ, quizás una distinción jurídica demasiado sutil que escapa a los profanos.

Este sistema político europeo tiene algunas características que influyen en su forma de funcionar y en sus políticas resultantes. Se trata de un sistema altamente complejo que se apoya mucho en normas, más que en la discrecionalidad. Durante los últimos años, y sobre todo después del Consejo Europeo celebrado en Lisboa en marzo de 2000, se ha realizado un esfuerzo deliberado por fomenar el llamado método abierto de coordinación como alternativa a la antigua aproximación a la integración basada en las normas; el método se apoya más en presiones entre pares, evaluaciones comparativas y también, como no podía ser de otro modo, en resultados, más que en normas específicas aplicables a todos por igual. Aunque los resultados y la diferenciación se han hecho más comunes (y necesarios) con la profundización y la ampliación de la integración regional, las normas y las negociaciones formales siguen constituyendo rasgos distintivos de la toma de decisiones comunitaria, especialmente en los ámbitos de responsabilidad más tradicionales. En un sistema político formado por Estados (semi) soberanos que mantienen en la mayoría de los casos el monopolio de la aplicación de las decisiones conjuntas, la discreción y el flujo de ideas difícilmente pueden sustituir a las normas, si bien es cierto que pueden tener implicaciones más amplias en las nuevas políticas en las que los gobiernos quieren mantener un amplio margen de maniobra. La gestión de la UEM también constituirá un banco de pruebas para el paso de la política de las normas a la política de la discrecionalidad, aunque ello dependerá mucho de lo fuertes y efectivas que sean las instituciones centrales.

Las políticas resultantes de este sistema político se basan en el consenso amplio y en las grandes mayorías. Algunos observadores lo ven como un ejemplo de democracia «consociativa», un término inventado para describir el sistema político holandés, basado en el consenso y la representación amplia de las diferentes élites para hacer frente a las importantes fracturas superpuestas de la sociedad civil holandesa, al menos antes de que el sistema político holandés fuese sacudido por el terremoto Pim Fortuyn. Naturalmente, el consenso y las grandes mayorías son mucho más difíciles de formar a escala europea. De ahí que la consecuencia sea un sistema lento y conservador (conservador en el sentido de resistente al cambio) que conduce casi siempre a políticas reactivas y fragmentadas. En un sistema como éste, el liderazgo político y la visión estratégica no surgen con facilidad.

Antes de ser tomadas, las decisiones necesitan atravesar muchas puertas con posibles vetos; también necesitan movilizar muchos intereses nacionales y transnacionales. Una vez que se orquestan los acuerdos y éstos se traducen en derecho comunitario, es muy difícil deshacerlos. De ahí que el sistema conlleve una carga histórica pesada, una carga que discrimina a los recién llegados y a las mayorías políticas que intentan formarse. También reduce la capacidad de ajustarse a los cambios en el entorno exterior. Pero entonces ¿cómo podemos explicar las experiencias de profundización y ampliación que continuamente se han dado en la integración? ¿Acaso es poco menos que insaciable la demanda en favor de la integración, o hay factores específicos que permiten explicar el rápido desarrollo que ha experimentado en particular durante la última década y media?

Algunos sostienen que en el sistema político europeo las medidas de liberalización son más fáciles de adoptar que las políticas comunes que intentan conformar los resultados económicos a través de la regulación activa o la redistribución, en lugar de simplemente corregir las fallas del mercado. En otras palabras, la integración positiva es políticamente más difícil que la integración negativa, y eso se ve reforzado por el sesgo en favor de la liberalización presente en los tratados fundacionales. Sigue siendo un argumento controvertido, pero si fuera cierto tendría implicaciones muy importantes.

Por último, aunque no es menos importante, al intentar minimizar el conflicto el sistema político europeo ha mostrado una fuerte tendencia hacia la despolitización y la gobernación por los tecnócratas —y por los jueces, cabría añadir—. Es un sistema que favorece los compromisos políticos, más que las iniciativas políticas y el liderazgo fuerte, y que pone el acento en las divisiones estatales a costa de otras. La *accountability* democrática es limitada, no sólo debido a lo limitado de las competencias del Parlamento Europeo, sino también a la naturaleza dual del ejecutivo comunitario. Buena parte del proceso legislativo carece por completo de transparencia, mientras que su complejidad, combinada con la distancia geográfica entre los centros de toma de decisiones y la inmensa mayoría de ciudadanos europeos, lo convierte en inaccesible para estos últimos. Las esperanzas de que la toma de decisiones en el nivel comunitario sea más eficiente y democrática han sido trasladadas a la Convención Europea y al nuevo tratado que saldrá de ella.

...Y CON CIUDADANOS MENOS PERMISIVOS

La integración regional en Europa empezó como un proceso dirigido por las élites y con poca participación o entusiasmo popular. Llegado el nuevo siglo, nada ha cambiado en lo fundamental. El Plan Schuman y las negociaciones que llevaron al Tratado de París de 1951 concernían a un número muy reducido de personas de los seis países participantes y éstas habían intentado mantener el tratado lo más alejado posible del escenario político para asegurarse la ratificación. La negociación del Tratado de Maastricht cuarenta años después mantenía una notable semejanza con la diplomacia secretista de los primeros años de la integración europea: discusiones interminables a puerta cerrada y un debate público casi inexistente. La transición de la diplomacia a la democracia parece ser un proceso arduo y prolongado. Diez años después de Maastricht, la Convención Europea implicó un esfuerzo consciente por acelerar este proceso, lo que supone una aceptación tardía de las limitaciones de la antigua aproximación.

Contrariamente a sus temores bien fundados tras el fin de la guerra, durante muchos años las élites nacionales no tuvieron que hacer frente al escepticismo popular con respecto a la integración. Los observadores de la escena europea pronto empezaron a hablar de un «consenso permisivo», al menos en los seis Estados miembros fundadores, en el sentido de que la mayoría de los ciudadanos tenía una actitud en general favorable a la integración europea pero no sabían hasta qué punto cabía considerarla una prioridad de primer orden. Así que decidieron dejar que fuesen los gobiernos los que decidiesen.

El amplio apoyo popular a la integración europea fue confirmado posteriormente en repetidas ocasiones a través de sondeos de opinión pública, entre los que destacaban los realizados regularmente por el *Eurobarómetro*. Estos informes mostraban altos niveles de apoyo a la integración, por lo general entre el 65 y el 80% de la población de los países miembros, aunque las cifras eran persistentemente menores cuando a la gente se le preguntaba si la pertenencia de su país a la UE era algo bueno. Esto parece indicar que en las mentes de muchos ciudadanos europeos la integración requería apoyo, aunque la participación en la CE/UE no fuese percibida siempre como una fuente de beneficios concretos. La oposición a la integración se mantenía en cifras bajas. Los sondeos de opinión pública y los datos extraídos de los pocos referendos que hasta ahora han tenido lugar sugieren que los ricos, los formados y los jóvenes son más propensos a apoyar la integración europea a lo largo y ancho de la UE. Los directivos, ejecutivos y trabajadores autónomos muestran niveles significativamente más elevados de apoyo que los trabajadores no cualificados y los desempleados. También parece que aquellos más informados tienden a brindar su apoyo en mayor medida que los no informados.

El apoyo popular a la integración europea nunca se ha basado en un fuerte sentido de la identidad europea: ¿cómo podía haber sido de otro modo, con la turbulenta historia de Europa y sus enraizados Estados-nación? De ahí que pocos se identifiquen en primer lugar como ciudadanos europeos, en lugar de declararse alemanes, irlandeses o portugueses. Lo mismo solía ocurrir en la antigua Yugoslavia, donde la gente, con pocas excepciones, se identificaba primero como serbia, croata o eslovena, y no como yugoslava. Todos sabemos lo que le ocurrió a Yugoslavia al final; pero sin duda ésta no es una comparación válida con la UE, ¡o al menos eso esperamos!

Durante mucho tiempo la integración europea gozó de un amplio apoyo público, al menos en la inmensa mayoría de los países miembros, con algunas minorías de ciertas dimensiones y resonancia en los antiguos países miembros de la AELC. Sin embargo, este apoyo público no constituyó un factor movilizador en la política. Los ciudadanos estaban contentos con este proyecto tan comprehensivo, cuyos detalles precisos les eran en buena medida desconocidos, siempre y cuando fuese percibido como una fuente de beneficios para el continente europeo en términos de prosperidad, paz y también democracia. Asimismo, parecían otorgar a sus líderes políticos un margen de actuación considerable en la gestión del proyecto europeo. Se dieron pocas oportunidades de poner a prueba este apoyo popular o las preferencias particulares de los ciudadanos con respecto a la integración europea.

En la mayoría de los países miembros el amplio consenso caló mucho en el nivel político: los principales partidos estatales no difirieron mucho en torno a las cuestiones europeas. Con pocas excepciones, como la del Reino Unido y Dinamarca, el consenso entre las élites significó que no habría debates públicos adecuados, ni en el parlamento ni fuera de él, ni siquiera sobre cuestiones concretas que no necesariamente gozaban de un apoyo popular extendido. De modo que el viejo síndrome del Tratado de París ha dejado algunas huellas: las élites nacionales saben mejor que nadie lo que deben hacer y por eso lideran a sus sociedades en el camino de la integración europea. Sobre la cuestión capital de la UEM hubo poco debate público en la mayoría de los países, tanto antes como después de la firma del Tratado de Maastricht, y eso a pesar de que la opinión pública no mostró mucho entusiasmo por el proyecto. Esto puede decirse sin duda de Alemania y de los Países Bajos, donde la opinión pública en relación con la UEM era mayoritariamente negativa, por lo menos al principio. ¿Habría sido ratificado el Tratado de Maastricht si se hubiese consultado a la opinión pública de más países mediante referendos? La existencia de dosis significativas de euroescepticismo puede tener al menos una ventaja concreta: generan debate público, lo cual es en general bueno para la democracia.

La democracia en la UE y la legitimidad de sus instituciones siguen teniendo mayoritariamente un carácter indirecto: son las partes estatales constitutivas las que son democráticas y las que por eso revisten de legitimidad a las instituciones comunitarias. Esta premisa está siendo cada vez más problemática como consecuencia de la profundización continuada de la integración, de la votación por mayoría en el Consejo (por limitada que sea) y de las dificultades crecientes de los gobiernos estatales para compensar a los perdedores de sus propios países. Las elecciones directas al Parlamento Europeo y la extensión progresiva de sus competencias pretendían atajar el déficit democrático de la Unión. Su éxito ha sido sólo parcial. Las elecciones directas al PE no han generado en toda Europa ningún debate sobre las cuestiones abordadas por las instituciones comunitarias; y aquellos debates que puedan haber surgido se han circunscrito a pequeños sectores de la élite política, de expertos y de intelectuales. La construcción europea sigue siendo un asunto para los *cognoscenti* y se supone que la gente debe seguirles.

Las elecciones directas al PE se han librado como elecciones nacionales de segundo orden con respecto a cuestiones nacionales y por parte de partidos nacionales. Aunque el PE está dividido sobre todo según el eje izquierda-derecha, más que según el eje nacionalista, durante las elecciones europeas los grupos políticos europeos se han comportado como confederaciones poco unidas, con plataformas políticas muy generales y con poca influencia sobre las campañas electorales en cada uno de los países. De ahí que los electorados hayan sido requeridos para votar listas de partidos nacionales con muchos candidatos a título de famoso desconocido que supuestamente representará a los ciudadanos europeos en lo que en general es percibido como un parlamento alejado con competencias poco claras. Por tanto, no es de extrañar que el índice de participación en las elecciones europeas haya venido reduciéndose desde el 63% de las primeras elecciones directas de 1979 hasta el 55% en 1999 —cifra ésta todavía respetable para los estándares estadounidenses—. Pero los índices de participación en muchas elecciones estatales de Europa también se han venido reduciendo, lo cual puede indicar un problema más general de participación popular y de confianza pública en las instituciones democráticas.

Entretanto, se han realizado algunos intentos a fin de superar la definición restringida de libertades económicas presente en los viejos tratados para darle así a la ciudadanía europea un contenido más sustancial que la suma de las ciudadanías nacionales. El concepto de ciudadanía europea, acompañado de derechos aplicables, aunque limitados, fue incorporado inicialmente por Maastricht. Ha servido de plataforma de lanzamiento a iniciativas posteriores más claras. Son ciudadanos de la Unión los nacionales de los Estados miembros, y tienen derecho a residir en cualquier lugar que libremente elijan en la UE, a votar o a presentarse a elecciones municipales y del PE residan donde residan y a gozar de la protección diplomática en la embajada de cualquier Estado miembro en terceros Estados. Las revisiones de los tratados fundacionales también han convertido en parte integral de la UE la democracia y el respeto a los derechos humanos y las libertades fundamentales. Aunque así era entendido desde el principio, en la actualidad el tratado permite la suspensión de los derechos de los miembros que cometan violaciones, lo cual añade un elemento de sanción. La Carta de Derechos Fundamentales (una declaración de derechos europea) fue adoptada finalmente en Niza en 2000, aunque todavía no se aplica debido a la fuerte oposición de un reducido número de Estados miembros. En el nuevo tratado esto probablemente cambiará. Por otro lado, los derechos de los ciudadanos ya se están viendo directamente afectados por la extensión de la cooperación/integración política en el ámbito de «libertad, seguridad y justicia».

Sin embargo, estas modificaciones no han reportado los beneficios esperados en el sentido de paliar el déficit democrático de la Unión. La *accountability* democrática sigue siendo débil; las cuestiones que afectan a toda la UE adolecen habitualmente de falta de visibilidad y raramente son discutidas. Los debates políticos estatales están a menudo muy alejados de la realidad, pues asumen que el Estado-nación tiene unos poderes de los que de hecho carece. Durante la década de 1990 el apoyo popular a la integración europea sufrió un bajón importante y sin precedentes en toda la Unión. Los sondeos del *Eurobarómetro* mostraron que cayó por debajo del 50% de la población; y pese a una pequeña recuperación que llegó hasta el 55% en otoño de 2002, sigue estando muy por debajo del 69% registrado a principios de dicha década. El bajón fue especialmente pronunciado en Francia y en Alemania, los dos países que tradicionalmente habían sido los principales pilares de la integración regional, pero también en países como Italia y los Países Bajos (fig. 2.2).

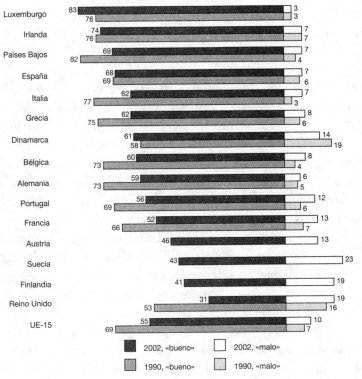

FIGURA 2.2. Apoyo popular a la participación en la UE, 1990 y 2002. («¿Es bueno ser miembro de la UE?» [%])
Fuente: Eurobarómetro (otoño de 2002, diciembre de 1990).

Ciertamente, una gran mayoría de ciudadanos europeos seguía creyendo que la pertenencia a la UE era algo bueno. Las respuestas negativas se daban sobre todo en los países de la antigua AELC (en todo caso, el sentimiento antiintegración ha mantenido una solidez remarcable en un sector considerable de la población de esos países), mientras que los países del Benelux, los países del sur e Irlanda continuaron alimentando las reservas del euroentusiasmo. Y luego estaba también la UEM: a medida que se aproximaba el día del euro, los sondeos del *Eurobarómetro* apuntaban como mínimo una recuperación parcial del apoyo popular a la integración europea.

El consenso permisivo, ese rasgo característico de las actitudes públicas hacia la integración europea durante muchos años, muestra cada vez más signos de la aparición de grietas importantes. El debilitamiento del apoyo popular se ha manifestado en varios referendos vinculados a sucesivas revisiones de los tratados. Los votantes daneses así lo hicieron en dos ocasiones: primero cuando rechazaron el Tratado de Maastricht en 1992 y nuevamente en 2000 cuando dijeron «no» a la participación de su país en la UEM. Entretando se había producido otro «no» escandinavo, cuando la población noruega votó en contra de la adhesión a la Unión en 1994. Ya lo habían hecho en 1972, también con una pequeña mayoría. Estas votaciones negativas ya no podían ser menospreciadas como si fuesen meras excentricidades escandinavas: «¡Si es que nunca han creído en la integración europea!». El electorado francés ofreció tan sólo una mayoría del 51% en favor de Maastricht, mientras que los irlandeses, considerados siempre seguidores fervientes de la integración europea, dijeron «no» en 2001 a la nueva revisión de los tratados acordada en Niza, aunque sólo una pequeña minoría se molestó en ir a las urnas. Aquello era una indicación de un problema añadido: resulta difícil movilizar a las mayorías pro europeas. El segundo intento para hacer pasar el Tratado de Niza en Irlanda tuvo más éxito: en octubre de 2002 fue a votar más gente, hostigada casi por la insistencia de los principales partidos políticos, y esta vez sí se dio una mayoría clara en favor del nuevo tratado y de las nuevas ampliaciones.

En cualquier caso, las votaciones negativas tenían más bien un tono «antisistema», y esta tendencia se ha evidenciado nuevamente con ocasión de varias elecciones estatales celebradas recientemente. El viejo consenso de las élites europeas parece haber sobrevivido, pero está siendo cuestionado por algunas de las nuevas fuerzas emergentes en la escena política, habitualmente en el extremo de la derecha populista, que dan así expresión a nuevas tendencias latentes en las sociedades europeas. La cuestión de la inmigración ha servido de catalizador. Las sociedades europeas pueden haberse vuelto menos permisivas en el sentido de ser menos proclives a dar carta blanca a sus políticos nacionales para avanzar en la integración y seguir tomando decisiones en su nombre sin apenas transparencia ni *accountability*. Pueden haberse vuelto también menos permisivas en el sentido de dejar de percibir la integración europea como un juego en el que todos ganan (incluso mejor que un óptimo de Pareto en términos económicos), de modo que los perdedores potenciales se aferran cada vez más a las instituciones antiguas y familiares como un escudo que les defienda de un entorno más adverso y rápidamente cambiante.

¿ACASO IMPORTA?

Durante la segunda mitad del siglo xx las economías europeas se volvieron mucho más interdependientes. Para que eso ocurriese, las fuerzas autónomas del mercado se combinaron con el rápido cambio tecnológico y con decisiones políticas conscientes. La integración europea ha llevado al desarrollo de un sistema económico regional que cuantitativa y cualitativamente es más que un conjunto de economías nacionales altamente interdependientes y de cuya supervivencia depende la prosperidad futura de los ciudadanos europeos. La mayoría de las barreras han sido eliminadas, mientras que la responsabilidad sobre las políticas públicas ha sido transferida al menos parcialmente al nivel comunitario. A lo largo del proceso las fuerzas del mercado han sido reforzadas a expensas de los gobiernos, ya sean éstos los estatales o el comunitario. Por supuesto, eso es del todo compatible con la ortodoxia económica, aunque no cuente con el mismo respaldo del consenso popular. También es altamente compatible con el proceso paralelo de la globalización, siendo la principal diferencia que con la globalización hay mercado pero prácticamente no hay gobierno.

De ahí que la realidad económica se haya vuelto cada vez más europea y también más global. Para gestionarla, la UE ha desarrollado un sistema de gobierno con múltiples niveles. Delors puede tener razón cuando dice que aproximadamente el 80% de la legislación que tiene que ver con cuestiones socioeconómicas ya se toma en el nivel comunitario, aunque eso no quiere decir que se dé un alto grado de descentralización y de diferenciación. La cuestión crucial es qué tipo de gobierno —y qué tipo de gestión económica— es capaz de producir el sistema político europeo, y quiénes serán los posibles ganadores y perdedores. Pero hay algo más. La gobernación comunitaria se ha ajustado al menos parcialmente a esta nueva realidad económica, pero las sociedades a duras penas lo han hecho. Las actitudes y las expectativas públicas siguen estando muy orientadas hacia el Estado-nación y hacia los niveles regional y municipal. Europa constituye el foco de atención sólo para unos pocos.

Es cierto que el bienestar y la solidaridad social siguen siendo todavía prerrogativas del Estado-nación, y siguen siendo también las cuestiones más relevantes para los ciudadanos europeos. Los gobiernos estatales han mantenido los símbolos, pero también han mantenido el control férreo sobre el erario público, dejando sólo algunas migajas para el gasto en el ámbito de la Unión. No obstante, muchas decisiones importantes que afectan a la vida de los ciudadanos ya son tomadas más allá de las fronteras del Estado-nación, y a lo largo de los años su número ha aumentado constantemente. La prosperidad individual y colectiva depende en buena medida de decisiones tomadas en Bruselas y en otros lugares aún más alejados (!) por los que pasa el circo de los responsables y legisladores comunitarios. Pero el proceso democrático de la participación popular y de la *accountability* no ha seguido el paso de esta evolución.

El resultado ha sido una distancia creciente entre la política y la economía en Europa. Pese a la expansión continua de su agenda política, la UE sigue siendo sobre todo un sistema económico que cuenta con un aparato institucional cada vez más complejo, pero no con una base política adecuada. Los gobiernos europeos han venido hablando durante años del establecimiento de una unión política como contrapartida a la unión económica y monetaria; y lo único que han ofrecido en este proceso ha sido cooperación en un amplio abanico de nuevos ámbitos políticos, entre los cuales se encuentra la política exterior y la seguridad interior, así como algunas reformas institucionales limitadas. Por importante que sea, todo esto tiene poco que ver con la unión política. ¿Acaso esta unión política —sea del tipo que sea— puede o debería ser construida desde arriba, como ha ocurrido durante la integración europea? ¿Y cómo hacer que el sistema europeo sea más democrático y, por tanto, también más legítimo? Éstas son cuestiones difíciles y no hay respuestas modélicas que puedan encontrarse en la historia ni en la experiencia existente en otras partes del mundo. Y sin embargo son las cuestiones a las que deben responder los que participan en el debate sobre el futuro de Europa.

La distancia entre la política y la economía tiene consecuencias importantes para nuestras sociedades y para nuestras instituciones estatales y comunitarias. Afecta directamente al funcionamiento de la democracia y de la legitimidad de nuestras instituciones, y puede tener también consecuencias distributivas.

Envueltas habitualmente en un manto técnico, las cuestiones europeas se mantienen fuera del alcance del ciudadano de a pie. Por ahora los partidos políticos, todavía muy estatales en su apariencia y organización interna, han sido incapaces de actuar como correas de transmisión. Al fin y al cabo, ¿por qué deberíamos esperar que superasen este reto cuando no ha habido un puesto de poder real por el que luchar a escala comunitaria? El Parlamento Europeo constituye en la actualidad un sustituto muy pobre. No puede haber partidos políticos europeos mientras no haya un mercado político europeo. Y ciertamente, no es la armonización de los estándares técnicos ni la armonización fiscal lo que llevará a la gente a manifestarse con pancartas en las calles de Bruselas, Manchester o Cagliari —aunque los productores de porcino lo han hecho en el pasado y la UEM puede representar una fuerza movilizadora en el futuro—. ¿Será la «Europa social» la llave que abra las puertas, como algunos han defendido durante años desde la izquierda del espectro político, hasta ahora con poco éxito?

La distancia entre la política y la economía también puede verse como una distancia entre las políticas y la política, o quizá de forma más apropiada como una distancia entre la percepción y la realidad. Sólo puede provocar descontento y frustración, generando reacciones populistas y movimientos de protesta con mensajes mezclados y a menudo confusos. Las protestas crecientes contra la globalización pueden por ello adoptar un tono más específicamente europeo, al mismo tiempo que los votos «antisistema» pueden convertirse en algo más recurrentes. El consenso permisivo en favor de la integración europea ya no puede darse por hecho.

Capítulo 3

GANADORES Y PERDEDORES...

Durante muchos años, hablar de ganadores y perdedores en la integración europea no estaba bien visto. Ciertamente, no era políticamente correcto. Al fin y al cabo, la integración se refería a cuestiones tan esenciales como la paz, la democracia y, quizás en menor medida, el bienestar; y todas ellas podían ser mejor preservadas mediante la cooperación estrecha (muchos preferían la palabra integración) a través de las fronteras. Las élites nacionales, al menos en los seis Estados miembros fundadores, pronto abrazaron este tipo de lógica tras aprender algunas duras lecciones de la amarga experiencia de la primera mitad del siglo xx. Los socialdemócratas se unieron a la democracia cristiana en el apoyo a la causa europea; las voces disidentes fueron disminuyendo y desintegrándose, siendo tildadas a menudo de excéntricas y aún con más frecuencia de nacionalistas de miras estrechas, cosa que solían ser. De ahí que hablar de posibles perdedores podría comportar el riesgo de socavar el consenso. Al fin y al cabo, los Estados de la posguerra habían desarrollado muchas formas de compensar a los perdedores en el interior de sus fronteras.

Los economistas descubrieron en la integración económica un campo en rápida expansión para sus teorías y sus estudios empíricos, pero no estaban muy bien formados para ocuparse de cuestiones distributivas. Su atención se concentraba en la eficiencia económica y en situaciones óptimas de Pareto. La mayoría de ellos debía creerse que la redistribución, cuando era necesaria, era obra de un benevolente dictador imaginario. De ahí que la cuestión de los ganadores y los perdedores apenas apareciese en los primeros estudios económicos sobre los efectos de la integración regional. Pero con el tiempo una minoría cada vez mayor de economistas empezó a asumir el reto.

Los británicos fueron los primeros en romper la conspiración de silencio en la década de 1970. Descontentos con el acuerdo que se habían visto obligados a aceptar como precio de la adhesión, pronto descubrieron que tenían más posibilidades de cambiarlo una vez que estuviesen dentro. Comenzaron haciendo preguntas difíciles sobre quién gana y quién pierde con el presupuesto de la Comunidad y acabaron forzando a la Comisión a empezar a hacer las cuentas que siempre se había negado a hacer, al menos en público, porque se consideraba que iban contra el espíritu de la Comunidad. Así, los británicos fueron los primeros en sacar los trapos sucios, pues no les gustaba lo que tenían. Con su estilo inimitable, Margaret Thatcher lideró el ataque contra el presupuesto preguntando quién ganaba y quién perdía con él. Por supuesto, los beneficios y las pérdidas presupuestarios son sólo una parte del balance de resultados más amplio que supone la pertenencia a la Unión. Pero Thatcher era ideológicamente incapaz de plantear la cuestión más amplia y más interesante en torno a los ganadores y los perdedores. Al fin y al cabo, ella no creía en la dimensión política de la integración, ni tampoco pensaba (ni le importaba) lo que les ocurriría a los perdedores de la integración del mercado.

Desde entonces han ocurrido muchas cosas. Aunque no ha cambiado lo fundamental de la integración europea durante buena parte de los últimos cincuenta años más o menos, el equilibrio de poder interno en Europa sí ha cambiado y con efectos significativos sobre la percepción de los intereses nacionales y sobre la matriz de alianzas potenciales entre los países. Esto es sin duda importante y todavía no se ha visto completamente reflejado en el acuerdo global europeo. Con las nuevas ampliaciones llegará otro cambio importante, cuyas dimensiones y consecuencias hasta ahora han sido en general subestimadas. El oleaje producido por el hundimiento del orden político y económico de la posguerra sigue llegando a nuestras costas y las olas más grandes están aún por llegar.

Y eso no es todo. La mayoría de la gente está acostumbrada a pensar en términos de equilibrio entre intereses nacionales diferentes en el contexto europeo. El carácter predominantemente intergubernamental del sistema de toma de decisiones comunitario siempre ha subrayado al fin y al cabo las divisiones entre países más que las divisiones dentro de los países. También aquí las cosas están cambiando como consecuencia de tres tendencias principales: la profundización continuada de la integración europea, que está teniendo en la actualidad efectos muy amplios sobre el conjunto de la sociedad; el deterioro del entorno económico, caracterizado por el bajo crecimiento y el elevado desempleo en momentos de cambio acelerado; y el aumento de las dificultades de los Estados del bienestar para proveer de una red de seguridad eficaz a los perdedores y de un trato adecuado a aquellos que se sienten amenazados por lo diferente y lo desconocido. De ahí que las divisiones internas dentro de los países empiecen a adquirir una importancia política nueva. ¿Quién sale ganando y quién pierde?

¿Quién tiene intereses en Europa? Y lo más importante: ¿qué tipo de Europa queremos? La respuesta a estas preguntas ya no puede encontrarse únicamente en el nivel estatal y en nombre del «interés nacional».

Círculos virtuosos e integración económica

Los tratados fundacionales eran extremadamente complejos al pretender ofrecer algo a cada uno (por «cada uno» cabe entender cada uno de los Estados firmantes). El tratado CEE, por ejemplo, contenía disposiciones orientadas a la liberalización del comercio industrial, a una política agrícola común (PAC), a una política común del transporte y al establecimiento del Banco Europeo de Inversiones (BEI) y del Fondo Social Europeo (FSE). Diferentes disposiciones contentaban a diferentes intereses. Además, los seis Estados originarios constituían un área económica bastante homogénea y con niveles similares de desarrollo: la única excepción era el sur italiano (el *Mezzogiorno*), para el que se preveía que el FSE y el BEI ofrecerían apoyo económico.

La Era Dorada de la posguerra para las economías de Europa Occidental duró hasta principios de la década de 1970 y generó con mucha rapidez unos niveles crecientes de prosperidad. Los índices de crecimiento y los niveles de desempleo durante dicho período no han vuelto a repetirse después (fig. 3.1; véase pág. sig.). Fue algo verdaderamente excepcional, con unas medias de crecimiento económico anual del PIB que llegaron al 5 %, mientras que el desempleo se mantenía cerca del 2 %. ¡Cómo han cambiado las cosas desde entonces! La única variable macroeconómica que ha mejorado en los últimos años, si la comparamos con la Era Dorada, ha sido la inflación; y esta mejora tampoco ha sido muy importante, pues los índices anuales de inflación se mantuvieron en torno al 3-4 % en la mayoría de los países de Europa Occidental hasta finales de la década de 1960.

Durante este período el comercio internacional creció más rápido que la producción y el comercio intracomunitario creció más rápido que el comercio internacional. De inmediato los economistas intentaron establecer un vínculo entre esas variables. En la medida en que es posible encontrar unanimidad entre los economistas, ésta fue conseguida en torno a la relación entre la liberalización comercial resultante de los esfuerzos de integración regional y el crecimiento del comercio regional. Además, los economistas estaban de acuerdo en que la mayoría de este comercio

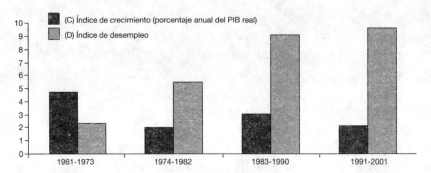

Figura 3.1. Crecimiento y desempleo en la UE-15, 1961-2001.
Fuente: Comisión Europea.

era resultado de la creación de comercio (algo bueno) por oposición a la desviación de comercio (algo malo), siendo esto último asociado sobre todo a la PAC. Sin embargo, el acuerdo era menor en torno al vínculo entre el crecimiento del comercio y del PIB. Los primeros estudios sobre la integración apuntaban que los efectos del crecimiento del comercio sobre el bienestar eran muy pequeños. Si fuese cierto, eso implicaría que, después de todo, la integración tenía poco que ver con la economía, pues el comercio no puede ser un bien económico en sí mismo. Más tarde los economistas empezaron a estudiar los llamados efectos dinámicos del comercio y, al hacerlo, fueron capaces de establecer un vínculo mucho más estrecho entre, por un lado, el comercio intracomunitario y, por otro lado, el bienestar. Probablemente siguen subestimando dichos efectos todavía hoy.

El vínculo causal entre comercio y crecimiento no se da sólo en un sentido, como habitualmente se cree. La rápida eliminación de las barreras comerciales intracomunitarias entre 1958 y 1968 fue posible en buena medida gracias al entorno macroeconómico favorable, caracterizado por elevadas tasas de crecimiento y un desempleo bajo. El aumento de la exposición al comercio internacional conlleva costes de ajuste tanto para el trabajo como para el capital. Dichos costes son absorbidos mucho más fácilmente en épocas de rápido crecimiento, minimizándose así la resistencia por parte de los perdedores potenciales. Eso sugiere la existencia de un círculo virtuoso: el entorno macroeconómico favorable de las décadas de 1950 y 1960, atribuible a factores varios, como la reducción de la ventaja tecnológica de Estados Unidos y elevados ratios de inversión acompañados de moderación salarial, crearon las condiciones que hicieron posible la firma del Tratado de Roma y la aplicación exitosa de las disposiciones comerciales. La liberalización provocó entonces más comercio y éste, a su vez, contribuyó a las espectaculares tasas de crecimiento del período.

Hasta aquí todo bien. Pero había otra pieza en el puzle que ponía en cuestión el pensamiento convencional. La liberalización comercial, mucho más rápida a escala regional, pero también más significativa a escala internacional gracias al impulso del GATT, coincidía con la emergencia de economías mixtas en los Estados del bienestar, especialmente en Europa Occidental. Durante este período el papel del Estado pasó a ser cada vez más pronunciado tanto a nivel micro como a nivel macro. Como muy ingeniosamente se le ocurrió decir a alguien, «Keynes en casa y Smith en el extranjero». Al mismo tiempo que los países de Europa Occidental eliminaban sus controles fronterizos, que en su mayoría afectaban al comercio de bienes, también estaban muy ocupados desarrollando instrumentos estatales para la estabilización macroeconómica, la redistribución, los seguros de riesgo y la provisión de bienes públicos. En algunos países, en particular en Francia e Italia, el Estado también controlaba directamente sectores enteros de la economía, desde servicios públicos a bancos.

El porcentaje del gasto gubernamental general sobre el PIB es un indicador simple, pero fiable, del tamaño de un gobierno. Para la media de los países comunitarios, este indicador creció casi veinte puntos entre 1960 y principios de la década de 1990, superando el 50% del PIB (fig. 3.2; véase pág. sig.); desde entonces ha caído un poco, pero manteniéndose por encima del 45% —¡no está mal para unas economías capitalistas!—. El contrato político de la posguerra era la apoteosis de los valores socialdemócratas, aderezados habitualmente con el poder creciente de los sindicatos y con una regulación estricta del mercado de trabajo.

Por aquel entonces el Estado keynesiano facilitó la liberalización comercial y la integración europea, y no al revés, como los puristas de la economía podrían haber pensado. La economía mixta y el Estado del bienestar ayudaron a suavizar el ajuste estatal resultante de la apertura de las fronteras y de una mayor competencia internacional; también ayudó a conseguir apoyo popular al amortiguar los efectos del ajuste sobre los perdedores potenciales dentro de cada país. Por tanto, se trataba a la vez de una causa y una consecuencia del círculo virtuoso: el contrato político estatal estaba íntimamente vinculado al entorno económico internacional y a la integración regional.

Tan sólo en el sector agrícola fue trasladado al nivel europeo, y desde muy pronto, la responsabilidad primordial de la intervención y el ajuste.

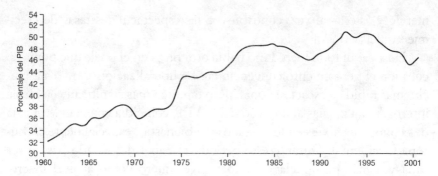

FIGURA 3.2. Gasto total de gobierno en la UE-15,* 1960-2001 (como porcentaje del PIB).

Fuente: Comisión Europea.

* 1960-1969: CE-6; 1970-1994: UE-15 excepto Luxemburgo.

En la década de 1950, en todos los miembros originarios el sector agrícola era muy grande en términos de personas empleadas, aunque menos en términos de producción. Cuando fueron firmados los tratados fundacionales los agricultores representaban el 23% de la fuerza laboral de los Seis, llegando al 35% en Italia. En la actualidad representan sólo un 4% en la UE-15. Por tanto, no habría sido nada fácil dejar la agricultura fuera del acuerdo global. Dada la larga historia de intervención y de protección que ha tenido la agricultura en todos los países europeos, la liberalización intrarregional fue posible sólo gracias al establecimiento de una política común destinada a reproducir al menos algunos de los elementos de las políticas estatales a las que sustituía. Por tanto, tenía poco que ver con el *laissez-faire*. El precio lo pagarían por igual los consumidores y los contribuyentes, así como los productores extranjeros. Los elevados precios de intervención de que gozaban los agricultores europeos eran acompañados de un sistema muy efectivo de impuestos a la importación. Pero el coste global de la PAC se disparó a medida que se aceleraba el crecimiento de la productividad y que la autosuficiencia alimentaria europea se incrementaba rápidamente. En cierto sentido, éste era el precio del éxito; pero ¿durante cuánto tiempo valdría la pena pagarlo si el gasto global de la PAC no dejaba de crecer?

Con el rápido deterioro del entorno económico en la década de 1970 (en otras palabras, con el fin de la Era Dorada), en la Comunidad de los Nueve se desataron algunas tensiones. Éstas se manifestaron en disputas presupuestarias, acompañadas de un proteccionismo encubierto en forma de barreras no arancelarias. A lo largo del proceso algunas cuestiones distributivas también fueron discutidas entre los miembros. Al principio, el establecimiento de un nuevo Fondo Europeo de Desarrollo Regional (FEDER) era visto como una forma de compensar parcialmente a los británicos por su importante contribución presupuestaria neta.

La nueva realidad económica, caracterizada por un crecimiento económico bajo y un desempleo elevado (fig. 3.1; véase pág. 62), en la mayoría de los casos acompañados de una inflación elevada, trajo consigo progresivamente un cambio en las ideas económicas de Europa Occidental. En la base del programa del mercado interior presentado por Delors en 1985 se encuentran el nuevo énfasis en la estabilización macroeconómica, incluida la consolidación fiscal tras varios años de grandes déficit presupuestarios, así como la adopción de medidas de estímulo de la oferta y de desregulación de los mercados. La acumulación de déficit presupuestarios señalaba los límites de la utilización de políticas fiscales expansivas contra la recesión, mientras que los primeros años del SME confirmaron que la política monetaria alemana constituía el ancla nominal de la estabilidad monetaria para todos los miembros. Entretanto, las grandes empresas europeas acabaron percibiendo que la fragmentación del mercado europeo, debida a la persistente intervención gubernamental y a varios tipos de barreras no arancelarias, constituía la razón principal de la falta de competitividad en los mercados internacionales. De ahí que las economías de escala y la reestructuración transfronteriza se convirtiesen en los objetivos cruciales y la eliminación de las barreras intracomunitarias en el principal instrumento para conseguirlos. Las medidas de estímulo de la oferta y la desregulación eran ideas importadas principalmente de los Estados Unidos del presidente Reagan, con Margaret Thatcher en Europa como delegada principal y muy enérgica. Los economistas ya habían sembrado el terreno académico con anterioridad. Y estas ideas fueron adoptadas progresivamente por otros líderes europeos, aunque con una mezcla de ilusión y vergüenza propias de la juventud virginal. Las instituciones europeas facilitaron la adopción de la nueva ortodoxia académica.

Éstos fueron los antecedentes de la adopción del programa del mercado interior, que marcó un importante punto de inflexión en la integración económica regional. Fue ante todo el reconocimiento de que el mercado común seguía siendo en buena medida incompleto casi treinta años después de la firma del Tratado de Roma. Fue también un reconocimiento de los límites de la liberalización del comercio a través de la eliminación de los controles fronterizos en el contexto de las economías mixtas. Pero eso significaba que las economías mixtas nacionales ya no eran intocables:

debía encontrarse una nueva fórmula para hacer posible la coexistencia de John Maynard Keynes y Adam Smith. Hurgar en las economías mixtas de los miembros hacía que la soberanía económica estatal se convirtiese en un concepto aún más relativo, a menos que el programa del mercado interior fuese equivalente a la desregulación. Esto era precisamente lo que tenían pensado gente como Thatcher; por supuesto, era algo erróneo, como quedaría demostrado después. Por último, y no menos importante, el programa del mercado interior ponía los servicios y el capital en el centro de la escena europea, pues la intervención gubernamental estatal los afectaba de lleno, lo que a su vez creaba distorsiones en las transacciones intracomunitarias.

De este modo se creó un nuevo círculo virtuoso que implicaba a los gobiernos y al mercado. El mercado interior y el Acta Única Europea (AUE) firmada en 1986 coincidieron con una mejora constante en el entorno económico. La modesta recuperación impulsada por las exportaciones se convirtió progresivamente en un proceso autosostenido, con un incremento constante de la inversión. El viraje hacia un entorno macroeconómico más dinámico contribuyó a que los gobiernos aceptasen con mejor disposición los costes del ajuste asociados a la continuación de la liberalización. Esta disposición política favorable a seguir con lo que era percibido básicamente como un programa de estímulo de la oferta contribuyó a su vez a una mejora aún mayor del clima económico. Por supuesto, tenía mucho que ver con la credibilidad y las percepciones del mercado, de las que regularmente se ocupaban los gobiernos estatales y la Comisión. Ahí estaban todos los ingredientes necesarios para un círculo virtuoso; y existía además una gran similitud con lo que había ocurrido en las décadas de 1950 y 1960. Pero como ocurre con todas las cosas buenas, el *boom* económico pronto se acabaría. Los círculos virtuosos no duran indefinidamente, y éste en particular duró muy poco.

El programa de 1992, como acabó conociéndose por la fecha de finalización de la adopción de todas las medidas que incluía (31 de diciembre de 1992), fue apoyado por muchos estudios económicos que señalaban los beneficios de un mercado europeo más grande y por una campaña de mercadotecnia eficaz (no siempre podían distinguirse con claridad ambos elementos). El estudio más amplio y omnicomprensivo sobre los efectos previsibles del mercado interior —el «Costo de la no-Europa», más conocido como informe Cecchini, publicado por la Comisión— cubría un ámbito muy extenso y se aventuraba en estimaciones cuantitativas de los efectos del programa del mercado interior. Éstas resultaron ser exageradamente optimistas según los resultados de estudios posteriores sobre los efectos del mercado interior —¿o no será debido quizás a que nuestros instrumentos de medición siguen siendo muy inadecuados?—. Resulta muy interesante que el informe Cecchini no dijese nada concreto en torno a la distribución previsible de costes y beneficios, aparte de reconocer la existencia del problema y de manifestar la esperanza de que unas políticas redistributivas apoyadas por una política macroeconómica activa compensarían convenientemente a los perdedores o, aun mejor, ayudarían a las economías y regiones más endebles a encarar los fuertes vientos de la competencia, desatados por la eliminación de las barreras.

Ésta era, sin duda, una cuestión política muy delicada y la mayoría de los economistas no querían abordarla. La misma historia se repetía algunos años después con la UEM. Agnóstica sobre los efectos distributivos previsibles, pero también temerosa de un escenario catastrófico, la Comisión liderada por Jacques Delors defendía reiteradamente la existencia de un vínculo explícito entre el mercado interior y la redistribución. Y esta defensa acabó teniendo éxito, gracias a la inclusión del capítulo de la cohesión económica y social en el AUE y, lo que es más importante, a través de los Fondos Estructurales. En la primera gran negociación de 1988 sobre el funcionamiento de estos fondos y las cantidades de dinero que se gastarían en ellos, el papel de Alemania fue absolutamente crucial. Alemania siempre había sido el mayor contribuyente neto al presupuesto comunitario; continuó siéndolo, pero estableciendo al mismo tiempo el nivel de políticas redistributivas más explícitas. Lo mismo volvió a ocurrir algunos años después, aunque la generosidad alemana parecía debilitarse con el tiempo, especialmente a medida que crecía el coste de la unificación de Alemania mientras desaparecía el sentimiento de culpa por la guerra.

Cabe preguntarse si los Fondos Estructurales, junto con el Fondo de Cohesión nacido en Maastricht, no son otra cosa que una recompensa (un soborno, por decirlo claramente) a los países más pobres para comprar su apoyo al programa del mercado interior y más tarde también a la UEM. Si no es así, cabe preguntarse si son un tipo de política de desarrollo de la Unión. Mucha gente ha debatido profusamente en torno a esta cuestión, pero ¿acaso es verdaderamente importante? Como ocurre en muchos otros temas, hay una verdad oficial y otra que no lo es. Para la Comisión, pertrechada de los artículos relevantes de los tratados, todo esto forma parte de una política de desarrollo europea dirigida a regiones problemáticas (y no a países) de la Unión escogidas según criterios universales. Con frecuencia se justifica esta política de desarrollo recurriendo a las nuevas teorías del crecimiento. A diferencia de sus predecesoras neoclásicas, estas teorías postulan rendimientos crecientes y efectos de aglomeración. En sus modelos de crecimiento incorporan el progreso tecnológico y los avances en el conocimiento humano. Y lo que no es menos importante, reconocen que los gobiernos tienen un papel de coordinación o de apoyo.

No obstante, sería ingenuo disociar las grandes cantidades de dinero gastadas en las políticas estructurales de la Unión, que ahora representan aproximadamente un 35% del presupuesto total, de las negociaciones intergubernamentales en el Consejo. Claramente hay un elemento de recompensa en las políticas estructurales que forma parte de complejos paquetes de acuerdos, de modo que los criterios adoptados para el uso de los fondos no son sólo el producto de la inventiva tecnocrática. Eso no debería sorprender a nadie. Después de todo, ésta ha sido hasta ahora la forma de avanzar de la integración europea. Las políticas estructurales también han tenido un efecto descentralizador en el interior de los países miembros, al ofrecer a las regiones un nuevo margen de maniobra con respecto a los centros estatales. En este sentido, el efecto comunitario varía considerablemente de un país a otro, dependiendo de la relación entre la cuantía de las transferencias comunitarias y las transferencias regionales dentro de las fronteras estatales, así como del grado de descentralización política con el que parta cada país. Así, el efecto sobre algunas regiones de Grecia, de Portugal o incluso del Reino Unido ha sido mayor que en Alemania Federal, donde la principal preocupación de los *Länder* ha sido, en todo caso, la pérdida de poder como consecuencia de la integración europea: no es así como se ve desde Epiro, Alentejo o las Highlands. El poder de las regiones en la Europa de la integración se ha convertido en una cuestión de gran importancia política. Sin embargo, el efecto de la UE sobre las regiones ha sido a menudo exagerado. Todavía estamos lejos de una Europa de las regiones, por mucho que en algunos países como Bélgica, Alemania o España el proceso haya ido mucho más lejos que en otros sitios.

Cuando empezó el debate sobre la UEM, allá por 1969-1970, la creación de una unión monetaria estaba íntimamente vinculada a un presupuesto comunitario más elevado y a los llamados estabilizadores regionales y transferencias interregionales que se encontraban en todos los presupuestos estatales y federales de las democracias capitalistas occidentales. Eran tiempos de abundancia, ricos también en ideas keynesianas. Al revisar el tema veinte años después, uno percibe que el informe oficial que preparó el terreno para el tratado de Maastricht dedicó mucha atención al vínculo entre política monetaria y política fiscal, pero apenas dijo nada sobre el federalismo fiscal y la redistribución. La UEM estaba dirigida políticamente, pero casi sin acuerdo alguno para orientarse hacia algo parecido a un presupuesto federal. Las recompensas no fueron consideradas necesarias en esta ocasión: la nueva ortodoxia monetaria no reconoció la existencia de costes a largo plazo asociados a la estabilización, y no se creía que la mayoría de los países más pobres pudiesen sumarse a la UEM durante algún tiempo. Las condiciones económicas previas para hacerlo, que eran del todo nuevas en la integración regional, parecían hacer innecesarias las recompensas. La principal concesión ofrecida a los económicamente más endebles fue un nuevo acuerdo sobre los Fondos Estructurales, acompañado de la creación del Fondo de Cohesión, que comportó un incremento mayor en las cantidades que se gastarían durante los siete años siguientes. Lo mismo ocurrió en 1999, aunque sin un incremento neto en las cantidades totales que se gastarían hasta 2006. Las políticas redistributivas se veían, por tanto, confirmadas como parte integral del acuerdo global europeo, pero no había ningún cambio cuantitativo ni cualitativo.

La transición del SME a la UEM en 1999 constituye para la integración europea el siguiente punto de inflexión importante —sin duda alguna, el más importante—. De unos tipos de cambio intracomunitarios relativamente fijos hemos pasado a una política comunitaria única y a una moneda única gestionadas por un banco central supranacional. En la práctica el BCE es más importante y políticamente rinde menos cuentas que ningún otro banco central, incluido su modelo ideal, el Bundesbank, por la simple razón de que no hay un interlocutor político equivalente: en otras palabras, no hay un gobierno europeo. La política monetaria centralizada operará en el contexto de un sistema fiscal descentralizado, pues el presupuesto de la Unión sigue siendo muy reducido (ligeramente superior al 1% de la producción total de la Unión), mientras que las disposiciones para la coordinación de las políticas fiscales estatales son mayoritariamente laxas, a excepción de los límites que se establecen a los déficit presupuestarios estatales como porcentaje del PIB.

Así, a través de la UEM la Unión ha adquirido finalmente una función de estabilización que, aun siendo parcial, es considerable. En la forma que ha adoptado, la UEM cambia el equilibrio tradicional entre la política monetaria y la política fiscal, lo cual es en parte el resultado de la oportunidad (o la viabilidad) política y en parte el resultado de la nueva ortodoxia económica dominante en el momento de ser concebida. Por fin (?) Keynes se quedaba fuera y Milton Friedman dentro. Allá por la Era Dorada, la integración europea se desarrolló de una forma compatible con la economía mixta y el Estado del bienestar. Desde entonces las cosas han cambiado. El mercado interior, y especialmente la UEM, influyen y constriñen la capacidad de los Estados para controlar los acontecimientos económicos. El contrato político en cada uno de los países europeos ha ido cambiando y la integración regional ha actuado a menudo como catalizador. A veces ha sido utilizada también como cabeza de turco por los políticos que se veían obligados a tomar medidas impopulares en sus respectivos países. El proceso que se inició en Lisboa en 2000 para realizar reformas estructurales a través de la coordinación gubernamental laxa y la evaluación comparativa pretende ser al mismo tiempo catalizador y cabeza de turco.

Aunque la Unión ha adquirido funciones nuevas e importantes en términos de regulación, redistribución y estabilización macroeconómica, sólo ha supuesto una compensación parcial para los instrumentos políticos que han sido debilitados o que simplemente han pasado a ser redundantes en el nivel estatal. Seguramente, esto se ajusta a la nueva realidad económica global (habitualmente descrita como globalización) y a las nuevas ideas sobre la relación entre el Estado y el mercado: los acontecimientos económicos y las ideas económicas generalmente van en la misma dirección y se refuerzan mutuamente. Sin embargo, queda por ver si se trata de una situación estable y, en tal caso, por cuánto tiempo.

En los primeros años, las medidas de liberalización en el nivel europeo ayudaban a crear un entorno económico favorable, lo cual no sólo contribuía al crecimiento y el bienestar, sino que también ayudaba a conformar percepciones populares positivas en torno a la integración. De este modo, los círculos virtuosos seguían reproduciéndose. Hace más de una década que esto ya no ocurre. Durante la década de 1990, el camino hacia la moneda única fue asfaltado con políticas macroeconómicas restrictivas en un intento de cumplir con los criterios de convergencia y también de saldar los errores (y deudas) acumulados en el pasado. Sin embargo, éste no era el caso de países con un pobre historial de estabilidad monetaria, como Italia o Grecia, en los que el compromiso con la UEM —y su encadenamiento al Deutschmark/euro— ayudó a reducir el coste del ajuste deflacionista.

El euro llegó en un momento de bajo crecimiento y de continuación de la rápida reestructuración, lo cual naturalmente conlleva costes de ajuste y resistencia política por parte de los perdedores potenciales. Del mismo modo que la integración europea acabó siendo identificada con la prosperidad en las primeras décadas, ahora corre el riesgo de verse asociada a la adversidad económica, a cambios costosos y a la incertidumbre de un número cada vez mayor de ciudadanos. Una vuelta a tasas saludables de crecimiento económico probablemente constituirían una diferencia fundamental. ¿Es acaso posible? Seguramente no es de gran ayuda que los políticos culpen con facilidad a Bruselas de las medidas impopulares que tienen que tomar en sus respectivos países.

¿Quién ama Europa?

En mis primeros años de trabajo académico, cuando la CE se preparaba para acoger a tres países mucho más pobres del sur de Europa, eran muy populares las teorías sobre el centro y la periferia, sobre todo en sectores de izquierda. Tenían su inspiración en el vasto conjunto de teorías económicas disidentes, que predecían un agravamiento de las desigualdades como resultado del libre comercio, y por eso un agrandamiento de la brecha económica, tras las ampliaciones hacia el sur, entre el centro de Europa, en el que estaban la mayoría de los Nueve de la CE, y esta nueva periferia meridional. Con el libre juego de las fuerzas del mercado los países (o regiones) ricos tienden a enriquecerse y los pobres a empobrecerse, o al menos esto es lo que dichas teorías defendían. Los mercados no se comportan como describen los manuales neoclásicos. Las economías de escala y diversos tipos de externalidades pueden tener efectos acumulativos que generan mayores disparidades entre Estados o entre regiones.

El resultado final ha sido muy diferente, lo que explica en buena medida por qué la periferia europea ama Europa. En todo caso, la UE parece haber actuado hasta ahora como una máquina de convergencia que ha generado una reducción sustancial de las disparidades de renta entre los países. Esto ha sido así en particular en el caso de los llamados Cuatro de la Cohesión —Grecia, Irlanda, Portugal y España—, que han sido identificados como objetivos y beneficiarios principales de los Fondos Estructurales y de Cohesión. El caso de la República de Irlanda es, con mucho, el más espectacular: partiendo de un 68% con respecto a la media de la UE-15 en 1988, el año de la primera gran reforma de los Fondos Estructurales, Irlanda alcanzó el 122% en 2001. Estas cifras representan renta por habitante calculada en términos de paridad de poder adquisitivo (PPA), es decir, ajustada a los diferentes niveles de precios. Durante el mismo período España subió en la clasificación desde el 74 al 84%, Portugal desde el 59 al 74% y Grecia desde el 60 al 68% (fig. 3.3). Es cierto que los resultados irlandeses parecerían menos espectaculares si fuesen medidos con datos de PNB en lugar de PIB, pues la repatriación de beneficios neta de empresas de propiedad extranjera en la república suele corresponder a más del 10% del PNB; los datos de Grecia también serían menos alentadores si tomásemos en cuenta la tendencia a la baja de los primeros años que siguieron a la adhesión (1981-1988). No obstante, el panorama general no se ve alterado significativamente. Durante este período los países más pobres de la Unión han conseguido reducir la brecha de renta que les separaba de sus socios, e Irlanda ha adelantado de hecho a la mayoría de ellos.

¿Acaso la convergencia económica valida las teorías económicas liberales? Es imposible probarlo, aunque durante este período las políticas económicas comunitarias y estatales difícilmente pueden calificarse de modelos de liberalismo económico. La pertenencia a la UE ha significado la apertura de los mercados nacionales, en algunos casos tras una larga historia de proteccionismo. También ha significado grandes flujos de entrada de fondos, tanto privados como públicos. Los flujos de entrada privados, mayoritariamente inversión extranjera directa, se ajustan perfectamente a las teorías tradicionales: libre comercio y costes salariales menores atraen inversión extranjera, que genera un mayor crecimiento. Pero ésta es cuando menos una descripción parcial del milagro económi-

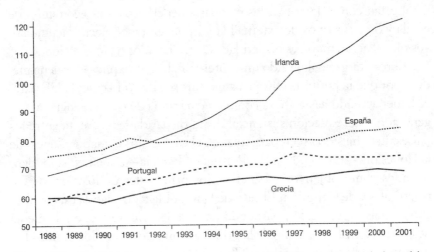

FIGURA 3.3. Convergencia económica, 1988-2001 (PIB per cápita de la población de los países de la cohesión como porcentaje del promedio de la UE). *Fuente*: Comisión Europea.

co irlandés de los últimos diez años aproximadamente. Para completar el cuadro cabría añadir la ventaja del idioma inglés, las grandes inversiones en educación y formación, un régimen fiscal favorable (¿no hay un problema de picaresca?) y el consenso político, que incluye un acuerdo muy amplio entre el gobierno y los actores sociales.

También ha habido grandes transferencias de fondos públicos: en el caso de Grecia y Portugal, las transferencias de los Fondos Estructurales y de Cohesión alcanzaron el 3,5% del PIB cada año durante este período, siendo destinados mayoritariamente a proyectos de infraestructura e inversión en capital humano (educación y formación). Entre los economistas apenas hay acuerdo sobre la contribución real que tuvieron estas transferencias al crecimiento económico de los países receptores; y debido a la ineficacia o la corrupción (a ambas, habitualmente), el derroche ha sido también considerable. Ciertamente, es muy difícil distinguir *ex post* los efectos de las políticas estructurales comunitarias de todos los demás factores que pueden haber influido en el crecimiento de la periferia europea. ¿Pueden acaso ser ignorados? También tenemos que añadir las transferencias realizadas a través de la PAC a países en los que la agricultura es todavía un sector económico de importancia considerable. Con la excepción de Portugal, los países de la cohesión se han beneficiado de la PAC, aunque sus consumidores hayan pagado un precio. Las transferencias del presupuesto comunitario también han ido de la mano del crecimiento del gasto gubernamental y de los Estados del bienestar en los tres países europeos del sur, aunque no en Irlanda.

Por otro lado, la pertenencia a la UE ha llevado a los países periféricos algo más que crecimiento y transferencias. La pertenencia ha significado la apertura al resto de Europa y del mundo en un sentido más amplio que el económico; en otras palabras, una mayor exposición a la modernidad. También ha significado la consolidación de la democracia en países que habían estado desligados del nucleo democrático de la Europa de posguerra durante períodos más o menos largos; y ha significado la definición de metas y la importación de estándares más elevados de gobernación pública y empresarial. La República de Irlanda y los tres europeos del sur son ahora países muy diferentes de lo que eran hace quince o veinte años; y buena parte de esta transformación se la deben a la UE. Por supuesto, la modernización no sólo ha sido importada; la pertenencia a la UE ha traído consigo sobre todo palos y zanahorias que ayudaron a cambiar el equilibrio de fuerzas interno en favor de los elementos modernizadores de la sociedad. Por último, y no menos importante, estos países han adquirido un nuevo papel en el escenario europeo y mundial, y eso ha supuesto una tremenda inyección de confianza para países que habían sido más objetos que sujetos de la diplomacia internacional. Lo mismo parece ocurrirle también a un miembro más reciente, Finlandia. Por todos estos motivos, quizá no es exagerado afirmar que la UE ha sido más valorada por los países pequeños y periféricos de Europa que por el viejo núcleo carolingio del que surgió la integración y donde las realizaciones de la generación previa tienden ahora a darse por supuestas.

Así lo reflejan las actitudes populares frente a la integración europea. Los cuatro países, esto es, Grecia, Irlanda, Portugal y España, se han mantenido siempre entre los que mostraban mayores niveles de apoyo a la integración, y entre ellos Portugal de manera tranquila, lenta y un tanto dubitativa, redescubría Europa (fig. 2.2; véase pág. 54). Por otro lado, la actitud de los Cuatro de la Cohesión hacia la UEM es interesante y típica. Casi ninguno de ellos fue considerado un candidato serio para la participación inicial, al menos por Alemania, que seguía insistiendo en la aplicación de criterios de admisión estrictos. Al fin y al cabo, sus historiales de inflación y déficit presupuestarios no habían sido muy impresionantes. Sin embargo, su esfuerzo de ajuste posterior durante la década de 1990 para cumplir con los criterios de convergencia y así asegurarse los billetes de entrada a la UEM sí fue realmente impresionante. Cuando las tasas de desempleo seguían siendo elevadas en la mayoría de los países, los gobiernos justificaban las políticas deflacionistas como el precio necesario que había que pagar para evitar la exclusión de la UEM y, por tanto, la marginalización en la Unión. Precisamente lo mismo ocurrió en Italia. La UEM había servido a menudo de justificación, de catalizador externo, e incluso de cabeza de turco para la adopción de medidas impopulares en el país. Pero esto sólo puede funcionar si la pertenencia a la UE sigue siendo popular y si continúa siendo percibida como algo de importancia crucial para el país por parte de la mayoría de la población. El resultado del referendo irlandés contrario al Tratado de Niza en 2001 indica que el apoyo popular no puede darse por supuesto en ningún lugar, aunque el resultado de dicho referendo debería ser tratado con cautela debido a la bajísima participación. Los seguidores de la integración europea no son fáciles de movilizar, especialmente cuando se les pone ante propuestas políticas tan poco atractivas como el Tratado de Niza. Está claro que el segundo intento irlandés obtuvo mayor éxito.

¿Es la UE una máquina de convergencia? Esta hipótesis necesita todavía ser probada en el contexto de la UEM y de las futuras ampliaciones, mientras la competencia internacional sigue creciendo con rapidez. Por otro lado, esta máquina de convergencia no les ha funcionado a todos. Las disparidades de renta entre países han mostrado más bien una tendencia a reducirse, especialmente en épocas de crecimiento elevado. También ocurrió así durante la Era Dorada. Sin embargo, la convergencia no se aplica a las disparidades interregionales, que después de todo son supuestamente la preocupación y el objetivo principales de las políticas estructurales de la UE, de acuerdo con el libro (es decir, los tratados). Pueden hacerse muy pocas generalizaciones sobre cómo han cambiado a lo largo de los años las disparidades entre las 211 regiones de la UE-15, sea cual sea el indicador utilizado (renta, empleo o productividad). Doscientas once es el número exacto de regiones (o unidades administrativas básicas) clasificadas por el servicio estadístico comunitario con el más bien desafortunado nombre de NUTS2 (no hay ánimo de ofender, son sólo las iniciales en francés de «nomenclatura de unidades territoriales estadísticas»). Éstas son también las unidades más relevantes para las políticas estructurales de la UE y, por tanto, para los fondos comunitarios. Es un número elevado. Además, muchas de estas regiones son entidades difícilmente comparables. ¿Cómo podemos comparar, por ejemplo, las ciudades de Hamburgo y Bremen (dos regiones NUTS2 y también dos de los dieciséis *Länder* alemanes) con Andalucía o Sicilia, que son también regiones NUTS2? La información estadística necesita normalmente ajustarse a las prácticas administrativas y a las realidades políticas, pero puede acabar teniendo un valor comparativo muy pequeño.

Teniendo en cuenta estas limitaciones, no puede apreciarse una tendencia clara de reducción de las disparidades interregionales, ni siquiera entre los Cuatro de la Cohesión, donde claramente ha tenido lugar una convergencia con respecto al resto de países de la UE. Dicho de manera simple, lo que vale para Lisboa o Atenas no necesariamente vale para el resto de Portugal o de Grecia. Sólo en España hay pruebas de una reducción de las disparidades interregionales; en cuanto a la República de Irlanda, no hay estadísticas comparables, pues el país en su conjunto fue tratado como una única región hasta 2000, cuando resultó conveniente dividirlo en cuatro regiones para que siguiese estando en disposición de recibir ayudas estructurales de la UE. Tampoco puede distinguirse una tendencia de convergencia destacable en el caso de otras regiones menos desarrolladas de la Unión, como el sur de Italia o Irlanda del Norte. No obstante, sí se ha producido en Alemania Oriental tras la unificación, pero seguramente tiene que ver sobre todo con las transferencias interalemanas. En la década de 1990 las ayudas procedentes del resto del país solían representar más de la mitad de la renta total en los nuevos *Länder*. No puede decirse que la convergencia económica se haya basado en las fuerzas del mercado, aunque la unificación alemana ciertamente ha sido un caso especial en muchos aspectos.

La reducción de las desigualdades ha sido una de las prioridades más importantes de la Unión. Así lo recogen los tratados y así es repetido regularmente en declaraciones públicas. Desde la revisión de los tratados de 1986, la Unión ha adquirido algunos instrumentos políticos para conseguirla. El dinero gastado a través de los Fondos Estructurales y de Cohesión se dedica por completo a la inversión en lugar de al consumo, en contraste con la PAC, en la que el grueso del gasto adopta la forma de subvenciones a los precios o a las rentas. Sin embargo, en la práctica la diferencia es menos marcada de lo que puede parecer, pues el dinero es convertible y en el caso de las políticas estructurales no siempre es fácil de aplicar el llamado principio de adicionalidad (que significa que los fondos comunitarios deberían ser adicionales a lo que el receptor normalmente destina a inversión).

El énfasis en la reducción de las desigualdades y la inclusión de la redistribución como parte integral del acuerdo económico global comunitario reproducen en una escala mucho más reducida lo que ha estado ocurriendo en cada uno de los países de Europa Occidental desde el fin de la Segunda Guerra Mundial. Las sociedades europeas siguen otorgando una gran importancia a la igualdad y a la solidaridad social, tal como han mostrado repetidamente la práctica política y las encuestas de opinión. Pero ¿cuánta solidaridad puede haber a través de las fronteras estatales, incluso en el contexto de la UE? La respuesta a esta pregunta será uno de los factores más determinantes para el futuro de la integración europea. La integración del mercado ha pasado a estar íntimamente vinculada a la redistribución en la UE, lo cual constituye un avance más que destacable para una entidad política emergente formada por Estados-nación. La fuerte presión política de los países más pobres, que consiguieron vincular la redistribución con una mayor profundización de la integración mediante el programa del mercado interior y luego la UEM, contó con el apoyo de la Comisión y fue aceptada por Alemania, con mucho el país que más fondos aporta. Este acuerdo global tendrá que superar la difícil prueba de la adhesión de un número elevado de países pobres en un momento en el que los miembros ricos, y especialmente Alemania, intentan recortar sus propias contribuciones netas al presupuesto común.

Como parte crucial del resultado de la negociación de la década de

1990, la redistribución coincidió con una reducción sustancial de las disparidades entre los países miembros de la Unión. Es imposible establecer el vínculo preciso entre los dos, aunque quizá sí quepa afirmar que para los miembros más lentos del convoy ha sido más importante que para los rápidos. En Irlanda, por ejemplo, las transferencias comunitarias se han visto multiplicadas por la entrada de flujos de inversión extranjera directa. Por otro lado, hay pocas dudas con respecto a los efectos políticos de la redistribución, que ha actuado como un catalizador para la apertura y la modernización de la periferia, al tiempo que facilitaba la aplicación del programa del mercado interior y posteriormente la transición a la UEM.

La principal responsabilidad sobre la redistribución y la reducción de las desigualdades entre regiones o grupos sociales sigue residiendo en los gobiernos estatales. La UE ofrece un complemento; en algunos casos éste marca la diferencia, mientras que en otros es más simbólico que real. Desde la década de 1980, las desigualdades en los ingresos han aumentado dentro de los países, y en algunos casos se han traducido en un incremento de las desigualdades de renta después de impuestos. Esta tendencia ha sido más pronunciada en el Reino Unido, un país que ha llegado más lejos que otros en términos de liberalización económica, incluidos la liberalización del mercado de trabajo y los recortes fiscales sobre todo para las capas superiores de la escala de rentas. La experiencia de Estados Unidos ha sido similar; de hecho, allí las desigualdades han acabado siendo incluso mayores. En tiempos de crecimiento lento, de desempleo alto, de demografía desfavorable y de ensanchamiento de las desigualdades en cuanto a ingresos, los Estados del bienestar de Europa Occidental se ven confrontados a una tarea casi imposible. Algo tendrá que cambiar.

Las mediciones de las desigualdades se caracterizan por su diversidad; no obstante, la mayoría de los estudios destacan la misma dirección ascendente para el período reciente. Es difícil llegar a un acuerdo sobre la magnitud del problema y todavía más difícil sobre las causas. ¿Ha contribuido la integración regional al ensanchamiento de las disparidades en el interior de los países durante los últimos años? Hay pocas pruebas de ello, aunque resulta casi imposible separar los efectos de la integración regional de los efectos de la globalización y el cambio tecnológico (que se encuentran entre los principales factores determinantes) sobre la distribución de la renta en el interior de los países miembros de la UE. Por otro lado, está claro que las políticas fiscales y sociales marcan diferencias: algunos países han tenido más éxito que otros a la hora de contener la tendencia al alza de las desigualdades de renta.

Sabemos que la integración económica tiende a favorecer la movilidad y la asignación de recursos a nivel transfronterizo. Por tanto, favorece a los profesionales, a los jóvenes y a los mejor educados, que pueden aprovecharse de las oportunidades que ofrece el desmantelamiento de las barreras estatales en mayor medida que aquellos cuyos activos y habilidades están sujetos a los mercados nacionales. Favorece a aquellos países con mayor tamaño y mejor organizados, que pueden aprovecharse del tamaño en un gran mercado y de las oportunidades de *lobbying* que ofrece el sistema político europeo. Esto ya se ve reflejado en las actitudes políticas. La integración europea —y también la identidad europea— sigue siendo esencialmente una cuestión de élites cosmopolitas (¿europeizadas?). Su número ha crecido, pero siguen siendo élites, en cualquier caso.

Sin duda alguna, la integración también favorece más al capital que al trabajo y, en general, a los factores de producción móviles, por utilizar el lenguaje esterilizado de la economía, en lugar del lenguaje cargado de valores de la política. Eso tiene importantes consecuencias distributivas, tanto antes de los impuestos como después. Y en la medida en que el poder político en las democracias de Europa Occidental tiende a actuar como contrapeso de las desigualdades producidas por el mercado, la naturaleza infradesarrollada del sistema político europeo también tendrá consecuencias distributivas. Estas verdades evidentes fueron bien comprendidas, entre otros, por gente como Jacques Delors, quien insistió por ello en el estrecho vínculo entre, por un lado, la liberalización económica y al mismo tiempo, por otro lado, el refuerzo de la dimensión social europea. Su éxito fue sólo parcial.

Los agricultores europeos se merecen un capítulo aparte, pues la PAC ha sido durante mucho tiempo la política sectorial más desarrollada de la UE. Los agricultores han recibido cuantiosos subsidios a costa de los consumidores y de los contribuyentes, por no mencionar a los productores fuera de las fronteras de la Unión. La integración europea ha pasado a ser muy tenida en cuenta por aldeas retiradas, pues regularmente reciben sus cheques con los agradecimientos del contribuyente europeo. Como se encuentran entre los menos móviles a nivel internacional, los agricultores europeos son por tanto la principal excepción a la norma según la cual la integración beneficia en mayor medida a los móviles. Teniendo en cuenta que la renta media de los que se dedican a la agricultura sigue estando hoy significativamente por debajo de la media comunitaria, las transferencias agrícolas aparentemente tendrían un efecto redistributivo positivo, de modo que, si bien la PAC no es un modelo de eficiencia económica, sí sería al menos una suerte de política social y de ajuste para un sector en declive. Pero esto es sólo una parte de la historia. En realidad, la PAC ha incrementado las desigualdades en el seno del sector agrícola: cuanto mayor era la explotación, mayores eran los subsidios, aunque esto ha cambiado lentamente con las sucesivas reformas. Por otro lado, la importancia política de la PAC ha disminuido con la rápida reducción del tamaño de la población de agricultores.

Con pocas excepciones, entre las que destaca la de los agricultores, los efectos distributivos de la integración europea entre los diferentes sectores económicos y sociales no fueron en el pasado muy significativos por dos razones sencillas: el pastel estaba creciendo con rapidez mientras que el Estado-nación era más capaz de influir en lo que ocurría dentro de sus fronteras y también de compensar a los perdedores del ajuste económico. Podemos añadir una tercera razón: los efectos fueron limitados mientras la integración se limitó a eliminar los controles fronterizos para el comercio de bienes. La redistribución entre países y entre regiones mediante las políticas estructurales de la UE actuó, por tanto, como un lubricante para la continuación de la integración en tiempos de ralentización del crecimiento. Durante los últimos años el entorno político y económico ha ido cambiando a un ritmo acelerado.

La europeización y la globalización de la economía exigen ajustes rápidos al mismo tiempo que reducen la capacidad de los Estados para influir en la evolución económica. El crecimiento lento, los bajos niveles de empleo y el envejecimiento demográfico sin duda han empeorado las cosas. Los datos de las elecciones y los sondeos de opinión europeos sugieren que los perdedores, los perdedores potenciales y los sectores sociales de riesgo en un mundo de cambios rápidos tienden cada vez más a agruparse tras las banderas estatales, de modo que el Estado surge otra vez como la única fuente potencial de protección, aunque objetivamente sea mucho más débil. La división entre ganadores y perdedores tiende así a convertirse en una cuestión más importante en el interior de los países que entre los países. Se espera que las ampliaciones traigan a la Unión una periferia oriental que es mucho más pobre que la del sur ¿Se producirán en el mismo entorno económico apagado o conseguirá finalmente Europa crear las condiciones para un mayor crecimiento y mejores tasas de empleo? Todos estos factores influirán en la forma en que los países europeos intentarán abordar individual y colectivamente el equilibrio entre eficiencia e igualdad en los próximos años, y también en la forma que en este contexto adopte la nueva división del trabajo entre las instituciones comunitarias, estatales y subestatales.

La ecuación ampliada

La integración europea consigue llegar a algunos miembros del cuerpo político a los que las simples políticas no pueden llegar. Los grandes acuerdos históricos que han conformado la integración europea —la firma del Tratado de Roma, la adopción del programa del mercado interior, la UEM— sin duda tienen un fuerte contenido económico, pero también efectos mucho más amplios. En cuestiones de interés estratégico —y de alta política, como quizás añadiría el experto en relaciones internacionales— el interés nacional parece más fácil de definir. Y en dichas cuestiones las decisiones comunitarias han sido esencialmente el resultado de negociaciones intergubernamentales, basadas habitualmente en un consenso amplio entre los principales partidos políticos de cada país.

Sin embargo, resulta imposible comprender cómo las políticas estatales generaron dichos acuerdos tomando únicamente como referencia los intereses económicos nacionales, reales o percibidos, si son definidos de manera estrecha. La UEM es un buen ejemplo. Por supuesto, en la ecuación elaborada por los ministros de Economía y Finanzas hemos de considerar la importancia que tienen los tipos de cambio fijos para las economías abiertas, la necesidad de estabilidad monetaria y la utilidad del ancla nominal exterior para conseguirla, así como algunas otras variables económicas. No obstante, los jefes de gobierno, que tenían la última palabra en estas negociaciones, estaban barajando una ecuación mucho más amplia. Y ésta incluía la profundización de la integración y el refuerzo de las instituciones comunes como medio para conseguir objetivos políticos más amplios, así como para restaurar la simetría entre los participantes, por mencionar sólo unos pocos factores, aunque extremadamente importantes, que estuvieron presentes en las negociaciones que condujeron a la UEM.

De ahí que el Canciller alemán, Helmut Kohl, aceptase el vínculo entre la unificación alemana y una Comunidad/Unión más fuerte, y el precio que todo ello comportaba, esto es, una moneda europea común (y una política monetaria) para sustituir al Deutschmark, que hasta entonces había sido la moneda fundamental en el SME. Por otro lado, el presidente francés, François Mitterrand, vio en la UEM una forma de mantener controlada a la Alemania ahora unida en el marco de un sistema europeo más fuerte, y al mismo tiempo de conseguir un mayor equilibrio entre Francia y Alemania en el terreno monetario. En lo que respecta a los italianos y a otros europeos del sur, la UEM se ajustaba bien a su política activa de compromiso y participación en la integración regional, así como de búsqueda de una disciplina y un catalizador externos para la reestructuración y la estabilización económicas a nivel interno.

La UEM es representativa de la forma en que se ha desarrollado la integración regional a lo largo de los años. Incluso en las fases iniciales, cuando la integración se refería casi por completo a cuestiones económicas, las grandes decisiones eran un reflejo de consideraciones políticas más amplias, en las que lo político y lo intangible estaban estrechamente vinculados a lo material y a lo específico. En general, la integración europea ha sido percibida como un juego de suma positiva que implica la gestión conjunta de la interdependencia económica entre economías cada vez más abiertas, el engranaje y la trabazón entre entidades políticas soberanas como medio para consolidar la paz y la seguridad en un continente con una larga historia de rivalidades nacionales y conflictos sangrientos y, por último, aunque no menos importante, el refuerzo de las instituciones democráticas. Claramente ha habido un elemento de *spillover*, según el cual la integración en un ámbito político ha generado presiones en favor de la integración en otros. Con el tiempo, los países miembros también han desarrollado un fuerte reflejo de coordinación en respuesta a los retos exteriores, ya fuesen éstos la globalización y la competencia internacional o el hundimiento del orden económico y político en la frontera oriental. De otro modo sería muy difícil explicar el programa del mercado interior, la UEM y los dos «pilares» del Tratado de Maastricht relativos a la nueva política exterior y de seguridad común (PESC) y a los asuntos de justicia e interior.

Por suerte, la integración europea también significa cosas diferentes para países diferentes. Ha ayudado a Alemania a recuperar credibilidad como miembro responsable del sistema europeo y como país favorable al *statu quo*, lo cual le ha permitido a lo largo del proceso asegurar por completo la soberanía y la reunificación. Durante muchos años los franceses tuvieron una influencia decisiva sobre la agenda europea y sobre la forma en que funcionaban las instituciones comunitarias. Por tanto, no era del todo una fantasía que los presidentes franceses pensasen *l'Europe, c'est moi*. Una élite política francesa sofisticada, apoyada por un funcionariado altamente organizado, produjo ideas e iniciativas que ayudaron a estar a la altura del poder económico creciente de Alemania; y como resultado de todo ello la pareja franco-alemana funcionó durante muchos años como la locomotora del tren de la integración europea. A Italia, Europa le ofrecía su tan necesitado Leviatán: un marco sólido y un ancla para un Estado-nación inestable (y a menudo ingobernable). Este elemento también parece ser válido para los otros europeos del sur, aunque quizá más para Grecia que para España.

Los países de tamaño pequeño y mediano han estado sobrerrepresentados en todas las instituciones comunes. A través de la UE también han podido conseguir un papel y una influencia en los asuntos europeos e internacionales que de otro modo nunca habrían tenido. Eso explica por qué, salvo excepciones muy contadas como la de Dinamarca, han intentado resistirse a los movimientos hacia el intergubernamentalismo, percibido como un mecanismo para restablecer el predominio de las grandes potencias. Para la periferia y los menos desarrollados, la integración europea ha actuado como catalizador de la modernización y del desarrollo, mientras que para las regiones con aspiraciones de mayor autonomía o independencia, Europa ha ofrecido un entorno favorable y un marco en el que pueden intentar reconciliar la interdependencia internacional con la autonomía regional o incluso la soberanía.

Por tanto, ha habido importantes intereses comunes, pero también algunos más específicos que afectaban a las necesidades de diferentes actores nacionales. La combinación ha resultado ser verdaderamente poderosa y ayuda a explicar la remarcable extensión y profundización de la integración regional a lo largo de los años. La democracia, el bienestar, la paz y la seguridad siguen siendo, por supuesto, objetivos fundamentales, aunque el entorno político y económico en el que operan ha cambiado considerablemente a lo largo de los años, especialmente desde el final de la Guerra Fría —como lo han hecho las percepciones entre los participantes, incluida la percepción de la contribución relativa de la UE a la consecución de dichos objetivos—. Por ejemplo, la Alemania unificada ha pasado a ser un país más «normal», sólo que con mayor peso que los otros. ¿Cuánto influirán las percepciones y las políticas alemanas en el contexto de la UE? Por otro lado, los líderes franceses a menudo han experimentado dificultades para ajustarse a una Unión en la que no siempre pueden definir la agenda. Y hay más: puede que, al fin y al cabo, la Italia de Berlusconi no acabe siendo sólo una aberración pasajera en una larga historia de euroentusiasmo intachable, mientras que España quizás encuentre difícil conciliar los intereses de un país de la cohesión con su ambición de ser tratado como un miembro de pleno derecho del grupo de los grandes —el tipo de experiencia que Polonia posiblemente tendrá en el futuro—. Entretanto, todos los países de la cohesión en la UE-15 se verán obligados a redefinir sus intereses en una Unión aún más ampliada en la que todos ellos dejarán de ser los miembros más pobrcs y también los beneficiarios de significativas transferencias intracomunitarias.

En la lista de los intereses nacionales más amplios antes apuntada hay algunas ausencias notables, entre ellas la del Reino Unido. Su pertenencia a la UE ha estado salpicada de crisis periódicas, de varias excepciones a las políticas comunes, de divergencias con respecto a la opinión dominante en varias cuestiones importantes y, en general, de niveles de apoyo popular muy bajo a la integración. Al respecto, han desempeñado un papel destacado los recuerdos del imperio perdido, el carácter más internacional y deslocalizado de la economía británica y la «relación especial» con Estados Unidos. Todo ello se ha combinado con una fuerte tradición de democracia parlamentaria, con una desconfianza histórica hacia los europeos continentales y con el hecho de que, si hubiesen optado por quedarse fuera, los británicos no habrían tenido influencia alguna en las primeras, pero cruciales, fases de la integración, cuando el acuerdo global comenzó a tomar su primera forma concreta. Han intentado asegurarse por todos los medios un papel de liderazgo en los asuntos europeos, pero para conseguirlo necesitarán un tipo de Unión Europea diferente, más cercana a un concierto de potencias tradicional que a una Unión propiamente dicha. Dicho esto, lo que en general es válido para el Reino Unido no necesariamente lo es para Escocia. Para los escoceses, como para los catalanes, Bruselas ofrece un ancla segura para la autonomía regional (¿para la independencia en última instancia?), así como un punto de referencia alternativo al viejo centro estatal. La independencia escocesa no tiene credibilidad alguna fuera de la UE.

Los escandinavos constituyen la otra parte difícil del puzle de la Unión. Aunque cuentan con una pequeña población y están abiertos al comercio, estos países se han comportado de manera muy diferente a otros que comparten las mismas características. Una larga tradición de neutralidad y democracia social, acompañada de altos niveles de vida y de gobierno, han generado un cierto complejo de superioridad y una falta de motivación para compartir soberanía con los otros países del continente europeo. Ésta parece una descripción apropiada del lugar de Suecia en Europa, aunque lo es menos en el caso de los otros países. Una descripción más general sería la de una periferia rica con un fuerte sentido de la identidad regional, apoyada en una estrecha cooperación, y con el mantenimiento consciente de una distancia con respecto al resto de Europa, y esta descripción parece ajustarse a todos los países nórdicos, incluidos Noruega e Islandia, que hasta ahora han rechazado ser miembros de la

UE, pero no de la OTAN. En todo caso, los países escandinavos posiblemente se sientan más cómodos en una Unión Europea con más democracia y con estándares sociales y medioambientales más elevados.

Ciertamente, hay poderosas fuerzas en favor del cambio en la integración europea —y no todas van en la misma dirección—. Durante algunas décadas la pareja franco-alemana lideró la Comunidad, y luego la Unión, a través de sucesivas rondas de ampliación y profundización. La integración regional era percibida generalmente como un juego siempre beneficioso, tanto entre países como en el interior de cada uno de ellos; la excepción más notable de entre las pocas existentes era la del Reino Unido, donde la política comunitaria estaba a menudo más determinada por los costes de la exclusión que por los beneficios de la inclusión. La pareja franco-alemana ha atravesado un período difícil durante los últimos años: le ocurre a la mayoría de las parejas. ¿Continuarán siendo capaces de liderar una UE ampliada? Si no fuese así, ¿serán progresivamente sustituidos por un concierto de grandes potencias, entre las que estén la británica y quizás otras, que impongan un modelo de integración más intergubernamental? En tal caso, ¿qué le ocurrirá a los socios más pequeños que han tendido a identificarse más —con toda la razón— con el método comunitario? ¿Y cuál será el lugar de los nuevos miembros? Por supuesto, el liderazgo está estrechamente vinculado a lo que hace la Unión, de modo que en una Unión con un papel más fuerte en la política exterior y en la defensa, los británicos se asegurarían un lugar más destacado.

La alta política no ha desaparecido del escenario europeo, ni posiblemente lo haga durante un largo período. En este contexto, los Estados-nación continuarán desempeñando un papel importante. Por otro lado, muchos aspectos de la integración europea hace mucho que han dejado de ser un asunto que preocupe tan sólo a países soberanos con una definición precisa del interés nacional, especialmente a medida que la integración empieza a infiltrarse en todos los recovecos de nuestras sociedades. Esto acabará teniendo un efecto sobre la forma en que se desarrolla la política europea. Cabría esperar que las divisiones ideológicas, junto con los intereses de clase o de grupo, se expresen con mayor fuerza en el nivel europeo, atravesando así las divisiones más tradicionales entre los países, aquellas que han dominado —y de manera natural— el proceso de la integración europea.

Capítulo 4

...Y EL RESTO DEL MUNDO:
LOS ESTADOUNIDENSES Y LOS OTROS

La integración europea no se produce en un vacío internacional. El tamaño y la historia se combinan para asegurar que lo que ocurre dentro la región no pasa desapercibido fuera de ella. La CE comenzó siendo un bloque comercial; su naturaleza como unión aduanera, por incompleta que fuese a lo largo de muchos años, determinó su dimensión externa durante mucho tiempo. Los textos así lo consagraron y a la Comisión se le otorgó la competencia de representar a la Comunidad en las negociaciones comerciales internacionales. A medida que se profundizaba en la integración regional y que se cubría una cantidad de políticas cada vez mayor, las relaciones con el resto del mundo acabarían viéndose afectadas, lo cual planteó algunas cuestiones fundamentales relativas a la representación exterior y a la definición del interés común con respecto a otros países.

Entre el comercio y la alta política, las relaciones con Estados Unidos han sido el factor determinante de mayor importancia para una política europea común. Lo han sido en las negociaciones del GATT, en las que los estadounidenses eran muy críticos con lo que calificaban como proteccionismo europeo y violaciones reiteradas del multilateralismo y de la cláusula de la nación más favorecida del GATT; y lo han sido todavía más en los intentos recientes de los miembros de la UE de desarrollar una política exterior y de seguridad común (PESC). Es algo del todo natural, pues Estados Unidos se mantuvo como líder indiscutido de la alianza occidental durante el largo período de la Guerra Fría (todos los miembros originales de la UE eran también miembros de la OTAN, además de la mayoría de los que posteriormente se adhirieron); y la continuación ha sido, tras la desintegración del imperio soviético, la primacía del poder estadounidense en lo que parece ser, en muchos sentidos, un mundo cada vez más unipolar.

Por supuesto, esta relación crucial con la superpotencia estadounidense se remonta en el tiempo. Las bases de la cooperación económica regional en Europa Occidental fueron establecidas durante el período de reconstrucción inmediatamente posterior al final de la Segunda Guerra Mundial. La iniciativa y el dinero procedieron de Estados Unidos mediante el Plan Marshall. La ayuda estadounidense a las economías de Europa Occidental hambrientas de dólares permitió la financiación de los grandes déficit de las balanzas de pagos. Al mismo tiempo, la ayuda estadounidense fue condicionada a la cooperación efectiva entre los gobiernos europeos y a la liberalización progresiva del comercio y los pagos intraeuropeos. La primera organización regional, la Organización de Cooperación Económica Europea (OCEE), transformada posteriormente en OCDE, fue el resultado de la presión norteamericana sobre los receptores europeos de la ayuda del Plan Marshall; y Estados Unidos aparentemente estaba preparado para hacer una gran excepción en su promoción del multilateralismo a fin de permitir la integración económica y política del viejo continente. No obstante, el padrino rico y poderoso no consiguió ejercer una influencia decisiva sobre la formación y el desarrollo del joven —o eso parece—. Aunque la presión estadounidense fue al menos en parte responsable de la iniciativa francesa que conduciría a la CECA, esta organización a duras penas se ajustaba a los deseos estadounidenses.

Como actor económico internacional con una gama de responsabilidades políticas en expansión constante, aunque no necesariamente con influencia política, la UE ha intentado reconciliar el principio del multilateralismo, entendido como no discriminación en materia comercial, con su instinto propenso al regionalismo y a los privilegios restringidos. También ha luchado por hacer posible la transición del poder económico al poder político, y en esa lucha se ha metido en el ámbito tradicional de la política exterior y la seguridad. Al hacerlo, ha necesitado definir y redefinir constantemente lo que en última instancia la distingue del resto del mundo, así como los medios con los que debería defenderlo. ¿Acaso creen los europeos que tienen intereses comunes que han acordado defender de manera colectiva a través de instrumentos y políticas comunes? ¿Y acaso este acuerdo se prolonga desde el comercio hasta la defensa? El desarrollo de una política exterior común europea necesariamente pasa por la definición de una política común de cara al aliado y socio más importante, Estados Unidos. Los europeos han esquivado esta cuestión, cuya importancia crucial les ha sido debidamente recordada en momentos de tensión transatlántica.

¿Es un modelo la política comercial?

La UE es grande e influyente en materia comercial —y sigue habiendo una diferencia considerable entre el comercio y la mayoría de los otros aspectos de las relaciones con el resto del mundo—. La razón es sencilla: en materia comercial la UE tiene una política común que opera según criterios federales y con una representación única que asegura que su poder negociador se corresponde con su peso colectivo. En otros ámbitos políticos no ocurre lo mismo.

Las exportaciones comunitarias representan en la actualidad aproximadamente el 20% de las exportaciones mundiales, sin contar el comercio intracomunitario. Este porcentaje aumentará aún más con la nueva ampliación. En términos de comercio mundial, ya es más relevante que Estados Unidos. La UE, Estados Unidos y Japón —la llamada tríada— representan en su conjunto aproximadamente la mitad del comercio mundial, lo cual ilustra claramente la posición dominante de estos tres grandes actores. Su dependencia del comercio exterior de bienes, medida en porcentaje del PIB, ha convergido a lo largo de los años en torno al 10%, con una reducción progresiva de la distancia que separa a Estados Unidos de los otros dos (fig. 4.1). Sin embargo, la media de exportaciones e importaciones a menudo esconde grandes desequilibrios comerciales, como ha sido el caso tradicionalmente de Japón y cada vez más también de Estados

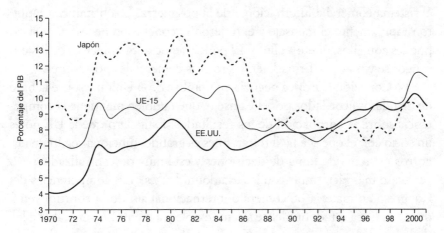

FIGURA 4.1. Comercio exterior de bienes en la UE-15,* Japón y EE.UU., 1970-2001 (promedio de exportaciones e importaciones medido como porcentaje del PIB).
* Excepto el comercio intra UE-15.
Fuente: Comisión Europea.

Unidos en los últimos años. Dada su dimensión económica, no es de extrañar que los miembros de la tríada sigan teniendo un alto grado de autosuficiencia. Con todo, de manera algo sorprendente, durante un período de treinta años el comercio exterior de la UE-15 ha registrado sólo una lenta tendencia alcista en términos de porcentaje del PIB. El comercio intracomunitario, incluso cuando se ajusta a las sucesivas ampliaciones, ha seguido creciendo a un ritmo mucho más rápido; en otras palabras, lo regional ha crecido más rápidamente que lo global.

Desde sus inicios, la integración regional europea representaba una excepción al principio del multilateralismo, que había sido uno de los principales pilares de la política estadounidense en el orden económico de la posguerra. El artículo XXIV del GATT, que permitía las áreas de libre comercio y las uniones aduaneras, sirvió de instrumento de legitimación. De hecho, los europeos han ido mucho más lejos al interpretar este artículo de manera muy liberal a la hora de orientar su política comercial común. Sus socios estadounidenses se mostraron muy disgustados por ello, hasta que decidieron seguir el ejemplo europeo.

La CEE comenzó siendo una excepción en el mundo del GATT y muy pronto se erigió en uno de los socios líderes en las negociaciones comerciales internacionales debido al peso comercial de los seis miembros fundadores. Durante la Ronda Kennedy (1963-1967), los Seis, representados por la Comisión, igualaron el poder negociador de Estados Unidos, poniendo así fin a un período de liderazgo estadounidense indiscutido en el sistema comercial internacional de la posguerra. Los británicos captaron rápidamente el mensaje y extrajeron la conclusión necesaria: «Si no puedes con ellos, únete a ellos». El poder negociador colectivo de los europeos se vio así confirmado en las rondas comerciales posteriores.

La Comisión Europea negocia en nombre de la Unión y sobre la base de mandatos acordados por el Consejo, que también mantiene la competencia sobre la aprobación de los resultados. Está claro que la UE no es un socio con el que sea fácil tratar, pues es grande, funciona según un engorroso sistema de toma de decisiones y está muy descentralizada; pero ¿es acaso más fácil tratar con los estadounidenses? Las competencias del Congreso en materia de comercio internacional sin duda contribuyen a que la política estadounidense sea inflexible y a menudo vulnerable a los designios de los *lobbies* organizados. Sin embargo, estas competencias también garantizan en mayor medida la transparencia y la *accountability*, lo cual no ocurre en la UE. El Parlamento Europeo no tiene competencias en materia de política comercial común y a los parlamentos estatales les suele resultar extremadamente difícil penetrar en el complicado y cerrado sistema de toma de decisiones comunitario. Es verdad que el sistema en general ha obtenido los resultados que se esperaban de él y, en cualquier caso, estos resultados han mejorado con el tiempo y la experiencia acumulada. También ha mejorado debido a la pérdida de intensidad de la batalla ideológica entre los librecambistas y los proteccionistas. No obstante, sigue siendo un sistema impermeable al control y al escrutinio democráticos.

La Ronda Kennedy condujo a una gran liberalización del comercio internacional. La posición común de los Seis no se basó en el mínimo común denominador y su peso colectivo forzó concesiones comerciales de otros miembros del GATT, entre ellos de manera destacada Estados Unidos. Así parece haber ocurrido en las negociaciones comerciales internacionales posteriores. La profundización de la integración europea, combinada con la llegada de los nuevos miembros, actuó a menudo como catalizador: otros países intentaron prever y minimizar los efectos de desviación de comercio provocados por las decisiones comunitarias, y luego la implicación de la Comunidad en las negociaciones contribuyó a que se diese un cambio, por parcial que fuese, en las actitudes de los miembros de talante menos liberal. Todo ello nos lleva a la conclusión de que la integración europea ha tenido en conjunto un efecto liberalizador sobre el comercio internacional, contrariamente a los temores expresados por muchos economistas devotos del multilateralismo y a las repetidas quejas de los estadounidenses y de otros. Por supuesto, hay una excepción importante a esta apreciación general, y se llama PAC. En la agricultura, la «Fortaleza Europa» ha sobrevivido a varias rondas de negociaciones comerciales internacionales, incluso con algunos cambios significativos recientes en su protección exterior; pero esto es la excepción y no la regla.

Los efectos del comercio pueden medirse con más facilidad que los efectos de las negociaciones internacionales, aunque con un grado de precisión también más variable. Entre los economistas hay un amplio consenso, basado en numerosos estudios econométricos, con respecto a que la creación de comercio resultante de la integración europea ha sido mucho mayor que la desviación de comercio, de modo que ha tenido un efecto positivo en el bienestar de los que forman parte del bloque regional, así como de los que están fuera de él. Así lo mostraban los primeros estudios en la década de 1960 y también estudios posteriores sobre los efectos comerciales del mercado interior. Los productos agrícolas siguen siendo la principal excepción: la PAC opera hasta cierto punto a expensas de los que no participan en ella y la desviación de comercio excede con mucho la creación de comercio. Pero en este sentido la UE no es muy diferente de muchos otros países desarrollados.

El arancel exterior común, un elemento necesario de la unión aduanera, ha sido el principal instrumento de la política comercial común europea; progresivamente se ha visto reducido como consecuencia de las sucesivas rondas negociadoras del GATT, perdiendo así buena parte de su efecto como instrumento de protección exterior. El arancel medio de la UE para productos industriales se encuentra ahora en torno al 4%. En algunos sectores delicados los tipos arancelarios se han mantenido más elevados. Además, los tipos efectivos de protección calculados sobre la base del valor añadido son casi siempre más elevados que los tipos nominales. A medida que la protección arancelaria perdió fuelle, las barreras no arancelarias (BNA) comenzaron a tomar protagonismo en sus muy diversas manifestaciones y encarnaciones. Con la aplicación del programa del mercado interior, buena parte de la regulación del mercado pasó a estar directamente bajo el control o el escrutinio de la UE, aunque sigue habiendo un área gris en lo relativo a distribución de competencias entre los Estados-nación y la Unión.

La ampliación de la agenda de la integración europea ha ido a menudo de la mano de la agenda del GATT, aunque los resultados siguen siendo sustancialmente diferentes. El último ejemplo lo proporcionó la Ronda Uruguay, iniciada oficialmente en 1986 y finalizada con un acuerdo firmado en Marrakesh en 1994. Había una gran similitud entre el programa del mercado interior comunitario y gran parte de la agenda de la Ronda Uruguay, dedicada a las innumerables BNA, metidas habitualmente en la categoría de la regulación económica, así como a la extensión de la jurisdicción a nuevos ámbitos, en particular el de los servicios. Aunque la Ronda Uruguay ha tenido resultados importantes y concretos y ha llevado a la creación de la Organización Mundial de Comercio (OMC), no es en absoluto extraño que dichos resultados estén muy lejos de lo que se ha conseguido en el contexto de la Unión. Hay una gran diferencia entre lo factible a nivel regional (más precisamente, europeo) y a nivel mundial, y esta diferencia se refiere a la similitud de valores económicos y sociales, a la larga historia de cooperación, a la existencia de un complejo aparato institucional y a un ordenamiento jurídico consolidado, entre otras cosas. Hay mucho mayor margen para la gobernación conjunta de la interdependencia económica en el marco de la UE que en el mundial, y eso debería tener consecuencias a largo plazo para la integración del mercado en el seno de Europa y en todo el mundo.

Debido en gran medida a su experiencia colectiva, la Unión ha defendido, pese a las excepciones, las normas multilaterales en el comercio internacional. Contribuyó al establecimiento de la OMC y al refuerzo de los procedimientos para la solución de diferencias en esta nueva organización comercial, que son también su rasgo distintivo más importante. De manera no oficial parece haberse entablado una competición entre europeos y estadounidenses por ver quién lleva más casos ante los paneles de la OMC; y los europeos se vanaglorian de ir muy por delante en el número de casos ganados hasta ahora. Es una competición muy sana, siempre y cuando vaya seguida del cumplimiento. Tal vez de manera muy sensata, las normas de la OMC hacen posibles las represalias, pero no necesariamente el cumplimiento.

No todo es claro y nítido, ni mucho menos. La Unión se ha dejado llevar a veces (¿cada vez más?) por la tentación de la acción unilateral o arbitraria, aprovechándose así de su propio peso relativo y de los grandes vacíos en la legislación internacional. Un ejemplo destacado es la utilización de medidas anti*dumping*, un instrumento de defensa comercial, como se la llama, en manos de la Comisión. Las normas del GATT todavía dejan un margen relativamente amplio para la utilización de medidas anti*dumping* contra «prácticas comerciales desleales» por parte de exportadores de terceros países. Como ni la teoría económica ni la reglamentación internacional constituyen una guía clara en esta cuestión, el vacío resultante es llenado ineludiblemente por una mezcla de unilateralismo y de acción arbitraria. A menudo la Unión ha sido acusada de utilizar las medidas anti*dumping* como un instrumento proteccionista; es más, los derechos compensatorios o diferentes tipos de compromisos con los exportadores suelen constituir una forma de proteccionismo mucho más efectiva que los aranceles, al mismo tiempo que la amenaza de acciones anti*dumping* puede ser un poderoso instrumento de disuasión contra la penetración rápida de importaciones en el mercado interior. ¿Alguien es capaz de dar una definición imparcial de precios discriminatorios en un mundo de mercados imperfectos u ofrecer una respuesta correcta a lo que constituye un «perjuicio» para los productores nacionales? En el contexto comunitario, la responsabilidad de ofrecer las respuestas a estas preguntas ha sido otorgada a la Comisión, aunque mucha gente preferiría que lo hiciese una autoridad independiente que deliberase con mayor transparencia.

Un problema similar surge con respecto a la dimensión extraterritorial de la política de la competencia, otra de las políticas comunes de la UE, aunque al margen de la política comercial. La creciente globalización de la producción y de los intercambios económicos, combinada con la inadecuación de las normas internacionales, conduce inevitablemente a las acciones unilaterales y al intento de dar una dimensión extraterritorial a la política de la competencia. Por ejemplo, hace tiempo la Comisión podía argumentar que la fijación de precios entre los productores de papel en los países escandinavos, incluso antes de su adhesión a la UE, tenía un efecto sobre el mercado interior, justificando de ese modo la imposición de multas elevadas. De igual manera, la Comisión también puede argumentar que la propuesta de fusión entre Time Warner y AOL, o entre General Electric y Honeywell, todas ellas grandes empresas multinacionales con oficinas centrales en Estados Unidos, tendrán un efecto importante sobre la competencia en el mercado interior europeo. Y eso justifica la imposición de condiciones estrictas sobre dichas fusiones y en última instancia permite reservarse el derecho de prohibirlas si no se cumplen dichas condiciones, como en el caso de General Electric y Honeywell.

¿Que un organismo europeo se pronuncia sobre la propuesta de unión entre dos campeones estadounidenses? ¿Sobre la base de qué criterios? Pero ¿adónde hemos llegado?, se preguntan muchos estadounidenses y no estadounidenses. Y es que no hay respuesta para esta pregunta, pues las normas internacionales no son las adecuadas para tratar el problema de las autoridades solapadas. Los legisladores y los tribunales estadounidenses han actuado de hecho como pioneros en el juego de la extraterritorialidad, especialmente en lo que respecta a leyes antimonopolio y fiscalidad —y continúan haciéndolo—. El unilateralismo y la extraterritorialidad son sin duda el privilegio de los fuertes; y los europeos, como los estadounidenses que ya los habían experimentado antes, han desarrollado un gusto por estos lujos, al menos en materia comercial. A medida que han ido reconociendo cada vez más los peligros para la economía internacional, ambos bandos han intentado cooperar en lo relativo a la dimensión extraterritorial de sus respectivas políticas de competencia. Puede decirse que en la actualidad hay más margen para la cooperación bilateral entre estos dos actores que para los intentos de alcanzar un acuerdo en la OMC.

En los últimos años el comercio de servicios ha crecido con mayor rapidez que el comercio de bienes y el impacto sobre las economías mixtas de Europa ha sido más fuerte debido a la prolongada historia de intervención estatal extensiva y/o de propiedad estatal. Los mercados financieros en particular han actuado como fuerza motriz de la globalización económica. Las medidas internas de la UE se han adecuado al programa del mercado único y a la legislación posterior. En este ámbito la Unión parece haberse ajustado a los acontecimientos exteriores, más que haber intentado influir en ellos. La integración regional se ha convertido por tanto en un proceso indisociable, y en algunos casos prácticamente indistinguible, del proceso global. ¿De verdad hay tan poco margen para la diferenciación regional en el contexto de mercados financieros cada vez más globales, o eso se debe más bien a la incapacidad de los europeos de adoptar una política común?

De hecho, hay un problema más general derivado de la continua ampliación de la agenda comercial internacional, que no se ha correspondido con una transferencia equivalente de competencias a las instituciones comunitarias en lo relativo a la política exterior. La Comisión tiene competencias jurídicas para negociar en nombre de la Unión sólo en lo que se refiere a comercio de bienes. Hay una serie de nuevos ámbitos políticos, como los servicios, la propiedad intelectual, las inversiones, los estándares laborales, las cuestiones culturales y el medio ambiente, que se sitúan, bien en el terreno de las llamadas competencias mixtas, donde la Comisión no tiene responsabilidad exclusiva para representar a la Unión y las decisiones en el Consejo deben ser tomadas por unanimidad, o bien en manos de los Estados miembros. Un ejemplo es el acuerdo bilateral de «cielos abiertos» concluido por cada uno de los Estados miembros y Estados Unidos, posteriormente considerado contrario al derecho comunitario por el Tribunal de Justicia. Como consecuencia, el poder de negociación de los europeos se ha visto casi siempre tremendamente reducido. Las ilusiones de soberanía nacional mueren irremediablemente.

Durante muchos años, la CE fue un actor comercial en el sistema internacional, y un actor poderoso, pero poco más. En el GATT, y ahora en la OMC, ha tenido que lidiar con un abanico de cuestiones mucho más amplio, mientras la integración regional ha avanzado de manera incluso más rápida. Este cambio en ambos frentes no se ha visto todavía reflejado en las políticas exteriores de la Unión. El nuevo gran reto procede de la UEM. A medida que se acercaba el lanzamiento del euro, la incredulidad estadounidense con respecto a las perspectivas de la UEM fue dando paso progresivamente a la aprehensión hacia los posibles efectos sobre la supremacía del dolar en el mundo de las finanzas internacionales, amortiguada tan sólo por la debilidad inicial del euro. ¿Tiene algún sentido para los Estados miembros seguir definiendo y representando por separado sus intereses nacionales en los foros financieros internacionales, toda vez que la responsabilidad completa sobre la política monetaria ha sido transferida al BCE y que se aspira a una política macroeconómica coordinada de manera más estrecha? Por supuesto, también está la alta política definida en términos amplios. ¿Cuánto tardará la lógica de la integración interior en traducirse en políticas exteriores comunes, y hasta qué punto eso se verá acompañado de un refuerzo de la *accountability* democrática interior? La política comercial común podría constituir un buen punto de referencia, pero en otros ámbitos políticos sin duda hay mucho más en juego.

SOCIOS PRIVILEGIADOS

Las preferencias comerciales son contrarias al principio del multilateralismo y a la cláusula de la nación más favorecida del GATT, según la cual cualquier concesión comercial ofrecida a un país debería ser automáticamente ofrecida a todos los otros miembros. Aun así, los europeos han acumulado una amplia colección de diversos tipos de acuerdos preferenciales con otros países, incluidos los acuerdos de asociación con connotaciones políticas muy fuertes. Habitualmente han intentado justificarlos mediante una interpretación muy liberal del artículo XXIV del GATT. En el momento de escribir estas líneas, 118 países tenían acuerdos bilaterales de diverso tipo con la UE. Y la historia no se acaba aquí, pues otros países y regiones han desarrollado prácticas similares durante los últimos años, incluido Estados Unidos, que últimamente también ha acabado apreciando los beneficios del bilateralismo y del regionalismo en el comercio. Por tanto, el artículo XXIV se ha convertido en una hoja de parra que apenas cubre el desnudo de los participantes en un juego supuestamente jugado en nombre del multilateralismo. Pero ¿tiene realmente importancia?

Tradicionalmente la UE ha venido teniendo tres grupos de socios privilegiados con los que ha firmado diferentes tipos de acuerdos preferenciales. El primero está formado por países europeos no miembros, comenzando por la AELC y, posteriormente, tras la caída del comunismo, alcanzando prácticamente al conjunto del continente europeo hasta su frontera oriental. Cabe subrayar que incluye a países que han solicitado la adhesión y que deberán aguardar el número de años requerido en la sala de espera, además de otros países que puedan llegar después. En otras palabras, el primer grupo —y en la práctica el más privilegiado— está formado por candidatos o miembros potenciales de la Unión. El segundo grupo incluye a países de la región mediterránea, cuyo número ha ido reduciéndose a medida que los países de la ribera septentrional realizaron la transición hacia la plena adhesión, comenzando con la ampliación hacia el sur de la década de 1980 y siguiendo con la próxima adhesión de Chipre y Malta, así como quizá también la de Turquía más adelante. Esto hace que el núcleo del grupo se reduzca a los países árabes, más Israel. El tercer grupo es mucho más numeroso y variado. En el último recuento estaba formado por 77 países, habitualmente denominados ACP (países de África, Caribe y Pacífico), entre los que están las antiguas colonias y territorios dependientes de los Estados miembros. En este grupo se encuentran la mayoría de los países más pobres del mundo.

Mediante esta pirámide de privilegios construida sobre la base de preferencias comerciales, estrechas relaciones institucionales y ayuda financiera, la UE ha establecido una política discriminatoria con respecto al resto del mundo; por supuesto, eso se aplica tanto a los países industrializados como a los países en desarrollo. Partiendo del presupuesto de que las preferencias marcan una diferencia importante, la gran paradoja es que los socios menos privilegiados de la Unión parecen ser aquellos que, según las normas del GATT, gozan simplemente del tratamiento de nación más favorecida (una denominación diplomática impropia). Esta categoría incluye a todos los miembros no europeos de la OCDE y de manera destacada a Estados Unidos, así como a China y a grandes zonas del Tercer Mundo. Rusia, al igual que otros países, no goza de trato de nación más favorecida en cuanto no es miembro de la OMC.

La AELC comenzó siendo una organización rival de la CEE en Europa Occidental y una alternativa para los países que preferían el modelo de cooperación intergubernamental. Para los pocos miembros restantes, su principal función en la actualidad es gestionar las relaciones con la cada vez más grande UE. En vísperas de la primera ampliación de 1973, el resto de la AELC firmó con la Comunidad acuerdos de libre comercio bilaterales que afectaban a la mayoría de los productos industriales, mientras que el sector agrícola quedó prácticamente excluido al ser también excluido dentro de la AELC. Más adelante, el programa del mercado interior actuó como catalizador para un nuevo conjunto de acuerdos orientados a garantizar a los exportadores de la AELC un acceso ilimitado al mercado europeo más amplio sin fronteras interiores, dando así lugar al Espacio Económico Europeo (EEE). La agricultura seguía quedando fuera, y los países de la AELC siguieron con sus políticas estatales, mucho más costosas incluso que la PAC. El precio que se vieron obligados a pagar para el libre acceso al mercado interior fue la aceptación en bloque de las normas y la regulación comunitarias; en otras palabras, se convertían en una especie de miembros de segunda clase sin participación en el proceso legislativo conjunto. Tres de los miembros restantes de la AELC acabaron sacando finalmente la conclusión lógica, lo cual condujo a la adhesión de Austria, Finlandia y Suecia a la UE en 1995. Noruega, Islandia y Liechtenstein son en la actualidad miembros del EEE y han incorporado la mayoría de la legislación comunitaria relacionada con el mercado interior. En lo que respecta a Suiza, el segundo socio comercial más grande de la UE después de Estados Unidos, las relaciones económicas están presididas por acuerdos bilaterales con la Unión.

Tras la caída del comunismo fueron firmados acuerdos preferenciales con un nuevo grupo de países europeos que, desde el principio, dejaron claro su deseo de sumarse a la Unión, comenzando con simples acuerdos comerciales y de cooperación, siguiendo con los llamados acuerdos Europa, y finalmente estableciendo asociaciones de adhesión como último paso previo a la plena adhesión. En la actualidad ocho países de Europa Central y Oriental, junto con dos islas mediterráneas, están listos para la adhesión y ya han adoptado buena parte de la legislación comunitaria. La historia no se acabará aquí: ya hay otros esperando en la cola, que será con el tiempo cada vez más larga, mientras la Unión intenta diseñar nuevas fórmulas y diferentes tipos de acuerdos para los futuros candidatos. En medio de los tremendos cambios experimentados por el mapa político y económico del viejo continente, la Unión ha desarrollado, aunque sea de manera lenta y no siempre coherente, una política europea en relación con los candidatos o miembros potenciales, con gradaciones variables en cuanto a cooperación institucional y preferencias. Los acuerdos firmados con los países europeos no miembros han tenido un efecto liberalizador para el comercio y, más ampliamente, para las transacciones económicas, al tiempo que la zanahoria de la adhesión a la UE ha actuado como importante catalizador para las reformas internas (no sólo económicas) de estos países. Por todo ello, la valoración de los diversos acuerdos con otros países europeos con la vara de medir del artículo XXIV del GATT sería inapropiada, por no decir que está fuera de lugar.

Esta historia tiene otra cara: en la actualidad el comercio con el resto de Europa representa de media aproximadamente tres cuartos del comercio exterior total de los países miembros (fig. 4.2; véase pág. sig.). Ello incluye el comercio intracomunitario, así como con los países candidatos, con el resto de miembros del EEE y con Suiza. Sin embargo, desde el punto de vista de cada uno de los países, esta cifra es una clara ilustración de la gran concentración regional de las transacciones comerciales en el continente europeo, un factor importante para explicar el fuerte instinto regionalista de los responsables políticos europeos. Estados Unidos, el principal socio comercial fuera de la UE, representa menos de una décima parte, y las cifras correspondientes al comercio con países como Japón, Rusia y China son mucho menores.

El panorama ya no es tan diferente en términos de transacciones financieras, en especial en inversión extranjera directa (IED). Los flujos de IED, tanto de entrada como de salida, aumentaron sustancialmente durante la década de 1980, sobre todo durante la segunda mitad de ésta, cuando la Unión en su conjunto también se convirtió en un inversor neto en Estados Unidos (fig. 4.3; véase pág. 99). Al mismo tiempo, la inversión en cartera creció con mucha rapidez. Eran tiempos de una gran confianza en el dinamismo de la (nueva) economía estadounidense y todos intentaban aprovecharse de ello. La historia nos enseña que los *booms* prolongados tienden a producir burbujas; pero ¿quién tiene tiempo para leer libros de historia cuando parece tan fácil hacer dinero? Las lecciones se aprenden más tarde y habitualmente por las malas. La diferencia en los flujos de IED entre la UE y Estados Unidos era inmensa antes del fin de siglo, lo que explica en buena medida la debilidad de la nueva moneda europea en sus primeros años. Datos más recientes muestran una reducción sustancial de los flujos de IED transatlánticos a medida que la burbuja empezó a estallar, así como un aumento de la proporción de flujos intracomunitarios. Las cifras sobre la concentración regional de la IED ya no son muy diferentes de las correspondientes al comercio (fig. 4.3; véase pág. 99). Si incluimos a los países candidatos de Europa Central y Oriental, donde las empresas de la UE-15 se han convertido en los principales inversores desde la caída de los regímenes comunistas, las cifras son incluso más elevadas.

Con el segundo grupo de los socios privilegiados del Mediterráneo todo ha sido muy diferente. Los primeros acuerdos preferenciales fueron firmados por los Seis poco después de la creación de la CEE en 1958, comenzando por Grecia y Turquía. La mayoría de ellos fueron renovados y ampliados en el contexto de la llamada política mediterránea global du-

a) Exportaciones de bienes en porcentaje sobre el total de exportaciones

b) Importaciones de bienes en porcentaje sobre el total de importaciones

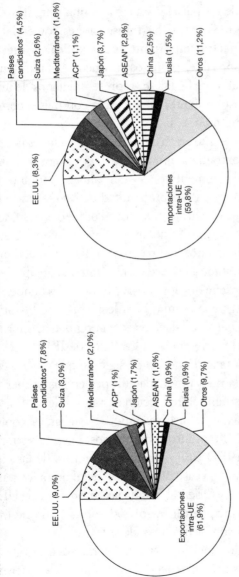

FIGURA 4.2. Principales socios comerciales (media de la UE-15, 1998-2000).

* *Países Candidatos*: Polonia, Hungría, República Checa, Eslovaquia, Estonia, Letonia, Lituania, Eslovenia, Bulgaria, Rumanía, Chipre, Malta, Turquía.

Mediterráneo: Marruecos, Argelia, Túnez, Egipto, Jordania, Líbano, Siria, Israel.

ASEAN: Tailandia, Vietnam, Indonesia, Malasia, Brunei, Singapur, Filipinas.

ACP: Angola, Antigua y Barbuda, Bahamas, Barbados, Belice, Benin, Botsuana, Burkina Faso, Burundi, Camerún, Cabo Verde, Chad, Comoras, Congo, Costa de Marfil, Djibuti, Dominica, Eritrea, Etiopía, Fiyi, Gabón, Gambia, Ghana, Granada, Guinea, Guinea-Bissau, Guinea Ecuatorial, Guyana, Haití, Islas Cook, Islas Salomón, Jamaica, Kenia, Kiribati, Lesotho, Liberia, Madagascar, Malawi, Mali, Islas Marshall, Mauritania, Mauricio, Micronesia, Mozambique, Namibia, Nauru, Níger, Nigeria, Nive, Palau, Papua Nueva Guinea, República Centroafricana, República Democrática del Congo, República Dominicana, Ruanda, Saint Kitts y Nevis, Santa Lucía, San Vicente y las Granadinas, Samoa, Santo Tomé y Príncipe, Senegal, Seychelles, Sierra Leona, Somalia, Sudáfrica, Sudán, Suriname, Swazilandia, Tanzania, Togo, Tonga, Trinidad y Tobago, Tuvalu, Uganda, Vanuatu, Zambia, Zimbabue.

Fuente: Eurostat.

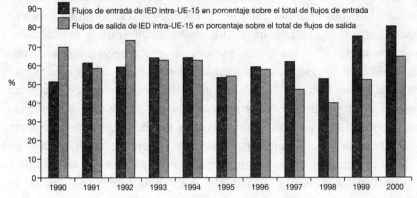

a) Flujos de entrada y salida de IED intra-UE-15*

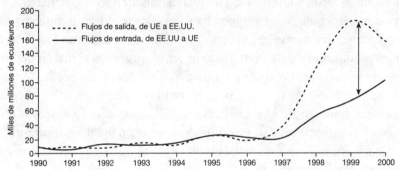

b) Flujos de IED de la UE-15 y de EE.UU.*

FIGURA 4.3. Inversión Extranjera Directa (IED), 1990-2000.
* Excepto beneficios reinvertidos.
Fuente: Comisión Europea.

rante la década de 1970. El término «global» era esencialmente un eufemismo, y «política» demostró ser una palabra demasiado ambiciosa para describir el mosaico de acuerdos bilaterales con efectos concretos muy limitados. También había un deseo de establecer relaciones preferenciales con los países mediterráneos más apetecibles para los estadounidenses, al menos en términos formales, si no sustanciales. Tras las ampliaciones hacia el sur de la década de 1980 y con la perspectiva de ampliaciones nuevas y más grandes hacia el este y hacia el sur, la UE ha intentado posteriormente preservar cierto equilibrio con respecto a los países no europeos del Mediterráneo. El resultado de este esfuerzo ha sido el llamado Proceso de Barcelona iniciado en 1995.

El objetivo es crear una gran zona de libre comercio que incluya a todos los países europeos y mediterráneos para 2010 —una fecha límite convenientemente alejada en el momento de la ceremonia de la firma, podría añadir el observador cínico—. En los nuevos acuerdos bilaterales firmados entre la UE y cada uno de los países mediterráneos (candidatos a la adhesión con un tratamiento diferenciado) se aprecia una mayor reciprocidad en la liberalización comercial y también un mayor énfasis en la cooperación en materia de regulación, incluida la protección medioambiental. En la práctica esto significa que se pide a los países mediterráneos que adopten las normas reguladoras de sus socios europeos como precio necesario para asegurarse el acceso al mercado interno. La nueva política mediterránea incluye una asistencia financiera sustancial que ya no está ligada a proyectos individuales, siguiendo así el ejemplo de las políticas estructurales internas; y en ocasiones la asistencia financiera se vincula a las reformas internas de los países mediterráneos. A partir de la propia experiencia, los europeos han fomentado durante muchos años la cooperación regional en el seno de otras zonas del mundo y con los países mediterráneos han intentado hacer lo mismo en el marco del Proceso de Barcelona. En la nueva aproximación adoptada por la UE también destacan elementos importantes como el respeto a los derechos humanos, el refuerzo de la sociedad civil y el desarrollo de vínculos en el ámbito no gubernamental. Por último, aunque no menos importante, de cara a un grupo de países árabes y de Israel se pone un marcado énfasis en el establecimiento de la paz y la seguridad en la región.

El Mediterráneo es estratégicamente importante para la UE —más para Francia, Italia, España y Grecia que para Suecia o Finlandia—, y por mucho más que intereses estrictamente comerciales o económicos. Al fin y al cabo, las exportaciones de bienes hacia el Mediterráneo, dejando de lado a los países candidatos, representa tan sólo un 2% del total de las exportaciones de los países miembros (fig. 4.2; véase pág. 98), y la IED también ha sido relativamente reducida. Por supuesto, está el petróleo. El Mediterráneo es importante como ruta de suministro de petróleo para Europa y lo que ocurre en Oriente Medio tiene un efecto considerable sobre el acceso de Europa a los suministros, así como sobre el precio del petróleo. El Mediterráneo es menos importante como fuente directa de suministro, pues Argelia y Libia no están entre los principales productores ni entre los más consistentes. Después de los ajustes progresivos realizados tras las crisis del petróleo de la década de 1970, Europa ha dirigido su atención hacia otras cuestiones. La gran mayoría de países de la región ha desarrollado una mezcla explosiva de crecimiento demográfico rápido, subdesarrollo económico e inestabilidad política. Los europeos y otros han aprendido de experiencias amargas que la inestabilidad se exporta con facilidad y que el mar Mediterráneo no es lo suficientemente ancho como para constituir una barrera efectiva. Lo mismo puede decirse de los inmigrantes potenciales que buscan una vía de escape a la miseria económica y a menudo también a la opresión política en sus países de origen. El Mediterráneo se ha convertido en una ruta de paso para los inmigrantes que llegan a Europa y que se suman incesantemente a los ya muy numerosos que residen en los países de la UE.

Desde la otra orilla la perspectiva es diferente. Todos los países mediterráneos, incluido Israel, que es con mucho el país más desarrollado de la región, son muy dependientes de la UE en materia de comercio exterior. De media, más del 50% de su comercio tiene lugar con la UE, lo cual no es de extrañar teniendo en cuenta la geografía y la dimensión del socio europeo. Para varios países mediterráneos, los ingresos por turismo y las remesas de los inmigrantes desde la UE representan también una parte muy sustancial de sus entradas de divisas. De ahí que, al menos en términos económicos, la relación entre las dos orillas sea de una gran asimetría.

A lo largo del tiempo se han hecho muy evidentes las limitaciones de las diversas políticas mediterráneas adoptadas por la Comunidad. El comercio se ha desarrollado a un ritmo muy lento, al igual que la inversión europea en los países en desarrollo de la región, cuyo comportamiento económico no ha sido precisamente espectacular. La distancia económica entre el norte y el sur del Mediterráneo ha ido creciendo gradualmente. De igual modo, se han producido pocos progresos en términos de democratización y estabilidad política; en la mayoría de los países continúan vigentes regímenes autoritarios, habitualmente muy corruptos e ineficaces. En cuanto a la paz y la seguridad, el panorama sigue siendo sombrío: las perspectivas de una solución pacífica y viable al problema de Oriente Medio siguen sin ser buenas, mientras el sufrimiento humano ha ido creciendo día a día. Seguramente no cabe culpar a la UE de todos estos fracasos. Pero la distancia entre los grandes objetivos de la florida retórica adoptada en las reuniones de alto nivel y los exiguos resultados conseguidos hasta ahora es lamentable.

Es mucho lo que la UE puede ofrecer en términos de desarrollo económico, democracia, paz y seguridad a la región. Los instrumentos utilizados hasta ahora han tenido un efecto limitado: las preferencias comerciales han perdido buena parte de su sentido debido a la reducción progresiva del arancel externo común; las concesiones comerciales en agricultura siguen estando condicionadas por la PAC —y después de todo, éste es un sector de la economía en el que los países mediterráneos mantienen una ventaja comparativa—; y, por último, el acceso preferencial a los mercados europeos sólo puede ser importante cuando hay algo que exportar desde la otra parte. Por desgracia, las condiciones internas para el desarrollo económico siguen sin darse todavía en la gran mayoría de los países de la región. Hace mucho que las reformas estructurales están pendientes y la combinación de zanahoria y palo utilizada por los europeos no ha surgido efecto en la otra parte. La condicionalidad económica y política ha sido una característica importante de la nueva oleada de acuerdos firmados con los socios mediterráneos, pero ha demostrado ser de difícil aplicación práctica. Éste ha sido el caso de las concesiones comerciales y todavía más de la ayuda financiera, que se ha caracterizado por los bajos índices de absorción. En sus relaciones con los países no europeos del Mediterráneo, al igual que con el resto del mundo fuera de Europa, la UE no puede utilizar su instrumento más efectivo, esto es, la promesa de la adhesión.

Debido a la contigüidad geográfica y a los vínculos históricos, y también debido a la elevada dependencia del petróleo importado de Oriente Medio y del Golfo Pérsico, los países europeos están muy interesados en la paz y la estabilidad de la región mediterránea. Pero mientras dure el conflicto árabe-israelí eso es a todas luces imposible. Seguramente, las soluciones no pueden ser impuestas desde el exterior, y los mismos estadounidenses han intentado aprender esta lección. Sin embargo, es igualmente importante reconocer que el papel mediador de la Unión ha sido hasta ahora extremadamente modesto, rozando lo insignificante. La explicación es sencilla, por dolorosa que resulte para los europeos: ha sido difícil alcanzar una posición común, y no digamos ya una política común, y cuando se ha logrado ni los israelíes ni los estadounidenses han estado dispuestos a responder, lo cual ha tenido el efecto automático de congelar por completo el esfuerzo mediador de Europa. Todos en la región saben donde está el poder de verdad y lo que es seguro es que no está en Bruselas. De modo que los frustrados europeos se han quedado con el comercio y con un poco de influencia; y por si esto fuera poco, a menudo les han querido hacer pagar la cuenta. La UE es uno de los principales donantes en la región, y eso incluye también a la ayuda a los territorios palestinos. Muchos de los edificios destruidos por los tanques israelíes durante la última y más dramática fase de la *intifada* habían sido construidos con el dinero de los contribuyentes europeos.

El tercer grupo de socios privilegiados está geográficamente más alejado y es estratégicamente menos importante. Las negociaciones periódicas entre la UE y los países ACP han sido un ejercicio interesante de diplomacia internacional. En la última ronda de estas negociaciones, que condujo al Acuerdo de Cotonou (Benín), firmado en 2000, quince de las democracias europeas más ricas fueron cofirmantes junto a un elevado número de países muy pobres del África Subsahariana y algunos Estados insulares del Caribe y del Pacífico: 77 son los asociados ACP según el último recuento. La inmensa desigualdad de poder de negociación entre las dos partes es comprensiblemente el factor más determinante para explicar cómo estas negociaciones han podido acabar en acuerdo. En la pirámide de los privilegios que ha construido la UE a lo largo de los años, los países ACP ocupaban formalmente una de las posiciones más elevadas, junto con los países mediterráneos. Estos acuerdos pueden ser interpretados como un intento de gestionar colectivamente los vínculos económicos poscoloniales. Con las sucesivas rondas de ampliaciones de la UE han aumentado los países participantes. Sin embargo, muchas ex colonias han quedado excluidas de este grupo, en particular los países del Sudeste asiático y de América Latina, lo cual se debe, al menos en parte, a los elevados niveles de desarrollo económico y a las mayores posibilidades exportadoras que les habrían permitido aprovecharse de las preferencias comunitarias.

Los acuerdos previos contemplaban la liberalización comercial por parte europea sin reciprocidad alguna por la otra parte, normas de origen preferenciales, complejos mecanismos para las exportaciones de azúcar, sistemas de estabilización de ingresos por exportaciones de productos básicos y minerales, así como asistencia financiera y técnica. En ocasiones eran ensalzados como un modelo de relaciones económicas entre el Norte y el Sur. Pero esta actitud no era en absoluto compartida por aquellos países en desarrollo que se habían quedado fuera, y menos aun por los estadounidenses, que no dejaban de poner el grito en el cielo acusando a los europeos de violar las normas del GATT y de intentar establecer esferas de influencia. Acuerdos más recientes reflejan un giro en la orientación, que pone más énfasis en la reciprocidad de la liberalización comercial, en una cooperación Sur-Sur más estrecha y en una condicionalidad más estricta que incluye las reformas internas y los derechos humanos.

Las limitaciones prácticas de estos acuerdos también aquí han sido demasiado obvias. El grupo de los ACP padece demasiadas situaciones económicas y políticas desastrosas: regímenes opresivos, corrupción generalizada y niveles de vida cada vez peores; en otras palabras, se trata de demasiados Estados débiles o fallidos a los que los acuerdos firmados con la UE no pueden servir por sí solos para escapar del círculo vicioso del subdesarrollo económico y político. Pese a las preferencias, la proporción del comercio de la UE con los ACP sobre el total de su comercio exterior ha ido disminuyendo progresivamente. Ahora representa un mero 1% del comercio total para la media de los países de la UE-15 (fig. 4.2; véase pág. 98).

No hay duda de que, entre los países desarrollados, la UE ha sido uno de los peores enemigos, si no el peor, del principio del multilateralismo en el comercio internacional, ya sea por viejas costumbres o por descuidos puntuales. Es cierto que a menudo las preferencias han sustituido mal que bien a una política más global, difícil de conseguir debido a las limitaciones de la UE. Algunos de los acuerdos firmados con terceros países han sido insustanciales, al menos en lo que se refiere a sus efectos económicos, aunque supusieron una ocasión para que los políticos se fotografiasen y otra excusa para que la Comisión agitase la bandera comunitaria. Por supuesto, con los socios privilegiados ha sido diferente. La Unión ha ido claramente más allá que ningún otro país o región del mundo desarrollado a la hora de responder a las demandas del mundo en desarrollo; pero al hacerlo ha ahondado en las numerosas divisiones que distinguen entre socios privilegiados y menos privilegiados. Las actitudes y políticas comunitarias han evolucionado haciéndose más compatibles con el sistema multilateral en la medida en que han desaparecido muchas de las barreras proteccionistas comunitarias y las preferencias han empezado a difuminarse. Las políticas comunitarias también han conservado un tono europeo muy particular en materia de protección del medio ambiente, de estándares laborales y de derechos humanos, aunque los efectos prácticos hayan sido limitados. Por otro lado, la integración europea ha servido de modelo a muchos países en desarrollo y los europeos han fomentado esta exportación. Pero una vez más, los resultados han sido hasta ahora pobres, fundamentalmente porque las condiciones europeas no pueden ser reproducidas con facilidad en otras partes del mundo.

Cabe preguntarse si los europeos han estado intentando crear esferas de influencia tras la desintegración de sus imperios coloniales. Si así hubiese sido, la elección ha sido mala y poco exitosa. Con pocas excepciones, los países pertenecientes a los dos grupos más privilegiados de los países en desarrollo se han venido deslizando cuesta abajo en el terreno económico y político. Quizá sería más correcto afirmar que la historia y la geografía parecen haber escogido a los socios privilegiados para los europeos. Los sucesivos acuerdos mediterráneos y los ACP han tenido efectos limitados y han producido una diferenciación interna cada vez mayor. La proporción del comercio de los socios privilegiados de la Unión sobre el total de los países en desarrollo ha ido reduciéndose en comparación con la proporción, por ejemplo, de los países del Sudeste asiático, que tradicionalmente han sido objeto de privilegios negativos por parte de Europa. De ello cabría deducir que algunos países comercian y otros firman acuerdos comerciales. Pero seguramente el acceso preferencial a los mercados no es el único factor determinante para el éxito exportador o, de manera más amplia, para el desarrollo económico.

Con el tiempo, la asistencia financiera de la UE se ha convertido comprensiblemente en el elemento más importante de estos acuerdos preferenciales. La UE y sus Estados miembros representan en la actualidad más de la mitad de toda la ayuda oficial al desarrollo internacional. Es con mucho el mayor de los donantes en muchas partes del mundo. Aquí también cabe hacer una matización. La eficiencia de la ayuda al desarrollo de la UE deja mucho que desear, pues adolece de una falta de estrategia coherente, de procedimientos burocráticos excesivos y de una grave escasez de personal de la Comisión encargado de la gestión de la ayuda multilateral. No ha sido muy eficiente en lo que se refiere al uso de recursos económicos y a los resultados obtenidos. Además, para bien o para mal, las respetables cantidades de dinero gastado en general han reportado a los europeos poca influencia política en los países receptores. ¿Acaso han decidido los europeos deshacerse de su dinero simplemente para mantener limpias sus conciencias? ¿O estos pobres resultados son una vez más la consecuencia de un sistema político muy imperfecto? Tras haber comprobado finalmente las deficiencias de sus políticas de ayuda exterior, los europeos han empezado hace poco a tomar algunas medidas para hacer que el sistema sea más eficiente.

NUEVOS PILARES EN UNA CONSTRUCCIÓN POSMODERNA

La integración europea comenzó con instrumentos económicos porque la política exterior y la defensa tradicionales, los principales elementos constitutivos de lo que habitualmente se denomina alta política, estaban fuera de alcance. Al fin y al cabo, la derrota del plan francés para la creación de una Comunidad Europea de Defensa por la Asamblea Nacional francesa a principios de la década de 1950 marcó los límites de las ambiciones intergracionistas en los ámbitos más delicados de la soberanía nacional. Los franceses lo volvieron a intentar tan sólo unos años después de la firma del Tratado de Roma con una iniciativa más modesta sobre cooperación en política exterior entre los Seis. También fracasó, aunque algunas de sus características demostraron ser menos efímeras: una iniciativa francesa, un modelo de cooperación intergubernamental —diferenciado del modelo comunitario— y un reto directo al liderazgo estadounidense. La Francia gaullista seguía intentando sin éxito movilizar al resto de los Seis en un intento de cambiar el equilibrio de poder en el seno de la alianza occidental.

La cooperación política europea, entendida como cooperación en política exterior pero dejando al margen la defensa, fue lanzada en 1970 como una concesión a Francia en el primer gran acuerdo global que combinaría ampliación y profundización. Duró poco más de veinte años. Era completamente intergubernamental, estaba basado en el consenso y se mantuvo separado de las instituciones comunitarias. Lo gestionaban diplomáticos, la mayoría de ellos al estilo secreto tradicional y, por tanto, con poca difusión pública y con todavía menos control democrático. La cooperación política europea generó una compleja red de comités y una rica colección de retóricas declaraciones conjuntas sobre un amplio abanico de cuestiones internacionales. También contribuyó a la familiarización de los diplomáticos estatales y de los ministerios de exteriores con la idea de una política exterior europea común, al ponerlos regularmente frente a los prejuicios y a los intereses nacionales de los demás, lo cual produjo una cierta convergencia de opiniones. Pero seguía quedando muy lejos de una política común. Las declaraciones conjuntas no siempre iban acompañadas de acciones conjuntas y generalmente parecían tener poco impacto sobre el resto del mundo. Los europeos hablaban mucho, pero cabía preguntarse si tenían un mensaje claro y, lo que es más importante, si había mucha gente dispuesta a escucharlos.

La variable estadounidense en la ecuación no dejó en ningún momento de ser crucial. Cada dos por tres los países europeos se mostraban divididos en cuanto al punto hasta el que podía diferir una posición europea común de la posición de los estadounidenses, y estos últimos tampoco ayudaban mucho. Estados Unidos reiteraba regularmente su generoso apoyo (verbal) a la unificación europea —y a la creación de un pilar europeo fuerte en el seno de la OTAN—, siempre presuponiendo que los europeos seguirían ofreciendo un apoyo ilimitado al liderazgo estadounidense en Europa y más allá de ella. Los dos objetivos no son necesariamente compatibles. Las tensiones fueron particularmente agudas cuando

Henry Kissinger era el responsable de la política exterior estadounidense. Francia reaccionó con dureza a los intentos estadounidenses de diluir la autonomía de la cooperación política europea, al mismo tiempo que permanecía formalmente al margen de la estructura militar integrada de la OTAN, exponiéndose así a las críticas que la tachaban de aprovechada. Tras la guerra de 1973 en Oriente Medio y del posterior embargo de petróleo por parte de los árabes, los europeos lanzaron el Diálogo Euroárabe independientemente de los estadounidenses, que se mostraron disgustados y reaccionaron con dureza. Siempre ha pasado lo mismo cuando los europeos han intentado promover una línea de acción independiente en Oriente Medio, una parte del mundo en la que las percepciones e intereses estadounidenses y europeos no siempre coinciden. Está claro que cabe entender esto como un eufemismo.

Siendo más sabios por la edad y más fuertes por el número, los Estados miembros decidieron ir más lejos en Maastricht comprometiéndose con una política exterior y de seguridad común. La unificación alemana, la desintegración del imperio soviético y la Guerra del Golfo actuaron como catalizador. Sin embargo, despojado de la retórica oficial, el nuevo «pilar» PESC del edificio creado en Maastricht no contenía demasiadas novedades. La defensa era mencionada explícitamente por primera vez. La Unión Europea Occidental (UEO), una organización también madura por su edad pero muy verde en cuanto a resultados, fue sacada del baúl para ser el instrumento preferido de la política de defensa europea y el vínculo oficial con la OTAN. No obstante, seguía sin quedar claro cómo se traduciría todo esto en la práctica. Las persistentes diferencias estatales eran disfrazadas con el lenguaje diplomático y la eurorretórica, mientras que las modificaciones de los arreglos institucionales ya existentes eran sólo modestas y el presupuesto absolutamente minúsculo, del todo insuficiente para pagar siquiera a enviados especiales de la UE destinados a zonas problemáticas del mundo. Cabía entender que la PESC seguiría siendo una operación intergubernamental, con tan sólo una endeble estructura común y prácticamente sin fondos.

Sus limitaciones pronto se revelarían evidentes. El manejo de la tragedia yugoslava, por ejemplo, dejó muchísimo que desear. Los europeos a menudo estaban divididos, actuaban con lentitud y lamentablemente carecían de los instrumentos decisivos de la persuasión en la diplomacia internacional, así como del uso de la fuerza, claro está. También cometieron torpezas graves, una de las cuales fue el reconocimiento prematuro de Eslovenia y Croacia bajo la presión alemana. Se trataba de «la hora de Europa», según los desafortunados términos del ministro de Exteriores de Luxemburgo y presidente en ejercicio del Consejo durante la primera mitad de 1991: una hora que nunca llegó. La guerra en Kosovo y el posterior bombardeo de Yugoslavia pusieron de manifiesto la enorme diferencia entre estadounidenses y europeos en lo referido a transporte, comunicaciones y captación de información; la relativamente pequeña contribución europea a la guerra también se tradujo en una equivalente pequeña influencia sobre su curso y, de manera más general, sobre la toma de decisiones en la alianza. Estaba clarísimo quién mandaba, dejando muy poca elección a los otros miembros en tiempos de guerra. Los miembros europeos de la OTAN ofrecieron más o menos su apoyo, pero no había nada que se acercase a una política europea o a una posición común con algún peso. La experiencia de Kosovo, así como la de Bosnia-Herzegovina, acabó finalmente movilizando una especie de acción colectiva de la UE, al tiempo que despertó en los europeos la conciencia de lo que podía hacerse con y sin los estadounidenses. La supremacía militar estadounidense, que podía prescindir cada vez más del apoyo de los aliados europeos, fue confirmada más tarde de manera aún más patente por la guerra en Afganistán.

Para muchos observadores de la escena europea, la PESC ejemplificaba así la gran distancia entre expectativas y capacidades, o entre retórica y acción. Posteriormente surgiría un nuevo brote de optimismo tras el encuentro de Saint-Malo entre británicos y franceses en 1998. Los británicos mostraron mayor interés en la cooperación para la defensa europea, mientras que Francia daba la impresión de dar pasos discretos hacia un acercamiento gradual con la Alianza Atlántica. De hecho, la experiencia operativa en la antigua Yugoslavia parecía haber preparado el terreno. Esta convergencia aparente entre estos dos actores europeos fundamentales, con una política exterior más activa y mayores capacidades militares que el resto, podría en última instancia dar contenido real a la PESC. Después de todo, la Unión ya tiene un alto representante para la PESC en la persona de Javier Solana, alguien muy apropiado (y no sólo simbólicamente) por ser el ex secretario general de la OTAN y que debería de estar más calificado que otros para definir una identidad de defensa europea compatible con la Alianza Atlántica. Entretanto, se han tomado algunas decisiones prácticas de cara a hacer que la PESC sea una parte más integral de la Unión y también más operativa, aunque mantenga un carácter muy intergubernamental.

El Consejo de Helsinki de diciembre de 1999 añadió una abreviatura más a la ya larga lista para los euroiniciados: la PESD (Política Europea de Seguridad y Defensa) debía entenderse como una declaración oficial de la incorporación de la defensa en la agenda de la Unión. Los ministros de defensa se sumaron a los Consejos Europeos en 1999. El compromiso consiste en crear antes del final de 2003 una fuerza europea de despliegue rápido de 60.000 soldados reclutados en los países miembros de la Unión. Una vez creada, esta fuerza europea podrá ser requerida para asumir operaciones de mantenimiento de la paz y de establecimiento de la paz, las llamadas tareas Petersberg, fruto del acuerdo sobre las manifestaciones concretas de una política de defensa europea; de ahí que ésta sea una versión «suave» de una política de defensa, mientras el resto sigue siendo responsabilidad exclusiva de la OTAN. Entretanto, las fusiones y la cooperación transfronterizas iban cambiando la estructura de la industria de defensa europea.

Sin embargo, dejando a un lado los acrónimos y las abreviaturas de la política exterior y la defensa tradicionales, en la actualidad una política común en este ámbito sigue siendo más un objetivo que una realidad. Las actitudes estatales hacia una política exterior común, y en particular hacia una política de defensa como algo mucho más concreto, pueden ser representadas en un gráfico bidimensional con un eje que iría del modelo comunitario de integración al modelo comunitario intergubernamental y con otro eje que iría de la autonomía/independencia europea al atlantismo (fig. 4.4; véase pág. sig.). Durante mucho tiempo los países miembros se situaban en puntos alejados de este gráfico: entre los Tres Grandes, Francia era fuertemente intergubernamental y favorable a la autonomía europea, Alemania era supranacional y atlantista, y Gran Bretaña, intergubernamental y atlantista —de hecho, más atlantista que europea, como podría apuntar cualquier observador benévolo—. También se daban grandes diferencias entre los miembros pequeños. En los últimos años aparecieron algunos signos de convergencia, aunque posteriormente demostraron ser efímeros y reversibles. La guerra en Iraq unió a Francia y a Alemania, mientras que Gran Bretaña siguió una vez más el liderazgo estadounidense. Todas las flechas de la figura 4.4 están orientadas hacia el centro.

Durante muchos años hubo una división del trabajo explícita entre la Comunidad en sus diferentes encarnaciones y la OTAN: pese a sus ambiciones políticas de largo alcance y a los ejercicios sobre todo retóricos propios de la política de poder tradicional, la Comunidad siguió concentrándose sobre todo en asuntos económicos, mientras que la alta política y especialmente la seguridad se mantenían como *la chasse gardée* de la

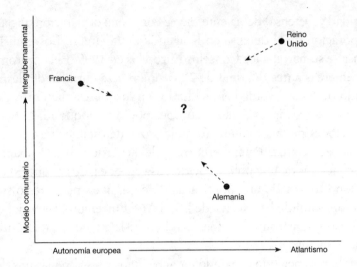

FIGURA 4.4. LOS «Tres Grandes» y la PESC.

Alianza Atlántica. Eso explica asimismo por qué hay países neutrales en la Unión y miembros europeos de la OTAN que están fuera de aquélla. Los estadounidenses aportaron la garantía de seguridad para Europa Occidental, así como muchos de los soldados y del gasto en defensa para sostenerla, mientras que los europeos parecían contentarse con su papel de socios más jóvenes (y protegidos).

La amenaza soviética ya no existe, aunque no cabe excluir por completo la posibilidad de que en la nueva Rusia se den situaciones de grave inestabilidad y reveses políticos inesperados. Han aparecido nuevas amenazas a la seguridad, destacando entre ellas la amenaza del terrorismo internacional. Pero las percepciones y los intereses en el seno de la alianza han empezado a diverger más que nunca. Y durante todo este tiempo la diferencia entre Estados Unidos y sus aliados europeos en cuanto a capacidades militares no ha dejado de crecer constantemente. Con pocas excepciones, los presupuestos de defensa en Europa Occidental no se han situado a la altura de los costes imparables del armamento de alta tecnología; si acaso, las presiones sobre los gastos de defensa siguen siendo para contenerlos. Los ejércitos estatales cuentan con un elevado número de hombres y mujeres en la reserva, pero pocos de ellos pueden ser movilizados con rapidez. También son pobres en términos de logística y comunicaciones, algo que resultó de una claridad meridiana durante la guerra en Yugoslavia.

Es inevitable que una política exterior y una defensa europeas propiamente dichas requieran una redefinición de las relaciones con el líder de la alianza, incluyendo una redistribución de responsabilidades y de la carga de la defensa. Los europeos todavía no están ahí, ni siquiera están lo suficientemente cerca. Y entretanto la OTAN podría entrar en un declive que la llevase rápidamente a la irrelevancia en tanto que alianza militar, sin misiones claras en perspectiva pese a la adhesión de nuevos miembros, percibida a su vez como un billete de admisión formal en la comunidad de naciones democráticas occidentales. En este sentido, la adhesión a la OTAN se ha convertido en algo complementario de la adhesión a la UE; se comprende que es un mal menor para aquellos países que tienen que esperar más tiempo antes de ser admitidos en la Unión.

Entretanto, la importancia de las cuestiones referidas al tercero de los pilares de Maastricht ha crecido gradualmente, así como los resultados políticos de este nuevo ámbito de cooperación, que había sido mantenido al margen de la atención pública hasta que la inmigración y el terrorismo comenzaron a ocupar los titulares. Este pilar se ocupa de los asuntos de justicia e interior. Más concretamente se pretendía que, en primer lugar, tradujese el objetivo de la libre circulación de personas dentro de la Unión en una realidad concreta mediante la eliminación de las fronteras interiores. Pero esto lleva automáticamente a una frontera común con respecto al resto del mundo y, por tanto, también a una política común hacia los extranjeros, que son tratados como individuos y no como países. Es el equivalente de una unión aduanera y un arancel exterior común para las mercancías. De manera precisa, incluye la política de inmigración, los visados y el asilo; también incluye las políticas contra el crimen organizado y el terrorismo. La determinación a la hora de eliminar las fronteras interiores para la libre circulación de personas dentro de la Unión, la presión creciente de la inmigración del este y del sur y el rápido crecimiento de las organizaciones criminales transnacionales, entre ellas los grupos terroristas, han actuado como fuerzas motrices para la integración de una forma que los firmantes del Tratado de Maastricht no habían llegado a imaginar.

Trece de los quince miembros de la Unión son ahora miembros de Schengen, denominación de un pueblo de Luxemburgo que es ahora muy conocido para cualquiera que viaje dentro de esta zona sin fronteras. En el camino hacia una «unión de libertad, seguridad y justicia», siguiendo la eurorretórica oficial, la mayoría de los asuntos del llamado tercer pilar de la construcción de Maastricht, incluida la libre circulación interior de personas, así como la inmigración, se han convertido en asuntos comunitarios normales. El Reino Unido ha insistido en preservar su propio sistema de controles fronterizos, quedándose así fuera de la zona Schengen, junto con Irlanda debido a la unión referida a pasaportes entre ambos países, aunque reconociendo cada vez más que la protección de las fronteras exteriores de la Unión es un asunto de preocupación común. Como la UEM, el acuerdo Schengen es un ejemplo importante de diferenciación interna en la Unión, y todo eso se complica aún más por el hecho de que Noruega e Islandia también son miembros de facto a través de la conexión escandinava.

Al mismo tiempo, Schengen establece nuevas tareas en lo relativo a la definición de una política común con respecto al resto del mundo. Aunque la «Fortaleza Europa» no se ha materializado en términos comerciales, a un número creciente de responsables políticos y de ciudadanos corrientes de Europa les gustaría que aquélla se erigiese para la circulación de personas. La imagen de grandes cantidades de inmigrantes empujando las puertas, los informes incesantes sobre el tráfico de drogas y de personas, y de manera más general el crimen organizado, han reforzado las tendencias xenófobas en Europa y a aquellos partidos políticos que han intentado capitalizarlas.

En los primeros años, algunos europeos hablaban con convicción y orgullo de lo que representaba entonces la Comunidad en términos de «potencia civil», algo que cabía distinguir de los actores más tradicionales en el viejo juego de la política de poder en el que éste estaba estrechamente vinculado a la potencia militar. Con el tiempo, cada vez quedó más claro que en buena medida estaban haciendo de la necesidad virtud. La Comunidad siguió siendo un gigante económico y un enano político, y a menudo uno muy frustrado. La cooperación política europea, transmutada luego en PESC, debía de hacer posible la transición hacia la asunción de un papel político internacional. Pero muchos europeos parecían no estar todavía dispuestos a aceptar las consecuencias para la soberanía nacional, por no mencionar los presupuestos de defensa —y lo que es cierto es que no estaban más cerca de un acuerdo sobre cómo operaría la PESC en el contexto de la Alianza Atlántica—. Por consiguiente, el progreso siguió siendo extremadamente lento, siempre y cuando no nos fiemos de las declaraciones oficiales ni las consideremos sustitutos de las políticas.

La profundización de la integración, junto con los rápidos cambios en el entorno exterior, especialmente en lo que son las «inmediaciones extranjeras» de Europa, puede acelerar el ritmo. Ya está ocurriendo en el dominio de los ministerios de Justicia e Interior —de manera inesperada y también sin *glamour*—. Un gobierno estadounidense de un unilateralismo agresivo podría asimismo actuar como catalizador, aunque los estadounidenses deberían esforzarse mucho en ello. Todavía hay que tomar muchas decisiones difíciles sobre el déficit democrático de la Unión, que es aún más acentuado en los nuevos ámbitos políticos. La Unión ha sido descrita como una construcción política posmoderna en su tratamiento de la soberanía debido a su sistema de toma de decisiones y a los instrumentos políticos que emplea. Pero el problema es que una construcción política posmoderna puede no encajar siempre bien en un mundo con muchos rasgos premodernos. Queda por ver cómo tratará la Unión de reconciliar estas dos realidades diferenciadas.

Segunda parte

LOS PRINCIPALES RETOS VENIDEROS

Capítulo 5

LA GOBERNANZA ECONÓMICA
Y LAS OPCIONES POLÍTICAS

La UE ha recorrido un largo trecho en la integración de las economías nacionales. A lo largo del proceso ha adquirido muchas de las funciones políticas —o al menos una parte de ellas— monopolizadas previamente por los gobiernos estatales. Por consiguiente, buena parte del debate en Europa se ha concentrado en la adecuada división de poderes y responsabilidades entre los niveles europeo y estatal, así como en los niveles regional y local, especialmente en relación con aquellos países en los que se practica la descentralización.

Es más que natural que la división de poderes se convierta en una cuestión clave en cualquier sistema federal o prefederal, y la Unión no podía escapar a esta disputa política entre niveles de autoridad que compiten entre ellos. Desde Maastricht, la subsidiariedad se ha convertido en una palabra comodín (quizá es, más bien, un concepto teológico si nos atenemos a sus orígenes en el debate y la práctica de la Iglesia Católica) para aquellos que defienden la soberanía nacional frente a lo que perciben como una centralización excesiva en el nivel de la Unión. Por muy importante que pueda ser, este debate sobre cuánto poder debería acordarse a las instituciones europeas y estatales esconde a menudo todo un conjunto de otras cuestiones y opciones importantes.

Esto es así en particular en la vida económica. La división de poderes en el sistema político europeo tiene efectos directos sobre la forma de funcionar de nuestras economías nacionales y sobre las instituciones y normas que las conforman. El término de moda en nuestros días es «gobernanza económica», que pretende cubrir tanto la esfera pública como la privada. La gobernanza económica se refiere a cuestiones específicas y a menudo aparentemente anodinas para el ciudadano corriente, tales como los estándares técnicos de los productos, los ratios capital-activos, así como las normas de la competencia. Los economistas recurren a las fallas del mercado y a los tipos de intervención necesaria para corregirlas. Por supuesto, no hay una fórmula mágica para tratar las fallas del mercado; y en el pasado los países miembros respondieron a ellas de formas muy diferentes, algo que es una función de la historia y de las preferencias colectivas, entre otras cosas.

Sin embargo, la gobernanza económica también se refiere a cuestiones mucho más amplias que conforman el grueso de la política cotidiana. Democracia e igualdad, por ejemplo, no pueden ser reducidas a la lógica simple del mercado. La obligación jurídica o de otro tipo que tienen los empresarios de consultar a los trabajadores de sus empresas privadas es sólo un ejemplo; la distribución de la renta y de la riqueza es otra. La gobernanza económica se refiere a la combinación adecuada entre Estado y mercado, entre intereses públicos e intereses privados, así como entre opciones como la eficiencia, la estabilidad y la equidad económicas.

Las decisiones sobre la distribución del poder y las responsabilidades políticas entre diferentes niveles de autoridad en la UE tienen implicaciones sobre la integración (o fragmentación) del mercado en Europa y sobre las condiciones bajo las que los agentes económicos compiten por cuotas del mercado. En muchos casos, también implican ciertas decisiones sobre la naturaleza de la regulación del mercado, sobre la protección de los consumidores y del medio ambiente, sobre la capacidad fiscal y, por tanto, también sobre la capacidad para proveer de bienes públicos o de recursos redistributivos. En todos estos asuntos, puede (y debería) haber diferencias políticas legítimas. Sin embargo, tales diferencias son a menudo enterradas bajo las gruesas capas del argot gris (que caracteriza la mayoría de los debates políticos de la Unión) y el carácter esencialmente intergubernamental de la negociación.

La idea principal de este capítulo es que la naturaleza distorsionada del debate europeo simplemente oculta o transforma muchas de las opciones cruciales y de las decisiones políticas posibles relativas al tipo de Europa y al tipo de sociedad en el que queremos vivir. El capítulo intentará hacer más explícitas al menos algunas de ellas examinando algunas políticas específicas de la integración europea. Las decisiones tomadas en nombre de la subsidiariedad, o de su opuesto, a menudo esconden opciones implícitas sobre la gobernanza económica y sobre el tipo de cuestiones anteriormente mencionadas. En el mejor de los casos, dichas implicaciones son entendidas sólo a medias por el público más amplio en nombre del cual son tomadas.

Una cosa es la transferencia de competencias a las instituciones comunitarias y el desarrollo de políticas comunes, que puede ser percibido como un juego de suma cero o un juego de suma positiva entre la UE y sus partes constitutivas estatales. Pero también ha habido convergencia entre sistemas estatales, lo cual ha sido resultado de la integración regional en el más amplio sentido del término, y este proceso ha sido analizado en la cada vez más abundante bibliografía sobre la europeización, otro retoño de moda en los estudios de integración. Esta bibliografía ha intentado caracterizar la reducción de las diferencias entre economías, sistemas políticos y sociedades en Europa. Las economías han marcado el camino, mientras que las instituciones y las sociedades las han seguido con lentitud y reticencias. ¿Cuánta convergencia y en qué dirección? ¿Cuánta diversidad y a qué precio? Las respuestas a estas preguntas necesariamente diferirán dependiendo no sólo de la nacionalidad de los interrogados, sino también, y con el tiempo cada vez más, de las preferencias políticas e ideológicas, por no mencionar los intereses económicos. La nacionalidad puede solaparse con la ideología o los intereses, aunque no necesariamente. Debería estar más claro con el desarrollo de un espacio público europeo propiamente dicho, entendido como un foro para debates que afecten a toda Europa.

REGULACIÓN DEL MERCADO Y REGLAS DE JUEGO UNIFORMES

En los buenos viejos tiempos de los tratados fundacionales la aproximación general a la integración económica consistía principalmente en la eliminación de los controles físicos transfronterizos, que dificultaban la libre circulación de bienes, servicios, personas y capitales: las llamadas cuatro libertades fundamentales. Dada la naturaleza de las economías mixtas nacionales, en la práctica esto significaba que durante las tres primeras décadas o más de la integración europea, el principal efecto, por limitado que fuese, se daría en la libre circulación de bienes. La eliminación de las barreras estatales, la mayoría de ellas en las fronteras, se combinaba con una cierta armonización cuando la economía mixta mostraba su cara hosca (o su cara amable: es sólo una cuestión de gusto), siempre y cuando los gobiernos estatales pudiesen ponerse de acuerdo sobre las normas europeas comunes como el precio necesario para llegar al mercado común.

Sin embargo, había algunas excepciones en relación con las cuales los tratados habían previsto un tipo de estructura federal para el desarrollo de políticas comunes en el nivel europeo. Uno de los ejemplos era la política de la competencia, otro era la política agrícola y también lo era la política comercial común. Podríamos añadir a la lista el transporte, aunque las disposiciones del tratado nunca se tradujeron en una política real; y también el carbón y el acero, que habían servido de piedras fundacionales de la integración regional, y que pronto se convertirían en lápidas para estos sectores en rápido declive. En la mayoría de los casos, a la hora de conformar las políticas europeas, la política ha desempeñado un papel mucho más decisivo que la economía.

El momento crucial llegó con el programa del mercado interior en la década de 1980: la CE entró así con fuerza en el mundo de las economías mixtas y la regulación del mercado se convirtió en una cuestión de peso en la agenda europea. Se suponía que estaba basada en una aproximación radicalmente nueva a la eliminación de todas las barreras restantes para la libre circulación de bienes, servicios, personas y capitales, y barreras surgidas de una miríada de normas y de regulación estatales que, precisamente debido a sus diferencias, creaban obstáculos o distorsiones en el seno del mercado común. La nueva aproximación era a un tiempo simple y radical, y pretendía ser utilizada igual que la espada de Alejandro el Grande fue utilizada para cortar el famoso nudo gordiano. En lugar de armonizarlo todo, un proceso que ya había demostrado ser extremadamente largo y arduo, se acordó que la Comunidad se apoyaría todo lo posible en el principio del reconocimiento mutuo, completamente compatible con la subsidiariedad, y lo combinaría con legislación común que se limitase sólo a los objetivos y requisitos esenciales.

El reconocimiento mutuo había sido definido previamente por el Tribunal de Justicia: a cualquier bien legalmente fabricado y comercializado en un país miembro debería permitírsele circular libremente en el resto de la Unión. Se pretendía de este modo ofrecer el billete de entrada a los bienes (y servicios) de otros países, y consiguientemente dejar que la carga de la prueba recayese sobre los que pretendiesen bloquear la entrada. Entretanto, la legislación comunitaria se concentraría en lo fundamental y dejaría que los legisladores estatales definiesen los detalles y también decidiesen cómo conseguir los objetivos principales, ya se tratase de la protección del medio ambiente o de la seguridad de los consumidores. Esta nueva aproximación también contenía otro elemento importante: la tarea de definir especificaciones técnicas sería dejada en manos de organismos privados de estandarización europeos.

Desde la entrada del mercado interior en la agenda europea en 1985 han cambiado mucho las cosas, en buena medida a causa de él. La libre circulación ciertamente ha sido facilitada y la economía europea es ahora muchísimo más que la suma de economías nacionales altamente interdependientes, lo que durante mucho tiempo había sido el caso. El capital circula libremente, así como lo hacen los ciudadanos europeos, en particular en la zona Schengen. Algunos de los sectores nacionales anteriormente protegidos han sido abiertos a la competencia, como las telecomunicaciones y el transporte, pero también la banca y los servicios financieros. Ahora hay en Europa muchas más fusiones (y alianzas) empresariales transnacionales que antes e instrumentos más efectivos para controlarlas. Incluso la contratación pública en los países miembros está ahora —al menos un poco— más abierta a los otros europeos. Con todo, lo que hemos aprendido claramente a lo largo del proceso es que la creación de un verdadero mercado interior en Europa será mucho más lenta y más complicada de lo previsto, al mismo tiempo que los efectos en relación con la competitividad y el bienestar se extenderán más a lo largo del tiempo y a menudo serán difíciles de identificar o de medir; está claro que no es ésta la combinación ideal para el impaciente o el agnóstico, que buscan algo grande y tangible como recompensa adecuada a sus esfuerzos en favor de la integración. Seguramente, no resultó de ayuda que la campaña de mercadotecnia que acompañó al programa del mercado interior a mediados y finales de la década de 1980 prometiese resultados rápidos y más bien espectaculares.

A finales de 2001 el marco jurídico del mercado interior estaba compuesto de aproximadamente 1.800 medidas legislativas adoptadas en el nivel comunitario, la mayoría de ellas en forma de directivas, que necesitan ser transpuestas por la legislación estatal, y algunas regulaciones que son directamente aplicables en todos los países miembros. ¿Demasiadas? Dado que la llamada nueva aproximación pretendía simplificar la tarea legislativa de las instituciones comunitarias, dejando así un amplio margen a la subsidiariedad y al reconocimiento mutuo, esta elevada cifra puede llegar a sorprender, o puede verse más bien como una prueba más del celo centralizador y del sesgo fuertemente intervencionista de las instituciones comunitarias. Esta última sería ciertamente la explicación más popular entre euroescépticos y neoliberales, dos grupos en buena medida solapados. Sin embargo, resulta difícil creer que los gobiernos estatales habrían participado tan alegremente en una conspiración encaminada a la creación de un superestado europeo intervencionista. Al fin y al cabo, habrían bastado minorías relativamente pequeñas para bloquear un proceso como ése en el Consejo.

Una explicación más plausible reside en la complejidad y la diversidad de las economías mixtas de Europa, que requieren cierto grado de re-regulación europea como condición previa para el establecimiento de un verdadero mercado interior. Se libraron muchas batallas encarnizadas antes de que la Unión pudiese alcanzar un compromiso políticamente aceptable entre liberalización, regulación y diferenciación estatal. Algo similar puede decirse con respecto a los estándares privados. Más del 80% de los estándares son en la actualidad adoptados por organismos de estandarización europeos o internacionales, mientras que hace sólo unos quince años el 80% eran adoptados en el nivel estatal: otra prueba de que algunas competencias necesitan ser transferidas como corolario del establecimiento de un mercado europeo o, más bien, global.

La legislación del mercado interior ha tardado mucho más de lo previsto debido a la naturaleza de la toma de decisiones comunitaria y a la necesidad de encontrar un denominador común entre los diferentes sistemas estatales. En ocasiones, las directivas comunitarias han permitido explícitamente la diferenciación y también los calendarios variables para la aplicación de las normas comunes. En otros casos, la diferenciación no ha seguido el curso legal. Las instituciones comunitarias a veces legislan, pero nunca aplican las leyes. La aplicación sigue siendo responsabilidad exclusiva de las instituciones estatales, y el resultado no siempre es perfecto. Por ejemplo, ha habido muchos retrasos en la transposición de las medidas comunitarias en las legislaciones estatales, los cuales se añaden a los habitualmente largos períodos de gestación del proceso legislativo comunitario. Además, las leyes no siempre son aplicadas y algunos países se toman la aplicación de la ley más en serio que otros. Es en buena parte una cuestión de eficiencia administrativa y de cultura cívica, y en última instancia un asunto que los tribunales estatales deberán resolver. En muchos casos, países asociados como Noruega o Islandia, que se han sumado al mercado interior sin participar en el proceso de toma de decisiones comunitario, han obtenido mejores resultados que los países miembros en la aplicación de la legislación. Por último, aunque no menos importante, cabe decir que el Tribunal de Justicia de las Comunidades Europeas tarda mucho en abordar las infracciones que están bajo su jurisdicción debido a sobrecarga de trabajo; y cuando la sentencia se comunica a los países miembros, éstos a veces se toman el cumplimiento con tranquilidad.

Así pues, la descentralización tiene un precio, tanto en términos de la fragmentación del mercado (normas que no son aplicadas de manera universal) como en términos de capacidad de las instituciones para ajustar la regulación a las condiciones económicas cambiantes. El reconocimiento mutuo ha ayudado a abrir los mercados nacionales, pero sin duda alguna ha demostrado que no es la panacea, especialmente cuando las instituciones estatales y los regímenes de regulación parten de bases muy diferentes. De ahí que no deba sorprender que los empresarios no siempre hayan respondido con entusiasmo a los esfuerzos en favor de la integración realizados desde Bruselas, o que sigan viendo muchas imperfecciones en el mercado interior de Europa. Nadie ha inventado todavía una varita mágica para la integración rápida e indolora. Estos problemas necesariamente se multiplicarán con las ampliaciones, y no sólo debido a la cuestión puramente numérica, sino sobre todo debido a las endebles estructuras administrativas y a la aproximación relativamente suave que se tiene hacia el imperio de la ley en la mayoría de los previsibles nuevos miembros de la Unión.

Si la dimensión jurídica es lenta e imperfecta, también lo deberían ser los efectos económicos del mercado interior. Siguiendo el ejercicio de cuantificación de los efectos esperados, que también fue utilizado como instrumento de mercadotecnia para el programa del mercado interior, en 1996 la Comisión hizo públicas las primeras estimaciones *ex post* del impacto macroeconómico. No eran tan impresionantes como le hubiese gustado que fuesen: un beneficio del 1,1-1,5% del PIB, un impacto sobre la inversión cercano a un 3% y una reducción de precios de un 1-1,5%; más estimulante era un aumento del comercio de manufacturas de un 20-30% y la creación de entre 300.000 y 900.000 puestos de trabajo atribuidos directamente al mercado interior. Al representar sólo una parte de los efectos esperados antes de la introducción del programa, estas estimaciones no eran demasiado convincentes. ¿Cómo es posible aislar *ex post* los efectos del mercado interior cuando entretanto se han producido tantos cambios diferentes en el entorno que afecta a los negocios europeos? Una salida para los eurófilos sería sostener que los efectos del mercado interior son de largo alcance e indisociables del proceso de reestructuración económica en curso en los niveles europeo y global: un argumento sin duda de conveniencia, pero quizá no muy alejado de la verdad. Durante este largo proceso de integración, la nacionalidad de los individuos y de las empresas continuará desempeñando un papel, por reducido que sea, en la vida económica de la Unión.

La UE se ha convertido en un Estado regulador y por tanto se ve continuamente confrontada a las cuestiones típicas propias de la regulación del mercado: ¿cuánta regulación y de qué tipo?, ¿centralizada o no centralizada, pública o privada? La principal fuerza motriz para la regulación del mercado ha provenido naturalmente de aquellos que tienen un interés en la apertura de los mercados. Los intereses han sido reforzados por la ideología: el conjunto de ideas predominantes en los últimos años pone el acento en la liberalización económica y en medidas por el lado de la oferta. Sin embargo, la liberalización (y la integración negativa) a menudo ha ido de la mano de algún tipo de re-regulación en el nivel comunitario. A menudo las arengas en pro de la integración del mercado son inseparables de las demandas para la creación de reglas de juego uniformes —un término de moda para lo que habitualmente se denominaba competencia justa—. Cada obervador, por supuesto, interpreta la justicia a su manera, y la teoría económica no siempre ofrece reglas sólidas y rápidas para determinar qué constituye competencia justa. Son muchos los ejemplos que podemos citar.

El rápido crecimiento de fusiones y adquisiciones transfronterizas facilitadas por la legislación del mercado interior, aunque no sean exclusivamente fruto de ésta, ha subrayado las diferentes condiciones que se aplican a las adquisiciones hostiles en los países miembros; a su vez, esto ha llevado a presiones para la introducción de legislación comunitaria a fin de abordar las distorsiones resultantes. Un número desproporcionadamente elevado de empresas del Reino Unido han sido el objetivo de pujas hostiles, lo que puede explicarse por las condiciones legales e institucionales que se aplican en diferentes países. Es sin duda importante la dimensión relativa y el papel de los mercados bursátiles como fuentes de capital financiero, y la capitalización del mercado es en el Reino Unido mucho mayor que en el resto de la Unión. Por otro lado, en varios países europeos se han mantenido muchas restricciones, ya sean legales o de otro tipo, sobre los cambios en la propiedad y el control de empresas.

El problema es que, aunque muchas de ellas pueden y deberían ser tratadas como barreras proteccionistas claras que esperan la llegada del libertador comunitario para ser derribadas, al menos algunas de dichas restricciones o regulaciones podrían ser consideradas legítimamente partes integrantes de modelos de capitalismo que difieren del modelo angloestadounidense, el cual depende casi exclusivamente de los mercados de capital como instrumento para corregir fracasos en la dirección empresarial. Por contra, lo que se denomina frecuentemente el modelo Rin —esto es, el modelo alemán, del cual pueden encontrarse variaciones en algunos otros países europeos— pone el acento en las relaciones a largo plazo entre inversores, directivos y empleados. Los bancos desempeñan un papel clave, así como los sindicatos organizados en un sistema diseñado para promover el consenso a través de sus instituciones y normas. Asimismo, el Estado mantiene el control sobre una parte de la propiedad de algunas compañías, aunque el número de este tipo de empresas ha caído considerablemente tras la ola de privatizaciones de la década de 1990. No existen, al menos por ahora, datos económicos incontestables ni consenso político en el sentido de que el resto de Europa debiera adoptar, tal cual, el modelo capitalista angloestadounidense. Muchos sostendrían que, de todas formas, los acontecimientos van en esa dirección, con la globalización y el recurso creciente de las empresas a la financiación mediante la emisión de acciones; pero este argumento es sin duda menos convincente tras el estallido de la burbuja financiera, tras la serie de escándalos que han afectado a grandes empresas en Estados Unidos y tras la reaparición del espectro olvidado de una recesión económica prolongada o incluso de la depresión.

¿Acaso es la integración europea el catalizador para la convergencia hacia el modelo de capitalismo angloestadounidense? Esto no es exactamente lo que muchos europeos creyeron haber negociado cuando apoyaron el establecimiento del mercado interior —tal vez equivocadamente, aunque es algo que está por decidir—. Los modelos capitalistas estatales han pasado a orientarse más hacia el mercado, pero siguen siendo estatales y, por tanto, diferentes unos de otros. También cabe pensar que constituyen la base para diferentes tipos de ventaja comparativa en términos institucionales: las economías de mercado liberales son más proclives a la innovación radical, de especial importancia para los sectores tecnológicos que cambian con rapidez, mientras que otras economías, en las que desempeñan un papel estratégico instituciones que son ajenas al mercado, están mejor dotadas para actividades como, por ejemplo, la producción de bienes de capital, en los que la innovación gradual y los sistemas de formación constituyen elementos fundamentales para el éxito. El proceso de convergencia ha demostrado ser, cuando menos, bastante lento. El Estado francés, pese a aceptar algunas de las constricciones derivadas de la globalización y de la integración europea, todavía no ha sido relegado al papel de regulador benigno de los mercados, ni mucho menos. Y los alemanes no parecen tener la intención de abandonar su «modelo social» y las tradiciones corporativistas, mientras que la Baja Sajonia sigue teniendo la propiedad sobre un buen pedazo de Volkswagen, que es en sí misma una parte integral de la Baja Sajonia. Un argumento similar puede aplicarse a los diversos *Landesbanks*, otro elemento clave del modelo capitalista alemán.

En cuanto a la directiva comunitaria tendente a establecer reglas de juego uniformes para las OPAs hostiles, en el momento de escribir estas líneas seguía estando en la mesa de negociaciones. Parece aproximarse el fin de trece años de negociaciones frustradas, aunque sea en la forma diluida de legislación común. La convergencia exige paciencia y nervios de acero. Después de todo, el acuerdo sobre el estatuto de empresa europeo se hizo esperar más de trece años, principalmente debido a la necesidad de incluir en él disposiciones relativas a la democracia industrial, tan apreciada por los alemanes y despreciada por otros. Y el compromiso alcanzado al final probablemente no contribuirá a que las empresas se apresuren para aprovecharse de la nueva directiva. El compromiso excesivo en ocasiones acaba con toda la esencia del ejercicio.

La búsqueda de reglas de juego uniformes es claramente lo que se encuentra tras el control de las ayudas estatales que ejerce la Comisión. En general así se entiende y se acepta —lo cual es un factor importante en el apoyo generalizado a la política común de la competencia—, pese a que el canciller Schröder, por citar a alguien, ha manifestado repetidamente objeciones a estos controles sobre las ayudas estatales alemanas. ¿Podría aplicarse el mismo argumento sobre las reglas de juego uniformes a los estándares sociales o a los impuestos? Los franceses, por ejemplo, han abogado desde hace tiempo en favor de la aplicación de estándares comunitarios mínimos a un amplio abanico de normas y reglamentaciones sociales, apelando así a una «Europa social» que también ayudaría a eliminar la «competencia injusta» surgida de las reglamentaciones sociales más laxas que se aplican en algunos países. De manera similar, los alemanes, entre otros, insisten en defender la armonización fiscal y la adopción de tipos mínimos, especialmente cuando se da una movilidad transfronteriza elevada, como ocurre con el capital en cartera, y por tanto en dejar un margen muy amplio al arbitraje entre sistemas fiscales estatales. ¿Se trata de competencia justa o injusta? Volveremos a estas cuestiones más adelante. Es cierto que la teoría económica ofrece algunas respuestas, pero la mayoría continuarán estando determinadas por la interacción entre los mercados y la política.

Los países con estándares sociales o medioambientales elevados, o con impuestos altos, siempre han temido que la ausencia de una legislación/regulación común que crea las condiciones para la competencia entre sistemas diferentes provoque automáticamente una carrera hacia abajo, pues el capital, que es un factor mucho más móvil que el trabajo a nivel internacional, busca costes de producción más bajos y al mismo tiempo se aprovecha de la eliminación de barreras al libre comercio en el contexto del mercado interior. ¿Debería el nivel óptimo de regulación o de fiscalidad ser decidido por los electores o por el mercado? Por supuesto, cabe una tercera opción: el avance de la fragmentación del mercado debido a la diversidad de sistemas reguladores estatales y, por tanto, de las barreras derivadas de esta diversidad. Todo ello debería hacerse más explícito.

La integración tiene un precio que en ocasiones los gobiernos y/o los electores pueden no estar dispuestos a pagar. Al menos deberíamos tener claros los parámetros de las decisiones que deben ser tomadas. En muchos casos, los estándares mínimos adoptados por la UE, como una protección para impedir una carrera hacia abajo, son muy superiores al mínimo común denominador. Así ocurre en particular con la regulación medioambiental y también ha sido el caso durante mucho tiempo de la legislación contra la discriminación por razón de sexo en los lugares de trabajo. En otros casos, la integración ha sido identificada más estrechamente con la desregulación, siendo buen ejemplo de ello los servicios financieros. Y también hay ejemplos en los que el mercado interior dista mucho de estar acabado, como es el caso particularmente del mercado de trabajo.

La nueva aproximación a la regulación que introdujo el programa del mercado interior en 1985 recibió el impulso posterior de las decisiones acordadas en el Consejo Europeo de Lisboa de marzo de 2000. El objetivo era hacer de la UE «la economía basada en el conocimiento más competitiva y dinámica del mundo antes de 2010», lo cual se alcanzaría mediante un conjunto de reformas económicas encaminadas a una mayor liberalización y a la creación de un entorno empresarial más favorable en la economía digital. Las decisiones de Lisboa pretendían igualmente llenar algunos vacíos persistentes en el mercado interior de Europa. Y recogían nuevas ideas en torno a la forma de conseguirlo: el acento pasaría a ser puesto en el «método abierto de coordinación», basado sobre todo en la evaluación comparativa y en las presiones entre pares, y en el que la Comisión actuaría esencialmente como una secretaría y en ocasiones como catalizador o como animador.

Aquellos que criticaban el método comunitario por ser demasiado restrictivo para los Estados-nación y sobrecargado de normas acogieron Lisboa como un nuevo camino hacia la ampliación ilimitada de la Unión: esencialmente intergubernamental, sin demasiado margen para la diferenciación estatal, más proclive a las decisiones discrecionales que a las normas, y promotor de los mercados flexibles y de la regulación social laxa. Resulta interesante constatar que las decisiones alcanzadas en el Consejo de Lisboa también parecían sugerir que al menos algunos líderes europeos estaban resueltos a utilizar la Unión —y las presiones entre pares— como un catalizador externo y como un lubricante para las reformas internas.

Tres años después, los límites de esta «novísima aproximación» han quedado claros. El consenso de Lisboa sobre la dirección general de la reforma económica parece extremadamente frágil en algunos de sus puntos. Es más, entre los observadores más pesimistas el objetivo de convertir Europa en la economía más competitiva del mundo antes de 2010 suena a chiste de mal gusto. Cuando el catalizador externo choca con las realidades políticas internas, difícilmente puede garantizarse la victoria. En cuanto a los indicadores utilizados por la Comisión para señalar y avergonzar a los rezagados, está claro que carecen de la fuerza que pudieron tener, por ejemplo, los criterios de convergencia que forzaron el ajuste macroeconómico como condición previa para la entrada en la fase final de la UEM.

El «método abierto de coordinación» puede resultar útil en algunas políticas, pero no puede servir como instrumento general de integración; tal vez cabría entenderlo más bien como un precursor de formas más «duras» de coordinación en el futuro. La evaluación comparativa, por ejemplo, ha sido importada del mundo de los negocios y de las empresas de servicios públicos básicos. Aplicada a una empresa, la evaluación comparativa deriva su fuerza de un sistema de toma de decisiones en el que hay jerarquía y cumplimiento, o como mínimo un entorno en el que los miembros están acostumbrados a que se comparen los resultados. Lo que se da en el seno de la Unión es bastante diferente. Así, los proponentes de la coordinación «suave» a menudo parecen asumir (erróneamente) que ya existe una fuerte convergencia de sistemas y preferencias en una dirección determinada, lo cual constituiría una condición previa de su efectividad. La interpretación más cínica señalaría que de dicha coordinación no se espera mucho o que ni siquiera es deseada. Las mismas personas pueden incluso mostrar demasiado apego por las normas duras cuando se trata de reglas de juego uniformes que son de su agrado. Y así suele ir la integración.

Normas diferentes para políticas comunes...

Si fuese representada de forma gráfica, la división entre las responsabilidades estatales y comunitarias en diferentes ámbitos políticos daría como resultado muchos altibajos; a los economistas de Marte les costaría mucho encontrale algún sentido. La racionalidad, tal como es definida por los economistas, incluidos los del espacio extraterrestre, no siempre ayuda mucho a entender las formas que adopta la integración europea.

La PAC: ¿lista para la reforma?

Indudablemente, la PAC es uno de los mejores ejemplos del divorcio entre las diversas políticas y la racionalidad económica. Considerada una parte esencial del acuerdo global original en el que se apoyó la integración europea y siendo con mucho la política común más importante, pues todavía representa casi la mitad del gasto presupuestario total de la UE, desde hace muchos años y desde muchos frentes la PAC ha sido objeto de duros ataques. Es cierto que no se ha mantenido inalterada y que el ritmo del cambio se ha acelerado claramente desde principios de la década de 1990. Pero lo más destacable de todo ha sido su capacidad para sobrevivir y preservar muchas de sus características durante tanto tiempo.

Inicialmente, esta política pretendía integrar a la numerosa población agrícola de los Seis en un mercado común que operase sobre la base de precios de intervención comunes, una valla protectora contra la competencia exterior y finaciación común. Siguiendo con la tradición de las políticas agrícolas estatales precedentes, la PAC pretendía ser parte del sistema del bienestar desarrollado en Europa Occidental en el período posbélico, cuando la renta media de los agricultores se situaba en la zona más baja de la escala de ingresos en la mayoría de los países. Pero la combinación de incrementos de productividad, el lento aumento del consumo y los elevados precios de apoyo para cantidades ilimitadas de productos agrícolas pronto demostró ser explosiva. El coste presupuestario del apoyo a la agricultura subió más y más, mientras las inmensas cantidades producidas tenían que ser desechadas en los mercados extranjeros o acababan siendo incluso montañas de basura.

De ahí que la PAC pasase a ser atacada duramente por los países extranjeros, que se resentían de la pérdida de mercados en favor de los productos europeos subvencionados, así como por los ministerios de hacienda de los países pobres, especialmente aquellos con menos agricultores, pues veían cómo sus contribuciones netas al presupuesto común no dejaban de aumentar. Los consumidores también deberían incluirse en la categoría de los perdedores de la PAC, ya que se ven obligados a pagar por la comida precios más altos. Sin embargo, los consumidores nunca han constituido una fuerza política de peso para influir en la dirección de la reforma de la PAC. La razón es sencilla: ausencia de movilización. La batalla por la reforma ha sido librada sobre todo por los ministerios de economía y finanzas que intentaban imponer topes al gasto presupuestario, y en los Consejos del GATT (después en la Organización Mundial de Comercio, OMC) por parte de estadounidenses, australianos y otros.

La PAC pretendía desde sus inicios desempeñar un papel redistributivo en favor de los agricultores y a costa de los consumidores y contribuyentes. En la práctica ha demostrado su papel redistributivo entre los agricultores, pero en la dirección equivocada. Cuanto mayor y más productiva sea la explotación del agricultor, mayor es la subvención procedente de las arcas públicas, pues la subvención está en función de la producción. De ahí que la PAC haya resultado una política regresiva, contraria a la búsqueda del bienestar general y a la dimensión social que se encontraba en sus inicios —y como siempre, la proclamada oficialmente—. Ha sobrevivido como lo ha hecho debido a la inercia, debido a que los grandes productores han tendido a monopolizar la representación de las organizaciones agrícolas europeas del sector y a que algunos países han invertido muchísimo capital político en la defensa del *statu quo* agrícola.

La PAC ha sido identificada principalmente con Francia: un gran productor y exportador, pese al declive gradual de su fuerza de trabajo empleada en la agricultura, pero aun así un oponente visceral de cualquier intento de reforma radical. Muchos políticos franceses siguen tratando la PAC como una especie de producto nacional y como uno de los principales pilares de la integración europea. Entretanto, Alemania ha evitado el enfrentamiento directo con Francia en este asunto tan delicado —y tiene su propio *lobby* agrícola bávaro al que tiene que cuidar—, mientras que otros beneficiarios, como Dinamarca e Irlanda, han estado más que contentos de prestar su apoyo al *statu quo*. Resulta muy interesante que países que se benefician de la PAC sigan resistiéndose a dar al Parlamento Europeo competencias directas de control sobre el gasto agrícola, supuestamente creyendo que las decisiones tomadas a puerta cerrada por los ministros de agricultura ofrecen más garantías para el mantenimiento del *statu quo*.

El sector agrícola ha ido perdiendo poco a poco la parte que representaba sobre el total de la producción y de la fuerza de trabajo. De igual modo, debería ir perdiendo también poder político. Esto parece que ya está ocurriendo, aunque con un retraso temporal considerable. En la actualidad los agricultores representan menos del 5% del empleo en la UE-15 y reciben casi la mitad del gasto presupuestario total, pero esto dice tanto de los bajísimos niveles de gasto en otros ámbitos políticos en los que los ministerios de hacienda estatales siguen mandando como de la generosidad o el despilfarro de la PAC. Indudablemente, nadie se imaginaría que la cifra presupuestaria convergiese hacia ese 5% del empleo. La historia, la realidad política y la naturaleza del sector agrícola impedirán conjuntamente reformas liberalizadoras en un futuro previsible. Ésta no es la cuestión. Además, la mayoría de los socios de la UE no son del todo inocentes debido al intervencionismo y al apoyo financiero para con sus propios sectores agrícolas, incluidos los estadounidenses, que con el gobierno de Bush se han mostrado dispuestos a batir a los europeos en su propio juego mediante un aumento elevadísimo de las subvenciones agrícolas. En cuanto a los liberales suizos, siempre han destacado en este juego: ¡las subvenciones anuales por vaca suiza —diríase que son más sagradas que las de la India— superan la renta por habitante de muchos miembros de Naciones Unidas!

Dicho esto, la reforma de la PAC parece ser necesaria y urgente: las ampliaciones y la nueva ronda de negociaciones de la OMC, junto con otras consideraciones relativas a la seguridad alimentaria y al medio ambiente, podrían acabar siendo finalmente los catalizadores. Los primeros pasos importantes en la dirección de la reforma seria fueron tomados en 1992. Ya han provocado un cambio considerable, al pasar de precios de apoyo a ayudas directas sobre la renta de los agricultores, haciendo así que la PAC sea más compatible con las normas de la OMC y al mismo tiempo transfiriendo la carga principal del apoyo de los consumidores a los contribuyentes. Ello explica igualmente por qué la reforma no se ha traducido todavía en una reducción sustancial del gasto presupuestario.

El cambio a las ayudas directas sobre la renta tendrá que continuar. A fin de transformar gradualmente la PAC en una política social más explícita, dichas subvenciones también deberían ser cada vez más disociadas de la producción. Las propuestas de reforma de la Comisión van en esta dirección, aunque con cautela. El punto crucial es que los grandes productores agrícolas deberían dejar de recibir el grueso de las subvenciones. Será una batalla política difícil: hay mucho en juego para un reducido número de gente bien organizada y políticamente influyente, y ya han demostrado ser capaces de resistirse al cambio durante mucho tiempo.

Las futuras ampliaciones harán que la PAC sea aún más insostenible que en el pasado. Los Quince han impuesto períodos transitorios largos a los nuevos miembros, lo que significa una introducción lenta de las subvenciones agrícolas para los numerosos y mucho más pobres agricultores de esos países que ya están listos para la adhesión. Han intentado evitar que el presupuesto agrícola común reviente a costa de aquellos que todavía no tienen derecho a voto en los Consejos de la UE. Pero ¿por cuánto tiempo? Y luego está el mundo más allá de las fronteras comunitarias. En su forma presente, la PAC mina seriamente la credibilidad de los esfuerzos comunitarios para fomentar el desarrollo económico en el Tercer Mundo. Por tanto, el cambio de los precios de apoyo a las ayudas directas sobre la renta necesita ser reforzado con medidas de liberalización de cara al exterior.

Cabe añadir a todo ello un conjunto de nuevos retos a los que se enfrenta la PAC. Cada vez más y más gente reconoce que el énfasis debería trasladarse del crecimiento de la producción a productos de más calidad (y orgánicos), a controles sanitarios y de seguridad más eficaces (¿alguien se acuerda de las vacas locas?), al desarrollo rural y a la protección medioambiental. Éstas deberían ser las nuevas políticas prioritarias. Por tanto, la PAC necesitará afrontar de manera más efectiva las diversas externalidades que constantemente mencionan los economistas, en lugar de limitarse a tirar el dinero en productos cada vez menos deseados, como se acostumbró a hacer en el pasado.

A medida que se refuercen las dimensiones social, sanitaria, de seguridad y medioambiental de la PAC —y ésta parece ser la dirección que ya ha tomado la PAC, aunque de manera muy lenta, en los últimos años—, otra cuestión política extremadamente delicada acabará por aflorar tarde o temprano. La PAC ha sido una de las políticas comunes más centralizadas de todas, al menos en cuanto a formulación y financiación. En cuanto ha pasado a apoyarse cada vez más en ayudas directas sobre la renta y en medidas estructurales, también tendrá que dejar más margen a la diferenciación estatal, especialmente teniendo en cuenta las numerosas ampliaciones futuras de la Unión, que traerán consigo una diversidad mucho mayor de estructuras y rentas agrícolas. Eso puede suponer, entre otras cosas, un aumento de la parte de la cofinanciación estatal y mayor diferenciación en lo relativo a ayudas directas sobre la renta, lo cual también debería liberar fondos para la financiación de otras políticas a cargo del presupuesto comunitario. Para algunos, incluidos los nuevos miembros, esto representará un sacrilegio, y tendrán razones sobradas para sacar a la calle los tractores y cortar las autopistas. No obstante, si el desempleo y otros beneficios sociales continúan variando significativamente entre los diferentes miembros de la Unión, al reflejar diferencias en los niveles de vida, así como preferencias políticas diferenciadas, ¿en qué nos podemos basar para insistir en la uniformización de las ayudas directas sobre la renta para los agricultores?

De ahí que el camino adecuado para el futuro de la PAC aparentemente pase por una mayor subsidiariedad. La Unión seguirá fijando los parámetros principales de su (nueva) política agrícola; más allá de ahí cabría esperar que sean las instituciones estatales (y regionales) las que desempeñen un papel más relevante que hasta entonces. El equilibrio preciso entre diferentes niveles de autoridad, incluyendo las proporciones sobre la carga financiera, será determinado, claro está, en los Consejos políticos, y sería de desear que con controles más efectivos por parte de los parlamentos y muy especialmente por el Parlamento Europeo. Será una batalla dura y las líneas divisorias no necesariamente serán estatales de modo exclusivo. Sería un gran error meter en el mismo saco los intereses de todos los agricultores europeos, aunque aquellos que más se benefician de la política actual tienen buenas razones para hacerlo a fin de proteger el *statu quo*; y hasta ahora han tenido un éxito enorme en este sentido. Ya es hora de que este truco político sea conocido.

Política de la competencia: el imperio de los expertos

Si no hubiese existido la PAC, seguramente nadie la habría inventado, al menos en su forma actual. Lo mismo no puede decirse, sin embargo, de la otra gran política común de la Unión: la política de la competencia. Se trata de una vieja política con una relevancia creciente y una aceptación generalizada. En la actualidad, la política de la competencia es, sin duda, una de las carteras más importantes de la Comisión. Todo se remonta al Tratado de Roma, que otorgó a la Comisión supranacional competencias para ocuparse directamente del comportamiento colusorio de las empresas, del abuso de posición dominante, así como de las ayudas estatales. Estas competencias eran el instrumento para consolidar las fuerzas competitivas en el seno del emergente mercado común de Europa. Una política de inspiración estadounidense se ha enraizado progresivamente en el terreno europeo, y a lo largo del proceso se ha convertido en la política más federal de todas las políticas comunitarias. También está en buena medida despolitizada: ¿es así el Estado regulador europeo soñado por los tecnócratas?

Poco a poco ha ido tomando importancia a medida que la Comisión se ha ido haciendo fuerte y se iba ocupando de ella, empezando por el comportamiento anticompetitivo de las empresas privadas y, sólo mucho después, abordando seriamente el uso de las ayudas estatales por parte de los gobiernos. Desde siempre ha recibido el valioso apoyo del Tribunal de Justicia. El refuerzo de la política de la competencia comunitaria se ha dado en parte como respuesta a la acelerada concentración económica, una tendencia muy marcada desde la década de 1980 que ha desbordado las fronteras estatales. La Comisión, con un amplio margen de discrecionalidad en este ámbito, ha tenido que labrar un estrecho camino entre, por un lado, el deseo de crear las condiciones para economías de escala y, por otro, sus preocupaciones en torno al debilitamiento de la competencia. No ha sido en absoluto fácil: los políticos nacionales han acusado con frecuencia a la Comisión de celo excesivo, un celo dirigido contra cualquier intento de potenciar el surgimiento de campeones europeos y nacionales en mercados mundiales cada vez más oligopolísticos, mientras que otros han considerado que la Comisión ha actuado de manera demasiado laxa. En buena medida es una cuestión de gustos, y de diferentes tradiciones (e intereses) capitalistas.

Desde 1990 ha aumentado significativamente lo que está en juego, pues fue entonces cuando por primera vez se le otorgaron a la Comisión competencias para autorizar fusiones por encima de un determinado umbral en el volumen de negocios. Hasta entonces, sus competencias se habían limitado a la intervención *ex post*. La transferencia de más competencias a la Comisión —un acontecimiento bastante inusual en los últimos años— necesita de una explicación basada en tres procesos: el rápido aumento de las fusiones y adquisiciones transfronterizas y por consiguiente del interés de las grandes empresas por tener una «ventanilla única» para las decisiones sobre la competencia; la convergencia de las políticas de la competencia estatales, en parte fruto de la integración regional y de ósmosis entre las administraciones estatales; y la jurisprudencia del Tribunal de Justicia, que abrió la vía a un control previo de las fusiones, combinado con los efectos anticipados del mercado interior. De ahí que el cambio en el entorno económico generase la demanda de una política común. Pero esta política común no habría sido posible si las condiciones previas necesarias no se hubiesen cumplido: los países miembros ya habían estrechado sus relaciones, mientras que las políticas e instituciones previas habían ido preparando el terreno. Una historia ilustrativa sobre cómo se desarrolla la integración de las políticas, aunque una historia no muy típica puesto que esta combinación de factores no siempre se da.

La legislación sobre el control de las fusiones ha reforzado enormemente a la Comisión en su papel de policía de la competencia para el conjunto de la Unión. Conforme aumentaba a lo largo de los años la cantidad de fusiones y adquisiciones que recaían bajo su autoridad, también parecía aumentar su disposición a bloquear aquellas consideradas como peligrosas para la competencia. Y la lista de todas aquellas a las que la Comisión ha dado el alto incluye nombres importantes en el mundo de los negocios, como Bertelsmann, Kirch y Premiere en el sector de la comunicación, Volvo y Scania en el de los tractores, por no mencionar General Electric y Honeywell, los dos gigantes estadounidenses —una decisión que provocó la ira de Estados Unidos, sobre todo porque las autoridades estadounidenses habían dado luz verde a la propuesta de fusión—. Todo ello, combinado con las redadas por sorpresa contra las empresas sospechosas de amañar los mercados y las multas récord impuestas a aquellas que eran declaradas culpables, como los cerca de mil millones de euros por fijación de precios en el mercado de las vitaminas (un cártel liderado por la suiza Roche), ha subrayado la relevancia de la política de la competencia de la Comisión. La inclusión de empresas estadounidenses y suizas en la lista de las que han sufrido castigo sugiere que la Comisión no se ha cohibido a la hora de aplicar sus competencias más allá de las fronteras comunitarias, aunque por supuesto las empresas radicadas en el extranjero sólo están bajo la jurisdicción de la Comisión en la medida en que sus actos tienen un impacto sobre el mercado interior de Europa.

Con las ayudas estatales no ha ocurrido exactamente lo mismo. En este tema, la Comisión se encuentra cara a cara con los gobiernos de los Estados miembros y no con empresas privadas, por muy poderosas que éstas puedan ser; y esto constituye una gran diferencia. Una cosa son las competencias jurídicas y otra cosa son las realidades políticas. De hecho, el artículo relevante del tratado contiene una larga lista de excepciones; y todo ello está sujeto a interpretaciones, lo cual constituye un filón para los abogados. Con el tiempo, la efectividad del control sobre las ayudas estatales ha sido cada vez mayor. Durante los últimos años las cantidades totales que los gobiernos de los Estados miembros se han gastado se han reducido, aunque difícilmente puede decirse que exista una relación clara de causa-efecto en este caso, pues la consolidación presupuestaria puede haber tenido un impacto mayor. El control de las ayudas estatales parece un intento claro de crear reglas de juego uniformes en el mercado interior europeo. Resulta bastante interesante que al canciller alemán no le parezca lo mismo, cuando las ayudas estatales por habitante en Alemania ya superan con mucho las de países más pobres de la Unión. Es verdad que no todos son iguales y que algunos son más iguales que otros, pero ¿pueden serlo tanto?

Una propuesta de reforma radical de la política de la competencia comunitaria apela al establecimiento de un organismo independiente, en la línea del *Kartellamt* alemán, cerrando así la puerta a cualquier tipo de interferencia política en las decisiones que se tomen. De ahí se deriva una cuestión más general relativa a los límites de la responsabilidad entre los representantes electos y los expertos independientes de diferentes políticas. ¿Qué debería quedar fuera del coto de los representantes electos? En el caso de la UE se trata de una cuestión particularmente relevante debido a su fuerte dimensión reguladora. ¿Y cómo debe ser tratada la dirección general de la competencia con su comisario al frente, como un órgano político o como un órgano administrativo glorificado? Parece poco probable que la responsabilidad sobre la política de la competencia sea desplazada en un futuro previsible hacia un órgano independiente fuera de la Comisión. Lo que sí parece en cambio más probable, y de hecho deseable, es que las decisiones de la Comisión en el ámbito de la competencia pasen a ser más transparentes y, por tanto, también más previsibles, permitiendo una mayor *accountability*. Éste es indudablemente un punto débil en el historial de la Comisión, un punto que se ha visto aún más divulgado como consecuencia de una serie de sentencias del Tribunal de Justicia durante los últimos meses de 2002, en las que se revocaban vetos que la Comisión había impuesto previamente a propuestas de fusión. Estas sentencias constituyeron un golpe importante y sin precedentes contra la credibilidad de la política de fusiones de la Comisión, y especialmente contra el tipo de razonamiento y análisis económico utilizado por el personal de la Comisión.

Con la perspectiva de un aumento constante de su carga de trabajo —en un mundo en el que parece que nos movemos rápidamente de la regulación exagerada a la concentración económica excesiva— y teniendo en cuenta sus muy limitados recursos, tanto financieros como humanos, la Comisión se está planteando ahora una aproximación más descentralizada que descanse sobre una «red de regulación» de autoridades comunitarias y estatales en materia de competencia. Muchos de los que en otras circunstancias habrían ondeado la bandera de la subsidiariedad en esta ocasión parecen no estar muy entusiasmados. En materia de competencia, una mayor descentralización (o renacionalización parcial) de las decisiones sobre cárteles o sobre propuestas de fusiones crea un riesgo grave de contradicción entre decisiones tomadas en esta materia por las autoridades estatales y de trato diferenciado a agentes económicos que dependen de la eficiencia relativa o de la cultura de dichas autoridades. ¿Reglas de juego uniformes? Todo suena muy familiar. Conforme la integración del mercado avanza más, y más rápido, que la integración institucional, los límites de la descentralización en materia de política de la competencia se hacen más evidentes. Por otro lado, las diversas partes interesadas han presionado en favor de una aproximación más relajada en este ámbito, presiones a las que habrá que resistir en aras de los consumidores en unos mercados que se parecen cada vez menos al sueño de la competencia perfecta que albergan los economistas.

La dimensión extraterritorial de la política de la competencia ha ido creciendo a lo largo de los años, causando habitualmente fricciones políticas entre entidades políticas soberanas, incluida la UE, que en este ámbito tiene un tipo de estructura federal. El problema se da casi siempre entre la Unión Europea y Estados Unidos, y las razones son muy simples: la mayoría de las empresas globales son o bien norteamericanas o bien europeas, pues casi nadie más podría hacer frente al coste potencial de represalias derivadas de una aplicación extraterritorial de la política de la competencia. Es éste un campo de minas político que con la globalización creciente de los mercados y de la producción sólo se puede volver más peligroso, mientras las normas multilaterales siguen siendo extremadamente débiles. Una mayor cooperación entre ambas partes sería muy deseable; y dada su propia experiencia, a la UE también le debería resultar más fácil aceptar las normas multilaterales. De hecho, ya ha mostrado su disposición a avanzar en esta dirección en materia de política de la competencia. Éste es un buen ejemplo en el que la Unión podría liderar el camino hacia acuerdos y normas internacionales más sólidos.

Servicios financieros: ¿van bien las normas de la globalización?

Los servicios financieros son un ámbito político relativamente nuevo para la UE, pero uno en plena expansión. Durante mucho tiempo, el sector financiero se había mantenido al margen de la integración regional. Las restricciones sobre el capital en muchos países miembros y unos marcos reguladores muy diferentes habían mantenido aislados los mercados nacionales. Era, por tanto, más que natural que a la liberalización de los servicios financieros se le diese una relevancia tan especial en el programa del mercado interior; y los beneficios que se esperaban eran considerables. Sin embargo, éste es también el sector en el que la eliminación de las barreras estatales necesita ser acompañada de re-regulación en el ámbito comunitario. El sector financiero es un caso de manual para lo que los economistas denominan falla del mercado (en la que los mercados libres no necesariamente producen los resultados económicos óptimos).

Todo está relacionado con la confianza y con la información asimétrica entre productores y consumidores. Se necesita regulación para proteger a los consumidores y, consiguientemente, el ahorro público. Igualmente, dada la naturaleza frágil y volátil de la confianza pública, se requieren disposiciones para la intervención pública a fin de proteger la estabilidad del sistema financiero en su conjunto; en otras palabras, la función de prestamista de última instancia asumida por los bancos centrales para tratar las crisis sistémicas. A su vez, esto crea riesgo moral: las entidades financieras tienen la tentación de tomar riesgos excesivos para conseguir mayores ganancias sabiendo que, si las cosas se ponen mal, probablemente estarán cubiertas por la intervención pública; cuanto mayores son, más son las posibilidades de que esto ocurra. La privatización de las ganancias y la socialización de los riesgos serían el sueño de cualquier empresario, incluidos los que se dedican a las finanzas, que a menudo han demostrado ser más capaces que los demás para hacerlo realidad. De ahí la necesidad de una supervisión prudente.

Todo esto es sólo una parte de una larga historia de intervención pública extensiva en el sector financiero. Al fin y al cabo, la estabilidad macroeconómica así como el crecimiento económico se ven directamente afectados. Además, el poder político siempre ha estado íntimamente vinculado al capital financiero, lo cual es a su vez un factor determinante para las diferentes formas que pueden tomar los modelos estatales de capitalismo. No es éste el tipo de cosas que las democracias tienden a dejar en manos de los mercados; al menos, nunca del todo.

La década de 1980 estuvo marcada por un proceso de desregulación de la banca y, más ampliamente, del sector financiero, en paralelo a una consolidación del proceso de internacionalización, reforzándose ambos mutuamente. Las medidas de liberalización en cada uno de los países abonó el terreno para la liberalización adoptada posteriormente en el nivel comunitario. El levantamiento de todas las restricciones sobre los movimientos de capitales, una decisión tomada en 1988 y ampliada a todos los terceros Estados, fue una de las más importantes en el marco del programa del mercado interior. Pronto fue seguida de un conjunto de directivas sobre la banca basadas en la acertada fórmula de la fijación de requisitos básicos comunes y de reconocimiento mutuo, y conducentes a la implantación de una licencia bancaria única para el conjunto de la UE. Así, la UE iba más lejos de lo que hasta entonces había ido un viejo país federal como Estados Unidos a la hora de crear las condiciones legales para la existencia de un sector bancario integrado dentro de sus fronteras. Para otros servicios financieros fueron tomadas directivas adicionales.

Las primeras directivas empezaron a ser aplicadas a mediados de la década de 1990. En su conjunto, el proceso de la nueva legislación comunitaria ha sido lento y arduo; no es de extrañar, dada la necesidad de reconciliar instituciones e intereses muy diferentes en un sector en el que es mucho lo que está en juego. La concentración económica ha continuado a un ritmo acelerado: fusiones, adquisiciones y alianzas estratégicas han sido sus manifestaciones más características. Pero la mayor parte de todo esto ha ocurrido dentro de las fronteras estatales, especialmente cuando se trataba de servicios bancarios para los particulares. Así, en un contexto de rápida globalización y concentración creciente, acompañado del desarrollo de un marco regulador comunitario único, hemos asistido al fortalecimiento de campeones nacionales ayudados a menudo por la mano activa (y nada invisible) de los bancos centrales y/o los políticos nacionales. Con todo, se han dado algunas excepciones, entre las que destaca en especial la adquisición extranjera de bancos de países candidatos, que en todo este juego parecen tener su propia liga. Además, la integración transfronteriza se ha manifestado en diversas áreas más allá de los servicios bancarios para los particulares: la mayoría de los bancos de inversión y sociedades de valores en la City de Londres ya han sido comprados por entidades extranjeras, mientras las bolsas europeas han estado ocupadas estableciendo entre ellas vínculos estrechos y alianzas estratégicas.

De hecho resulta difícil distinguir los procesos globales de los europeos: la desregulación se ha desarrollado en paralelo al cambio en las tecnologías de la información y la comunicación, lo que a su vez ha llevado a la emergencia y consolidación de entidades financieras inmensas y complejas. Hasta ahora no parece haber pruebas del surgimiento de economías de escala o de eficiencia derivada de la gerencia, ni de ningún beneficio obvio, sobre todo para los consumidores menores. Al mismo tiempo, han aumentado drásticamente el riesgo sistémico y las posibilidades de un contagio global en momentos de crisis. Para la mayoría de los países europeos, pasar de los bancos a los mercados financieros también ha significado un importante cambio en el funcionamiento de sus economías mixtas, aunque esto es tal vez parcialmente reversible tras las drásticas caídas experimentadas durante los últimos años en todas las bolsas. Habrá que verlo. De la introducción del euro sólo puede esperarse que acelere la tendencia hacia las finanzas sin intermediarios, añadiendo así presión en favor de la creación de las condiciones legales e institucionales para el desarrollo de un verdadero mercado de capitales europeo.

La Comisión Europea se ha fijado un objetivo para la integración total del mercado de servicios financieros antes de 2005, y en febrero de 2002 el Parlamento dio el visto bueno a un nuevo programa destinado a acelerar los procedimientos legislativos en este ámbito: regulación detallada por parte de comités formados por representantes estatales, además del método comunitario tradicional en la toma de decisiones, aunque restringido a la adopción de principios generales. De este modo, la UE está experimentando nuevos métodos para reconciliar la *accountability* democrática con el imperio de los expertos en un sector en el que es esencial el ajuste de las normas a un entorno cambiante. Sin embargo, debería reconocerse que no estamos tratando sólo de cuestiones técnicas que puedan ser dejadas tranquilamente en manos de los expertos. Muy al contrario, son cuestiones que pueden tener un gran impacto sobre la economía real y por tanto sobre el bienestar general, así como sobre la distribución del poder económico. Por consiguiente, es necesario que aquellos que toman las decisiones estén sometidos a un control político directo y a la *accountability* democrática.

La rapidez para acabar con la fragmentación del mercado europeo y para la adaptación de las normas a condiciones que cambian con rapidez en los mercados globales puede ser una cosa —y es sin duda una muy importante—, pero la calidad y la naturaleza de la regulación es otra —y no menos importante—. ¿Cómo se ocupará la regulación comunitaria de la inestabilidad inherente al sector financiero, que constantemente define y redefine el equilibrio entre eficiencia y estabilidad? ¿Cómo cabe prevenir y/o afrontar las crisis financieras, cuyas probabilidades de repetirse han aumentado sustancialmente en el entorno más desregulado de nuestros días? Y si se producen, ¿quién pagará los costes: el sector financiero, los consumidores o los contribuyentes? Ésta ha sido siempre una cuestión política controvertida y seguirá siéndolo en el futuro. ¿Cómo prevenir la aparición de nuevos casos como el del Long-Term Capital Management, un importante fondo de alto riesgo que se hundió al mismo tiempo que mostraba indicios claros del capitalismo de amiguetes típico de Estados Unidos? ¿Cómo afrontar el blanqueo de dinero y (¿por qué no?) la evasión fiscal hacia los paraísos fiscales? ¿Y queda mucho margen para la competencia entre reglamentaciones de diferentes sistemas estatales en un mercado europeo cada vez más integrado y caracterizado por tantas de las externalidades favoritas de nuestros economistas? ¿Dónde cabe fijar los límites a las previsibles argucias de los pícaros aprovechados?

No cabe esperar que los comités reguladores monopolicen las respuestas a estas preguntas; los parlamentos tienen un importante papel que desempeñar. Al mismo tiempo, cabría esperar una tendencia hacia una coordinación más estrecha entre reguladores estatales, acompañada de más competencias para el Parlamento Europeo, a medida que la integración regional se hace cada vez más intensa. Varios países europeos han dado el paso hacia un único organismo regulador para los bancos, las compañías de seguros y las sociedades de valores. ¿Y por qué no un regulador europeo único? Indudablemente, todavía no hemos llegado a ese punto, aunque las presiones posiblemente aumenten en esta dirección.

El Tratado de Maastricht ya contenía disposiciones que preveían un papel futuro para el BCE en el sentido de la supervisión prudente de las entidades financieras, pero llegado el caso el Consejo debería autorizarlo. Algunos bancos centrales estatales se resisten con fuerza a un cambio de este tipo. Sin embargo, sigue sin saberse si el actual conjunto de instituciones estatales altamente descentralizadas podría ocuparse con eficacia de una crisis sistémica. Se demostrará que es cada vez más difícil seguir manteniendo al margen al BCE. Las diferencias relativas al tipo de regulación y a la distribución de competencias entre las instituciones estatales y comunitarias es, por supuesto, un reflejo de diferentes experiencias históricas, realidades concretas e incluso preferencias ideológicas. Asimismo, están directamente relacionadas con la lucha por cuotas de mercado que se está librando. Los diferentes conjuntos de instituciones y normas

afectarán de maneras diferentes a las oportunidades de atracción de negocio que puedan tener en el futuro la City de Londres, Fráncfort o París, por
no mencionar a sus hermanos menores. Y se trata de negocios a lo grande,
así que no hay necesidad de fingir que todo se resume en la búsqueda inocente de la regulación óptima.

Dada la rapidez del avance de la globalización en el sector financiero,
las propias instituciones reguladoras comunitarias necesitarán maniobrar
entre sus homólogos estatales y globales. Será por lo habitual una maniobra difícil. Los problemas globales exigirán soluciones globales, que en la
práctica dependerán de la cooperación estrecha con los estadounidenses
(y también con los japoneses), siendo las instituciones multilaterales lo
que son. Los europeos tendrán que hablar con una sola voz, partiendo
del presupuesto de que desean sinceramente influir en los resultados. Las
políticas adoptadas por el FMI y el Banco Mundial, por ejemplo, han reflejado con consistencia y solidez las preferencias de su país de acogida
—y no sólo por deferencia hacia el anfitrión—. Lo mismo puede decirse
de todo el proceso de globalización en el sector financiero: impulsado
esencialmente por la tecnología y por el poder político estadounidense.
La gran diferencia en el peso relativo que tiene Europa en el comercio internacional cuando lo comparamos con los asuntos financieros es un
indicador muy ilustrativo de la diferencia que supone tener una política
exterior común. Si los europeos quieren tener un impacto —es más, si
quieren defender un genuino modelo europeo de economía mixta (o,
para ser más precisos, las variaciones estatales del modelo)—, tendrán
que adoptar una política común, aunque al menos por algún tiempo pueda parecer un sueño utópico.

La forma en que la Unión gestione la integración financiera en el futuro será crucial para todo el proceso de integración regional. Se trata de
un sector estratégico de la economía caracterizado por un rápido proceso de desregulación, globalización y concentración, acompañado del aumento del riesgo sistémico. Los europeos se verán enfrentados a opciones
difíciles. Una mayor integración del mercado exigirá una mayor coordinación y el desarrollo de redes de regulación comunitarias; al menos en
algunos casos, exigirá igualmente más transferencias de competencias a
las instituciones comunitarias. La regulación debería ser transparente y
abierta al control democrático. Esta conclusión general sobre la mayor
europeización (o centralización) de las competencias reguladoras en el
futuro es diferente de la extraída con respecto a la vieja política común,
esto es, la PAC, de la que podemos esperar una evolución en dirección

opuesta. Hoy día no hay una receta única para la gobernanza económica europea en diferentes sectores o ámbitos políticos, y los puntos de partida también son enormemente variados.

...Y NINGÚN MODELO SOCIAL ÚNICO

La política social ha generado más debate y controversia política que ninguna otra política, incluida la UEM; y a diferencia de la UEM, hay muy poco que enseñar teniendo en cuenta las miles de horas que se han invertido en debates a menudo agrios en el Consejo y en otras reuniones a nivel comunitario. Pero es bastante comprensible. El término «política social» cubre un ámbito muy amplio, cuyas fronteras habitualmente se mantienen en la indefinición. Incluye la regulación del mercado de trabajo, en el que la intervención estatal siempre ha sido habitual, y en el que las condiciones generales se asemejan poco al modelo estándar de competencia perfecta de la teoría económica tradicional. El mercado de trabajo es cualitativamente diferente del mercado de detergentes, aunque los economistas se apresurarían a añadir que algunas leyes económicas siguen siendo válidas (y tendrían razón al hacerlo). La regulación tiene por objeto principalmente garantizar unas determinadas condiciones mínimas para la protección de los trabajadores. Comprende la seguridad social, que cuenta con una dimensión tanto aseguradora como redistributiva. La política social también abarca la educación y la formación, la vivienda y la sanidad.

Por supuesto, apenas hay acuerdo sobre dónde debería empezar y dónde debería acabar la intervención gubernamental. La preocupación por la equidad y la democracia laboral se entremezcla con la búsqueda de la eficiencia económica. Para algunos, las tres son complementarias, mientras otros las plantean como opciones excluyentes que deben ser escogidas en el nivel político. Aunque los diferentes tipos de fallas de mercado justifican la regulación gubernamental de los mercados de trabajo, dicha regulación y más ampliamente la política social suelen tener una dimensión correctora del mercado y distributiva. La política social ha estado tradicionalmente orientada a la construcción de la nación y de la estatalidad. En las democracias modernas, es ahí donde la política interactúa de manera más directa con el mercado y por ello ha sido el meollo de la vieja división entre derecha e izquierda.

El desarrollo de los Estados del bienestar marcó el período posterior a la Segunda Guerra Mundial en Europa Occidental. Las políticas sociales estaban en buena medida orientadas a incorporar a la clase trabajadora al sistema político y económico, así como a garantizar un consenso amplio para las políticas de crecimiento de la Era Dorada. Por supuesto, eran Estados del bienestar nacionales. La integración europea los dejó prácticamente intactos durante muchos años. Es cierto que los tratados fundacionales se referían a la libre circulación de trabajadores y a la libertad de establecimiento, y algunas disposiciones también se referían a una política social, aunque tenían un carácter muy limitado y en su mayoría no eran vinculantes.

En la práctica, la libertad de circulación ha demostrado ser un asunto muy difícil, pues requiere mucho más que la eliminación de controles fronterizos y permisos de trabajo. En la Europa contemporánea la movilidad laboral a través de las fronteras también exige el reconocimiento de las cualificaciones profesionales, la transferencia del derecho a la seguridad social y a las pensiones, y muchas otras cosas. También hay barreras culturales y lingüísticas que la legislación no puede suprimir así como así. Los europeos son mucho menos móviles que los estadounidenses, incluso dentro de sus fronteras estatales, y en Europa se mantiene una gran diferencia entre la movilidad del trabajo dentro de cada país y entre diferentes países. En nuestros días, sólo en torno a un 1,5% de los ciudadanos europeos son residentes en un país miembro que no sea su propio país de origen. La movilidad laboral transfronteriza en el seno de la Unión se concentra mayoritariamente en los jóvenes y los profesionales. A diferencia de movimientos migratorios anteriores, estos flujos suelen ser de ida y vuelta, y menos permanentes. Dada la baja movilidad y la amplia diversidad que persiste entre los sistemas reguladores estatales, resulta imposible poder hablar de un mercado de trabajo europeo; de hecho, éste es el menos integrado de todos los mercados. La fragmentación se manifiesta en niveles salariales y de productividad muy diferentes. Por otro lado, los ciudadanos de la Unión han sido muy reacios a cruzar las fronteras en busca de mejores oportunidades laborales, pero no puede decirse lo mismo de los que llegaban de fuera. Los inmigrantes procedentes de países no comunitarios, tanto legales como ilegales, son mucho más numerosos que los que proceden de países miembros. Las fuertes presiones migratorias desde las fronteras exteriores de la Unión reflejan una gran diferencia entre niveles de vida y empleo, por no mencionar la frecuente necesidad de escapar de regímenes represivos.

Otro de los ámbitos en los que Europa produjo desde el principio legislación «dura» que supuso una verdadera diferencia con respecto a la situación de muchos países miembros fue el de la igualdad de género; y el Tribunal de Justicia ha contribuido significativamente a que así sea. Otro ejemplo más reciente es la legislación en materia de condiciones sanitarias y de seguridad en el trabajo. En ambos ejemplos la Unión ha elevado los estándares a través de legislación detallada, en contraste con prácticamente todos los otros ámbitos de política social, en los que la Unión ha tenido que contentarse con versiones «suaves» de coordinación y un impacto relativamente bajo sobre el terreno. Puesto que no ha sido esfuerzo colectivo lo que ha faltado, es necesario encontrar una explicación.

El impulso principal se dio durante la segunda mitad de la década de 1980 y tenía un marcado toque «delorsiano». El antiguo presidente de la Comisión desempeñó entonces un papel crucial en la conformación de la agenda comunitaria. La creación de un «espacio social europeo» («espacio» es un término suficientemente vago que también implica una cierta elevación sobre cuestiones mundanas) pretendía ser un complemento del mercado interior, añadiendo así una dimensión humana a lo que era percibido como un proyecto dirigido sobre todo a la gente de los negocios. Los países más desarrollados en términos económicos, con sindicatos fuertes, costes laborales elevados y legislación social avanzada, suministraron el apoyo político principal. Sus motivaciones estaban guiadas sobre todo por el miedo al «*dumping* social»: la intensificación de la competencia mediante la eliminación de las barreras restantes podría forzarles a rebajar los costes y los estándares laborales. La creación de un «Espacio social europeo», que implicaba entre otras cosas la armonización de los estándares por arriba, también recibió el apoyo de los partidos socialistas y socialdemócratas de diversos países. Era coherente con la ideología, aunque no necesariamente compatible con los intereses de los miembros menos desarrollados de la Unión, siempre deseosos de mejorar su competitividad y de atraer inversión extranjera. De ahí que los socialistas de la Europa del Sur a menudo se expresasen con un doble lenguaje, lo que explica al menos en parte por qué se ha dado tal diferencia entre la retórica y la acción en este ámbito político.

La Carta Comunitaria de los Derechos Sociales Fundamentales de los Trabajadores, adoptada en 1989, formaba parte de esta retórica. Hasta ahora sus resultados han sido relativamente parcos en términos de medidas precisas en el nivel comunitario. Por supuesto, la explicación principal debe buscarse en la amplia diversidad estatal de marcos reguladores, salarios y productividad, pues en estas circunstancias resulta casi imposible la legislación común en temas como el trabajo a tiempo parcial, la jornada laboral o los salarios mínimos, a menos que se reduzca a vagos principios y objetivos o al mínimo común denominador. La gran diversidad de niveles de productividad entre diferentes miembros de la Unión también contribuye a explicar por qué hay pocas pruebas concretas del «*dumping social*» que lleva a la rebaja de los estándares sociales. Los países con costes laborales más elevados, incluidos los costes no salariales, suelen tener, además de una mayor productividad, muchas cosas que ofrecer a los inversores potenciales, como una administración eficiente, mejores infraestructuras y mejores posibilidades de formación. Por lo general, el *dumping* social en el seno de la Unión ha tendido a ser exagerado más de la cuenta; ¿se convertirá quizás en una cuestión real con la adhesión de nuevos miembros que traen consigo salarios y estándares sociales más bajos?

El debate ideológicamente cargado sobre la política social europea también llevó a la demonización del Reino Unido. Margaret Thatcher parecía encontrarle gusto a este papel, aunque el aislamiento británico era a menudo más aparente que real; la amenaza del veto británico les solía resultar muy conveniente a los demás. La Carta, incorporada posteriormente al Tratado de Amsterdam, ha sido un ámbito en el que los británicos pusieron fin a sus autoexclusiones tras la llegada al poder del Partido Laborista en 1997. De hecho, ha dado casi igual que fuese de una forma u otra, pues ha sido muy poca la legislación común surgida de ella. Las famosas palabras del poeta alejandrino Cavafy podrían aplicarse aquí: «¿Y qué será ahora de nosotros sin los bárbaros? ¡Esa gente era una especie de solución!».

Uno de los rasgos característicos de la aproximación comunitaria, con las opiniones minoritarias de los partidos conservadores del Reino Unido y España, ha sido el énfasis en el diálogo institucionalizado entre los representantes sociales, así como la participación de los trabajadores en la toma de decisiones de las empresas. Resulta coherente con la dimensión consensual de la política democrática en muchos países europeos y con la aceptación de la democracia en las relaciones laborales como un objetivo en sí mismo, y no necesariamente incompatible con la eficiencia económica. La Comisión ha abrazado con entusiasmo este tipo de lógica. Aunque los resultados no han sido espectaculares, las directivas comunitarias han fomentado la creación de comités de empresa en las compañías multinacionales. Además, como mínimo una parte de la ciertamente escasa legislación comunitaria en el ámbito de la política social durante los últimos años ha sido fruto del diálogo entre los representantes empresariales y los sindicatos en el nivel comunitario. ¿Son éstas las primeras señales del eurocorporativismo, la pesadilla thatcherista hecha realidad? Parece difícil. Hace algunos años, describí de manera un tanto severa el diálogo que propuso Delors entre la Unión de Confederaciones de la Industria y de los Patronos Europeos (UNICE) y la Confederación Europea de Sindicatos (CES), las confederaciones europeas de patrones y trabajadores, como un diálogo entre los que no quieren y los que no pueden. Desde entonces, ha habido poca voluntad visible por parte de los empresarios de la industria, aunque en contraste ha aumentado considerablemente la capacidad de los sindicatos europeos, que han contado con un apoyo decidido del poderoso IG-Metall alemán y de otros sindicatos, así como de la Comisión.

Unas cuantas modestas directivas comunitarias acordadas conjuntamente por los representantes sociales en el ámbito comunitario no deberían interpretarse como precursoras de negociaciones colectivas o pactos sociales comunitarios. En varios países europeos estos instrumentos siguen desempeñando un papel muy importante. En todo caso, los gobiernos estatales a menudo han acudido a los pactos sociales en los últimos años con objeto de conseguir mayor apoyo para la reforma estructural y/o para la consolidación presupuestaria en el camino hacia la UEM y posteriormente. Los Países Bajos e Irlanda son buenos ejemplos. Sin embargo, lo fundamental es que el Estado-nación, no la UE, sigue siendo el punto de referencia relevante, aunque parezca haberse iniciado ya una cierta coordinación, implícita o de otro tipo, entre los sindicatos, liderados por las organizaciones sindicales alemanas.

Mientras la Unión deliberaba profusamente y ofrecía pocos resultados en forma de medidas comunes, las políticas estatales y los Estados del bienestar han sido sometidos a una presión creciente en favor de la reforma. Muchos factores permiten explicar esta presión: la competencia internacional creciente, los rápidos cambios tecnológicos, el gran aumento de la participación de las mujeres en el mercado de trabajo, el fuerte incremento del desempleo, el envejecimiento de la población y el bajo crecimiento, entre otros. Mientras que la mayoría de los países europeos parecen haber tocado techo en la tolerancia de la carga fiscal, la necesidad de la consolidación presupuestaria en al menos algunos de ellos, con o sin UEM, ha dejado poco margen a la financiación del déficit; de ahí que se hable de reforma, incluyendo las medidas para facilitar la entrada de los desempleados en el mercado de trabajo, así como los cambios en los sistemas estatales de seguridad social y de las pensiones. Eso ha supuesto enfrentarse a viejos tabúes de los Estados del bienestar europeos.

Algunos países han ido más rápido que otros en este proceso de reforma; y también han seguido caminos muy diferentes y no siempre convergentes. Además, la Unión ha sido utilizada cada vez más como marco para el intercambio de ideas y políticas entre los representantes de los países miembros, ya se trate de ministros, funcionarios estatales, patrones, sindicalistas o simplemente expertos. En otras palabras, se ha dado una proliferación de diferentes tipos de coordinación «suave», conocida más bien en nuestros días como el «método abierto de coordinación», que cubre un amplio abanico de políticas sociales, de empleo y del bienestar.

Cabe suponer que un mayor recurso a las buenas prácticas y a las presiones entre pares, en lugar de formas vinculantes más directas de coordinación y legislación común, se ajustará mejor a la amplia diversidad de sistemas sociales y del bienestar en el seno de la UE. Los optimistas, incluida la Comisión, que ha aprendido algunas duras lecciones de la experiencia previa al intentar imponer mayor uniformidad mediante legislación común, parecen esperar mucho de esta forma más flexible de coordinación y de la capacidad de los Estados miembros y sus sociedades para aprender unos de otros.

Está claro que varios líderes políticos nacionales utilizan la UE a menudo y bastante explícitamente como si fuera una especie de catalizador externo y cabeza de turco cuando toman decisiones internas impopulares, ya pretendan éstas mayor flexibilidad en los mercados de trabajo o la refoma de las pensiones. El proceso de Lisboa es utilizado precisamente con este objetivo, es decir, ofrecer a algunas élites políticas nacionales el apoyo y la legitimidad comunitarios (de sus iguales), y por tanto reforzar su posición frente a la resistencia interna al cambio; algunos tal vez prefieran verlo como la última fase de la modernización. Es una historia muy familiar en la integración europea, aunque corre el riesgo de repetirse demasiadas veces, especialmente cuando el consenso permisivo para la integración no puede seguir siendo dado por supuesto. Seguramente hay un límite a la utilización de la Unión como promotor de la racionalidad económica; y este tiro podría salir por la culata si la UE pasa a identificarse más y más con las reformas impopulares, tanto si están económicamente justificadas como si no.

La proliferación de reuniones en el nivel comunitario, acompañadas en el nivel estatal de numerosos proyectos e informes, orientaciones comunes y todo un conjunto de indicadores elaborados por la Comisión para supervisar los progresos y para «señalar y avergonzar» a los rezagados en un amplio abanico de cuestiones y políticas, no siempre constituye una contribución positiva a la integración regional, ni siquiera a la convergencia. Es cierto que un número creciente de representantes estatales están siendo socializados según la forma comunitaria de hacer las cosas. Pero ¿qué impacto tiene todo ello sobre las políticas estatales? Los cínicos dirigirían su atención a algunos departamentos de los ministerios estatales especializados en asuntos comunitarios, que regularmente se reúnen e intercambian documentos con sus homólogos de otros países miembros, mientras que su participación e influencia en la toma de decisiones dentro de sus propios países sigue siendo baja: ¿son entonces los informes que se elaboran únicamente para el consumo europeo, mientras la toma de decisiones en el nivel estatal sigue su propio curso independientemente de lo que se diga en Bruselas? Esta descripción no siempre estaría alejada de la realidad, especialmente en el caso de los países en los que los departamentos o los ministerios estatales tienden a funcionar con vida propia e independiente.

Por otro lado, las presiones entre pares en Europa podrían ser más efectivas si pudiesen llamar la atención en los países miembros hacia las fallas políticas y las incoherencias de los que están en el poder, reforzando así las bazas de las fuerzas de la oposición en el control del gobierno. Al fin y al cabo, la Unión ha acabado siendo un sofisticado sistema de interferencia mutua. Cuanto más aceptado políticamente sea esto en los países miembros, más fácil será que las presiones entre pares y la evaluación comparativa en Europa se traduzcan en presión y control políticos internos.

La anterior discusión conduce a algunas conclusiones generales en torno al papel que la UE puede desempeñar de manera realista y legítima en el terreno social y del bienestar. Teniendo en cuenta la persistencia de la gran diversidad de instituciones y políticas, resulta difícil hablar de un «modelo social europeo» único; salvo, tal vez, tomándolo como una licencia poética (o política), y sólo cuando se realicen comparaciones generales con el resto del mundo. Son los valores comunes, más que las políticas comunes, los que unen a los miembros de la UE, incluso por encima del excepcionalismo británico, tanto si es retórico como de otro tipo. El énfasis en la solidaridad y en la justicia social ha sido y sigue siendo mucho más fuerte en esta parte del mundo que en otras sociedades democráticas avanzadas. Un dato ilustrativo en este sentido es, entre otros, el de las cantidades gastadas en protección social.

La figura 5.1 de la página siguiente muestra la amplia variedad del gasto social público como porcentaje del PIB en la UE-15, un gasto en-

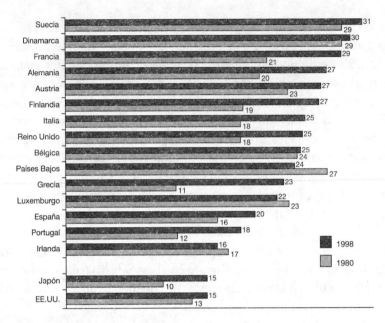

Figura 5.1. Gasto social público en la UE-15, EE.UU. y Japón, 1980 y 1998 (en porcentaje del PIB).
Fuente: OCDE.

cabezado por los escandinavos, junto con Francia, Alemania y Austria, seguidos a cierta distancia por los países de la cohesión, además de Luxemburgo. En algunos casos, los cambios acaecidos durante las dos últimas décadas han sido extraordinarios, como la reducción del porcentaje de gasto social público en los Países Bajos y los aumentos sustanciales en todos los países europeos del sur, aunque también en Francia, Alemania y el Reino Unido. Por último, y no menos importante, la figura 5.1 (no hay datos comparables más recientes) muestra la gran diferencia en el gasto social público entre, por un lado, la mayoría de los miembros de la UE y, por otro, Estados Unidos y Japón; incluso los miembros más pobres de la UE gastan un porcentaje del PIB mayor. Puede afirmarse que en el club de las democracias ricas el modelo social europeo sólo existe por contraste con el modelo estadounidense, por no mencionar el modelo japonés. Y también existe una diferencia importante en la regulación de los mercados de trabajo, como puede apreciarse en la gran mayoría de los países europeos. En general, la diferencia con respecto a Estados Unidos se manifiesta en un menor riesgo e incertidumbre en la vida económica y en menores desigualdades y exclusión social, pero también en forma de mayor desempleo y, comprensiblemente, en un sistema económico menos dinámico en Europa.

En este vasto contexto, los sistemas y preferencias estatales en Europa continuarán divergiendo, haciendo así de la subsidiariedad la piedra angular en las políticas sociales y del bienestar. Por mucho que la UE se enorgullezca de haber elevado el nivel mínimo de los derechos sociales en algunos ámbitos, como el de la no discriminación contra las mujeres y el de las condiciones sanitarias y de seguridad en el trabajo, en otros ámbitos de la regulación social la fijación de las más mínimas condiciones puede haber tenido relativamente poco significado práctico. La retórica europea necesita, por tanto, ajustarse a la realidad económica y política, y consiguientemente reconocer la autonomía relativa del Estado-nación.

Por supuesto, la autonomía estatal es algo relativo y de ningún modo implica una autonomía con respecto a constricciones reales impuestas por la globalización, la demografía o la UEM. Por ejemplo, la reforma de las pensiones se ha hecho necesaria en la mayoría de los países europeos debido al rápido envejecimiento de la población, a menos que presupongamos que las generaciones futuras deban cargar con la financiación adicional. Es en buena medida una cuestión de distribución intergeneracional. Por otro lado, la UEM impone constricciones en forma de financiación del déficit; ¿creemos seriamente que los generosos sistemas del bienestar y las pensiones pueden ser financiados mediante déficit a medio y largo plazo? Siguiendo en la senda del realismo duro, también necesitamos reconocer que, al menos en algunos casos, ciertamente existe una disyuntiva entre equidad y empleo, entendida en el sentido de que es necesario decidir entre la protección de aquellos que ya tienen trabajo y el recurso a aquellos que, desde fuera del sistema, estarían dispuestos a buscar un empleo con salarios y/o estándares menores: se trata de una decisión ciertamente problemática, especialmente para aquellos con un bagaje ideológico izquierdista.

Pese a los reiterados llamamientos de las organizaciones internacionales, de la mayoría de los economistas profesionales y de otros, la reforma reguladora en el sentido de una mayor flexibilidad de los mercados laborales ha avanzado verdaderamente muy poco a poco en la mayoría de los países europeos. La razón puede ser muy sencilla: aquellos que esperan salir perjudicados de dicha reforma son muchos más y políticamente más poderosos que los beneficiarios potenciales. Sin embargo, la decisión será más dolorosa si persisten el bajo crecimiento y los elevados niveles de desempleo. Será difícil mantener los generosos sistemas del bienestar en un entorno económico estancado.

La libre circulación es una de las libertades fundamentales de la UE, aunque relativamente pocos europeos están dispuestos a ejercerla cuando se trata del empleo. Por supuesto, hay margen para más acciones legislativas que faciliten la movilidad desde ámbitos muy diversos, desde la educación y la sanidad hasta la seguridad social. Sin embargo, seguirá siendo una carrera cuesta arriba. Las acciones legislativas tendrán que apoyarse sobre todo en la vieja receta de los requisitos comunes básicos y del reconocimiento mutuo, y habitualmente necesitarán ir más allá de la coordinación «suave». Buena parte del escepticismo popular sobre las ampliaciones se explica por el miedo a las grandes oleadas de inmigración procedente de los nuevos miembros, que parten de niveles de vida relativamente bajos y, en algunos casos, de elevadas tasas de desempleo. De ahí que se hayan establecido largos períodos transitorios para la libre circulación de la fuerza de trabajo tras las adhesiones, lo que consituye una forma particularmente poco generosa de tratar a los futuros socios.

La experiencia de la ampliación hacia el sur sugiere que las expectativas con respecto a los factores de empuje en la migración del trabajo desde Europa Central y Oriental pueden haber sido exageradas, aunque seguramente dependerá de las condiciones económicas existentes en el futuro previsible y de la rapidez de la convergencia con el núcleo europeo. Los países de la UE que se verán afectados más directamente serán los que comparten fronteras con los países candidatos, es decir, Alemania, Austria, Grecia e Italia.

La presión migratoria desde las fronteras exteriores de la UE ya se ha convertido en un gran problema político en todos los países miembros —y se percibe cada vez más como un problema común porque los inmigrantes cruzan las fronteras incluso con más facilidad dentro de la zona Schengen—. Por supuesto, la inmigración no necesariamente debería ser tratada como un problema. Al contrario, podría constituir una oportunidad para las sociedades ricas y envejecidas de la UE-15, un incentivo para el crecimiento económico y un impulso esperado por los sistemas de pensiones que ceden bajo la presión de la demografía —ojalá la racionalidad económica fuese el principio rector—. Pero no es así. En tiempos de alto desempleo, creciente incertidumbre y desigualdades en Europa Occidental, las reacciones populistas y xenófobas, si acaso, se han fortalecido. Y varios países de la UE ya acogen a numerosos inmigrantes, por mucho que les haya costado hasta ahora integrarlos en sus sociedades.

¿Pueden los privilegiados retener la marea procedente de las zonas no privilegiadas? No es en absoluto fácil cuando los factores de empuje son tan fuertes en muchos de los vecinos próximos y no tan próximos de la Unión. Con frecuencia, a medida que descienden las cifras de inmigración legal, aumentan las estimaciones de inmigración ilegal. Los países más ricos del continente europeo, aquellos suficientemente afortunados como para encontrarse en el lado bueno de la línea divisoria después de la Segunda Guerra Mundial, necesitan combinar la educación con respecto a los beneficios de la inmigración controlada con el reconocimiento explícito de la existencia de restricciones sociales. La corrección política puede llegar a cotas peligrosas en las democracias, como han descubierto, por ejemplo, los holandeses. Serán necesarios más controles efectivos en las fronteras y políticas destinadas a la promoción del desarrollo económico en la periferia exterior de Europa. Ciertamente, no será fácil. Los miembros de la UE también han empezado a tomar conciencia, y más rápido de lo previsto, de que necesitan una política común sobre la inmigración. Sin embargo, la traducción de esta conciencia en medidas concretas exige tomar decisiones políticas difíciles, y entre ellas decisiones sobre la vigilancia de las fronteras europeas y sobre la distribución de las tareas entre los países. Una política de inmigración común constituirá un elemento crucial en la política de la Unión hacia el resto del mundo. Y será todavía más importante después de la próxima ronda de negociaciones, cuando la Unión compartirá fronteras comunes con países como Ucrania o Belarús.

Cuando el «método abierto de coordinación» sirve de marco apropiado para la convergencia gradual de diferentes sistemas estatales, la utilización de instrumentos financieros selectivos mediante el presupuesto comunitario podría hacer que dicha coordinación fuese más efectiva, por cuanto suministra el incentivo adicional para las reformas políticas internas. El Fondo Social Europeo podría contar con dichos instrumentos financieros. Asimismo, podría adoptar un papel más activo, tanto en términos financieros como de otro tipo, en la lucha contra la pobreza y la exclusión social. Ésta es una dimensión de la solidaridad europea que tal vez necesite ser reforzada en el futuro, aunque los gobiernos de los países miembros sigan manteniendo la responsabilidad principal durante muchos años. A medida que el número de perdedores tiende a aumentar dentro de los países miembros, el realce de este papel de la Unión podría tener un valor real y simbólico. Es cierto que una implicación más activa de la Unión en la lucha contra la pobreza y la exclusión social conlleva lo que los economistas denominan riesgo moral, es decir, que pueden acabar siendo beneficiados los países con malas políticas económicas. Por tanto, las transferencias y la redistribución comunitarias deberían realizarse con una condicionalidad estricta.

Las ampliaciones contribuirán a aumentar significativamente la diversidad de las instituciones, de las políticas y de los niveles de productividad, por no mencionar el número de desempleados. De hecho, hay dudas razonables con respecto a la capacidad de los nuevos miembros de aplicar una parte de la legislación dura en este ámbito. El refuerzo de su capacidad institucional debería ser una prioridad central. Los nuevos miembros también traerán consigo sistemas del bienestar débiles y, en algunos casos, extremadamente frágiles, que ya han supuesto, consciente o inconscientemente, el sacrificio de toda una generación en aras de la transición económica. ¿Acaso tenían realmente elección? ¿Acaso pueden permitirse otra dolorosa transición después de la adhesión, que incrementaría así el número de perdedores? En muchos países candidatos hay un problema social grave y en los próximos años podría empeorar. A la redistribución en favor de los nuevos países más pobres se la podría dotar de una dimensión social más marcada. Eso exigiría un cambio en las estrategias y prioridades comunitarias, un cambio que se puede considerar necesario en el reconocimiento de la nueva realidad económica y social en la UE ampliada.

La acción común en ámbitos políticos seleccionados no cambia radicalmente el énfasis en el mantenimiento de la diversidad y en la descentralización en la Unión con respecto a las políticas sociales y del bienestar. Hemos sostenido que la desregulación competitiva no es un problema inmediato, al menos en relación con la integración europea. Sin embargo, tras argumentos bastante simples sobre el *dumping* social se esconde un problema fundamental a largo plazo. En el marco de las economías mixtas —las economías europeas de posguerra lo son por excelencia—, el reparto de la tarta entre el capital y el trabajo (o entre diferentes grupos económicos y sociales, por utilizar una terminología políticamente más neutra) ha sido el fruto conjunto de procesos del mercado y de relaciones de poder. Con la rápida apertura de las fronteras económicas, y sin una autoridad política regional (o global) que compense la pérdida de poder del Estado-nación, este reparto tiende a perjudicar a aquellos que son internacionalmente menos móviles.

Impuestos y argucias

Los impuestos son otra cuestión en la que la Unión ha perdido una ingente cantidad de tiempo sin llegar a resultados muy visibles. La armonización fiscal ya había sido prevista por el Tratado de Roma en la medida en que los impuestos estatales podían crear distorsiones en la libre circulación de bienes, servicios, personas y capitales; el énfasis en los impuestos indirectos era el reflejo del presupuesto según el cual, al menos en las primeras etapas de la integración, los bienes eran más móviles a través de las fronteras. El principal éxito en este ámbito ha sido la adopción de un sistema uniforme de imposición sobre la facturación, basado en el impuesto sobre el valor añadido (IVA) de los franceses, que no crea distorsiones en el comercio internacional. Sin embargo, la implantación de un sistema común de imposición sobre la facturación en la década de 1960 no fue acompañado de una armonización de la base imponible ni de los tipos impositivos. De ahí la persistencia de una gran variedad de tipos de IVA. Pero eso no supone distorsiones graves para el comercio intracomunitario mientras los impuestos sean recaudados en el momento del consumo y no de la producción, y mientras los necesarios ajustes fiscales tengan lugar en las fronteras.

Con el programa del mercado interior surgió un nuevo problema y el deseo de eliminar todas las formas restantes de controles fronterizos dentro de la UE, incluidos los controles fiscales, lo que hubiese requerido la armonización de los tipos impositivos y de la base imponible, en aquellos momentos una tarea políticamente imposible. Por tanto, el resultado fue un compromiso europeo típico: un acuerdo sobre tipos fiscales mínimos con una larga lista de excepciones, combinado con la adopción de un complicado sistema con una subcategoría de bienes sujetos a impuestos especiales. Eso ha permitido el desmantelamiento de las barreras fiscales formales, aunque sigue habiendo una tasa administrativa que se impone a las empresas que realizan transacciones transfronterizas. El nuevo sistema pretendía ser temporal, pero las cosas temporales a veces duran indefinidamente en la UE. Éste puede ser uno de esos casos, dada la fuerte resistencia a una armonización de tipos más ambiciosa.

Al mismo tiempo, la decisión de liberalizar los movimientos de capital puso sobre la mesa el vínculo entre la movilidad del capital y la imposición del capital. Esta cuestión va más allá de las fronteras de la UE. A medida que aumenta la movilidad transfronteriza del capital, los sistemas y tipos fiscales estatales acaban convirtiéndose en un factor importante para las decisiones de inversión. Sin duda, éste es uno de los factores que explican que en los países de la OCDE la presión fiscal se haya desplazado en su conjunto hacia los factores de producción menos móviles. Por supuesto, existen grandes diferencias entre diferentes tipos de capital: una cosa es la inversión extranjera directa y otra cosa es la inversión en cartera o los depósitos bancarios. La persistencia de una gran variedad de impuestos de sociedades en la Unión, pese a una destacada tendencia a la baja, aunque no en las cantidades totales recaudadas, sugiere que la diversidad de tipos no es el único factor determinante en las decisiones de inversión; y para las empresas puede haber beneficios que compensen los impuestos más altos. El argumento es similar al de los estándares sociales elevados y los costes laborales indirectos; y es del todo válido, aunque con algunos matices. Por ejemplo, cabe preguntarse si podemos argumentar de manera razonable que los impuestos bajos no desempeñan un papel importante en el milagro económico irlandés. Otros podrían responder preguntando por qué no debiera ser así.

Volvemos nuevamente al argumento en torno a las reglas de juego uniforme, pues en la competencia internacional e intracomunitaria los impuestos son una forma más, aunque importante, de desigualdad (¿o de injusticia?). Hasta ahora ha habido muy pocos progresos en la armonización de los impuestos de sociedades; de hecho, ni siquiera hay un acuerdo sobre tipos mínimos. Este estancamiento se debe a la gran variedad de sistemas y tipos fiscales estatales, combinada con el requisito de la unanimidad en el Consejo que el tratado establece para cuestiones fiscales. ¿Acaso importa mucho? Al fin y al cabo, no hemos presenciado, hasta ahora al menos, una relocalización masiva de la inversión directa hacia los países de la UE con menos impuestos. Sin embargo, sí ha ocurrido con otras formas más líquidas de inversión, como la inversión en cartera y los depósitos bancarios. Los sucesivos intentos por parte de países como Alemania de aplicar a sus residentes una retención del impuesto en origen sobre las inversiones han provocado salidas masivas de capital hacia otros países, siendo el vecino Luxemburgo el máximo beneficiado.

La liberalización de los flujos de inversiones en cartera acabaría haciendo de la elusión fiscal una industria casera: una tendencia que tras la adopción de la moneda única no puede sino reforzarse dentro de la eurozona. Puesto que no todos los países miembros han abrazado una armonización fiscal inducida por el mercado con tipos de interés que tienden a cero, se han dado fuertes presiones para la adopción en la UE de un impuesto en origen mínimo sobre todas las rentas de inversión, algo que ha contado con el apoyo de una propuesta de la Comisión.

En el momento de escribir estas líneas, la UE se encontraba próxima a un acuerdo basado en un delicado compromiso entre intereses muy diferentes. Tras varios años de encarnizadas batallas en el Consejo, donde el Reino Unido y Luxemburgo se resistieron con fuerza a cualquier tipo de armonización o incluso a la adopción de tipos mínimos para la retención de impuestos en origen, la Unión ha llegado en principio a un acuerdo para establecer, con un prolongado período transitorio, un sistema de intercambio de información entre las autoridades fiscales estatales; asimismo, se concederían excepciones a Austria, Bélgica y Luxemburgo, que pasarían a aplicar retenciones del impuesto en origen sobre las inversiones de los no residentes. Este paquete de compromisos depende de un acuerdo para la cooperación entre grandes centros financieros de fuera de la UE, y muy especialmente de Suiza. Si este sistema de intercambio de información se pusiera en funcionamiento, marcaría el final de las normas de secreto bancario, de larga tradición en varios países miembros.

¿Significará esto que la elusión (o evasión) de impuestos será más difícil, o será simplemente la prueba, *de facto* o *de iure*, de la incapacidad de los gobiernos de gravar el capital internacionalmente móvil? La frontera de la UE es de hecho una no frontera en lo que respecta a flujos de capital, pues la liberalización también se aplica a terceros países. ¿Provocarán los intentos de la UE de retener las rentas derivadas de inversiones la huida del capital a lugares que siguen ofreciendo una hospitalidad menos limitada al capital extranjero? Éste es precisamente el argumento utilizado por los que defienden los intereses de la City de Londres contra cualquier tipo de régimen comunitario que pretenda una imposición más efectiva sobre las rentas derivadas de inversiones; de ahí la importancia de alcanzar un acuerdo con los competidores de fuera de la UE.

Ciertamente se trata de un problema global. Como representante del mundo desarrollado, la OCDE ha intentado durante los últimos años ocuparse de la «competencia fiscal dañina» que suponen varios paraísos fiscales y plazas *offshore* que ofrecen muchas oportunidades para evitar (o evadir) impuestos en un mundo de capital globalizado. Más recientemente, y sobre todo tras los ataques del 11 de septiembre de 2001, el blanqueo de dinero se ha convertido en una cuestión aún más importante que la pérdida de ingresos fiscales en la lista de preocupaciones de los países OCDE con respecto a los paraísos fiscales existentes. Algunos de ellos ya se han avenido a cooperar en aras de una mayor transparencia financiera, aunque están todavía por ver los efectos reales de este esfuerzo colectivo.

En este tema abundan el doble lenguaje y la hipocresía, incluso para lo que son los estándares de la diplomacia internacional. Las argucias fiscales han estado a la orden del día, mientras muchos países se han escudado en palabras pomposas sobre la libertad y la privacidad, o en el veto efectivo de otros países, todos ellos enzarzados en una competencia sin apenas normas para conseguir mayores cuotas de un capital cada vez más libre. La lista negra provisional de la OCDE incluía varios territorios dependientes de Estados miembros de la UE que según parece escapan al control de ésta, mientras seguía sin estar claro en todo el proceso si todos los miembros de la OCDE estaban dispuestos a plegarse a las normas que esta misma organización estaba intentando imponer a los denominados paraísos fiscales. Los estadounidenses ya habían mostrado con anterioridad lo que ocurre cuando el equilibrio de poder choca con las normas de secreto bancario y con nociones sagradas de la soberanía nacional; nunca han tenido reparo en hacer una aplicación extraterritorial de sus políticas fiscales, al mismo tiempo que se mostraban muy poco dispuestos a aceptar un trato recíproco. Los bancos suizos llevan algunos años ejerciendo de recaudadores de impuestos en nombre de las autoridades estadounidenses con respecto a las inversiones de residentes estadounidenses que custodian.

Tiene poco sentido intentar mantener acotada la fiscalidad en el marco del mercado único y de la moneda única, y por tanto tampoco lo tiene la preservación del veto estatal. Por supuesto, eso no implica que la Unión deba lanzarse precipitadamente hacia la armonización de cualquier tipo de impuestos. El argumento de las reglas de juego uniformes sólo procede cuando la movilidad transfronteriza es elevada y sigue habiendo un margen considerable para la maniobra y la diferenciación estatal. La capacidad recaudadora de los Estados miembros no parece haber sido seriamente coartada; en todo caso, los ingresos fiscales totales siguieron aumentando hasta hace poco. La figura 5.2 de la página siguiente muestra el gran aumento de los ingresos fiscales en porcentaje del PIB en la UE-15 entre 1970 y 2001. El aumento más drástico se ha dado en los países europeos del sur, que de este modo han acortado la distancia con los otros países continentales. El Estado del bienestar europeo sigue mostrándose fuerte frente a la globalización, aunque las diferencias entre los miembros de la Unión también son significativas. Si nos atenemos a

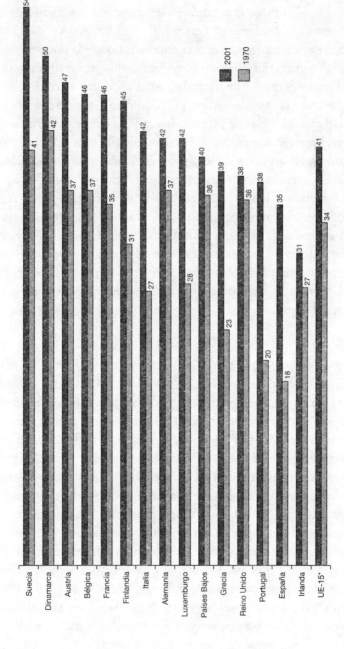

FIGURA 5.2. Ingresos fiscales totales en la UE-15, 1970 y 2001 (en porcentaje del PIB).

* 1970: UE-15 excepto Luxemburgo.

Fuente: Comisión Europea.

los ingresos fiscales totales y al gasto social público (figs. 5.1 y 5.2; véanse págs. 150 y 159 respectivamente), Irlanda aparece como el país europeo peor situado. Posiblemente se encontrará con más competencia entre los nuevos miembros, que también deberían ser los menos entusiastas de la armonización fiscal en general.

Las cifras anteriores sugieren que la armonización (y la cooperación) en materia fiscal seguirá siendo un proceso lento, aunque las presiones de los países con mayores niveles de fiscalidad están abocados a crecer al mismo tiempo que crece la interdependencia económica. Cuando aparece un problema relativo a las reglas de juego uniformes, la cooperación avanzada entre un grupo reducido de países no tiene ningún sentido, pues simplemente legitima las argucias de los aprovechados que se han quedado fuera. ¿Puede aplicarse el mismo argumento a la UE con respecto al resto del mundo? En otras palabras, ¿es del todo fútil el objetivo de un régimen fiscal comunitario en un contexto de mercados de capital globales? Sin duda, en ausencia de cooperación internacional se dan limitaciones serias. No obstante, la UE no es exactamente el típico país pequeño que se ve obligado a aceptar las cosas que le llegan ya hechas. Esto será así mientras la Unión esté decidida a utilizar su poder colectivo; pero no siempre es éste el caso.

Un presupuesto pequeño, ¿y qué más?

Una cosa es la armonización de los impuestos y otra el federalismo y la solidaridad fiscal. Una cuestión crucial ha sido siempre cuánto debería gastar la Unión en cada una de las políticas y cómo sería financiado este gasto: el presupuesto comunitario, en otras palabras. Más pronto que tarde estaba abocado a convertirse en un tema candente. Aunque los efectos presupuestarios siguen representando una parte pequeña del conjunto de efectos provocados por la adhesión a la UE, siempre han atraído una atención desproporcionada por parte de políticos y periodistas. Tienen un efecto directo sobre las finanzas públicas y también pueden ser presentados con datos simples, que quedan bien en los titulares; y titulares han ocupado muchísimos, especialmente durante las décadas de 1970 y 1980.

El presupuesto comunitario todavía tiene poco que ver con el típico presupuesto estatal de un país europeo; y mientras las políticas de defensa y del bienestar sigan siendo esencialmente una prerrogativa estatal, así seguirá siendo. La primera característica del presupuesto comunitario es su reducido tamaño, limitado por un techo de un 1,27% del PIB de la Unión, aunque está sujeto a la revisión del tratado; de ahí que para la Unión en su conjunto prácticamente no tenga ningún sentido macroeconómico. Tan sólo a modo de comparación, el presupuesto estatal de la media de miembros de la UE representa en la actualidad más del 40% del PIB correspondiente. Hay igualmente un requisito legal de equilibrio presupuestario, que en ocasiones provoca algunas pequeñas acrobacias contables. Desde 1988 la Unión ha operado sobre la base de acuerdos globales multianuales para el presupuesto, con la participación de la Comisión, el Consejo y el Parlamento; las denominadas perspectivas financieras pretenden garantizar la paz presupuestaria durante un período de tiempo relativamente largo. La negociación de estos acuerdos globales constituye sin duda alguna un gran acontecimiento político en los asuntos comunitarios. La próxima debería dar lugar a las perspectivas financieras para el período que va de 2007 a 2013. Por tanto, promete ser una negociación difícil y crucial, pues contará con la participación de los nuevos miembros, que pondrán a prueba sus recién adquiridos poderes de negociación con asientos en la mesa del Consejo.

Por el lado de los ingresos, tanto los derechos arancelarios como las exacciones reguladoras agrícolas con las que se gravan las importaciones, ambos vinculados a las políticas comunes, pertenecen naturalmente al sistema de recursos propios de la Unión, aunque en la actualidad representan sólo una pequeña parte de los ingresos totales. El resto ha provenido del IVA y, cada vez más, de las contribuciones financieras estatales en función del PIB. Con el aumento de este último, la financiación del presupuesto de la Unión ha pasado a estar vinculada más directamente a la capacidad estatal para pagar, y también ha pasado a ser más flexible. Sin embargo, la dependencia creciente de las contribuciones estatales ha sido difícil de digerir para los federalistas tradicionales que aspiraban a crear fuentes de financiación comunitarias independientes.

Por el lado del gasto, el presupuesto comunitario es todavía más atípico para los estándares de los Estados-nación o de las organizaciones internacionales. La PAC sigue representando aproximadamente el 45% del gasto total, aunque en los últimos años se ha visto reducida considerablemente, al menos en términos proporcionales. Los Fondos Estructurales, junto con el Fondo de Cohesión, constituyen un 35% adicional y la ayuda exterior representa cerca del 10%, un porcentaje que crece poco a poco. El aproximadamente 10% restante cubre la investigación y el desarrollo tecnológico, los costes administrativos y el resto de gastos, que de hecho no son demasiados. En cuanto a las políticas de la Unión, el gasto canalizado a través del presupuesto comunitario también es altamente descentralizado: más de sus tres cuartas partes son gastadas por los Estados miembros.

El presupuesto comunitario es pequeño, aunque cuenta con una marcada dimensión redistributiva en sus dos principales partidas de gasto. La PAC representa esencialmente una transferencia de los contribuyentes (y también de los consumidores, a través de los elevados precios) hacia los agricultores, que en su mayoría trabajan para los grandes productores. Igualmente comporta transferencias entre países en función del peso relativo de la producción de cada país. De ahí que, en términos de cohesión, que es la denominación oficial de la reducción de la distancia entre ricos y pobres en la Unión, la PAC sigue dando resultados ambivalentes.

No ocurre así con la otra gran partida del gasto comunitario. Las políticas estructurales son un instrumento de desarrollo que opera mediante la asignación de ayudas destinadas a objetivos de inversión, aunque ésta es definida muy ampliamente. Los tres Fondos Estructurales, junto con el Fondo de Cohesión, también constituyen en la actualidad el principal instrumento de redistribución entre países y entre regiones; y su rápido crecimiento desde 1988 ilustra el establecimiento del vínculo directo entre liberalización y redistribución («acción estructural» es el término oficial preferido). El grueso de los recursos ha sido hasta ahora destinado a aquellos ámbitos que se encuentran por debajo de la línea del 75% del PIB por habitante de la media de la Unión. El resultado neto ha sido una transferencia significativa de recursos en favor de los países más pobres de la Unión, en particular Grecia, Portugal y, en menor medida, España. La República de Irlanda solía ser el mayor beneficiario por habitante, pero esto ha ido cambiando a medida que el Tigre Gaélico ascendía puestos en la clasificación de la renta: es el precio del éxito económico. A excepción de Portugal, estos países también han sido beneficiarios netos de la PAC en términos presupuestarios, lo cual ha representado flujos netos de entrada adicionales procedentes de los Fondos Estructurales. La figura 5.3 (véase pág. 164) muestra la recaudación presupuestaria neta de todos los países miembros en 1998 y 2000.

Por desgracia, el presupuesto no puede ser un juego en el que todos los países miembros salgan ganando: los beneficiarios netos tienen que cuadrar con los contribuyentes netos. De hecho, es por definición un juego en el que todos salen perdiendo, pues casi el 15% del gasto total está dedicado a ayuda exterior y administración, de modo que no acaba en las arcas o en los bolsillos estatales. Durante los últimos años algunos países se han mantenido en los primeros puestos de la lista de contribuyentes netos al presupuesto comunitario, siendo las contribuciones medidas como porcentaje del PIB. Entre ellos se encuentran Alemania, los Países Bajos, Suecia y en ocasiones Luxemburgo (fig. 5.3; véase pág. sig.). Todos cuentan con una renta por habitante superior a la media comunitaria, aunque no se da ni mucho menos una correlación perfecta entre las contribuciones estatales netas al presupuesto comunitario y la posición relativa de un país en la clasificación de renta. Las contribuciones netas anuales más elevadas han estado en torno al 0,5% del PIB respectivo; no es una cifra muy alta, aunque en términos absolutos está claro que Alemania ha sido con mucho el contribuyente más importante.

La próxima negociación crucial sobre el presupuesto tendrá que reconciliar el aumento de las solicitudes de fondos, asociado principalmente aunque no exclusivamente a la adhesión de miembros nuevos y mucho más pobres, con el descontento creciente de los contribuyentes netos. La ampliación sin duda requerirá más fondos, siempre y cuando la Unión siga incluyendo la cohesión económica y social entre sus principales prioridades políticas. Puesto que los más ricos de los futuros miembros tienen aproximadamente la misma renta por habitante que los miembros más pobres de la UE-15, el desafío parece enorme; y pocos confían plenamente en el mecanismo del mercado como un instrumento de convergencia (y modernización).

La cuestión crucial es si los nuevos miembros serán capaces de repetir la exitosa experiencia de los europeos del sur que se adhirieron en la década de 1980. Todos los indicios apuntan a un entorno menos favorable para los nuevos miembros. ¿Dejará pasar la UE esta oportunidad histórica para crear las condiciones propias de una zona de paz y prosperidad europea más amplia? Por supuesto, a todo ello deberíamos añadir: el coste de la estabilización y de la reconstrucción de la periferia más alejada de Europa, incluyendo en ella a los países del sudeste de Europa, que tendrán que esperar mucho más para ser futuros miembros; la financiación de las nuevas políticas; y las implicaciones presupuestarias de la UEM.

Por el lado de la demanda, la lista de partidas que reclaman más fondos es cada vez mayor. Al mismo tiempo, las constricciones por el lado de la oferta son, ciertamente, más que obvias. Vivimos tiempos poco propicios para manifestaciones materiales de solidaridad social, y mucho menos entre diferentes países de la Unión. La solidaridad exige un sentido muy desarrollado de la identidad colectiva y la integración europea toda-

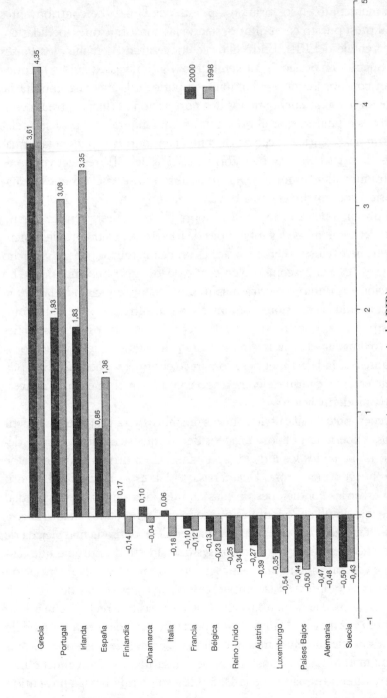

FIGURA 5.3. Saldo presupuestario neto, 2000 y 1998 (en porcentaje del PIB).
Fuente: Comisión Europea.

vía no ha llegado a ese punto. Además, la generosidad alemana parece haber alcanzado sus límites, en buena parte debido a los elevados costes de la unificación.

Sin embargo, resulta peligroso que la gente confunda la miopía con el realismo. ¿Cabe imaginar una Unión de 25 miembros, con una moneda común y un mercado cada vez más integrado, con grandes disparidades de renta, con una periferia exterior problemática y con la ambición de desempeñar un papel internacional, cuando el techo presupuestario es poco más del 1% del PIB combinado de todos los miembros? El techo actual no debería ser considerado algo sagrado. Es cierto que el presupuesto comunitario continuará siendo muy diferente, tanto cuantitativa como cualitativamente, de los presupuestos estatales, y así será mientras las funciones estatales fundamentales sean desempeñadas por los gobiernos estatales. Dicho esto, el actual techo presupuestario es simplemente irrealista e incoherente con los objetivos oficiales declarados. Por tanto, en el futuro será necesario un aumento presupuestario modesto. Y será más factible si se dan ciertas condiciones, incluidas una mayor clarificación de las principales prioridades comunes, una distribución más equitativa de las cargas y, lo que no es menos importante, una mayor eficiencia y transparencia en la utilización de los recursos.

Comenzando por este último punto, los informes anuales del Tribunal Europeo de Cuentas, por ejemplo, resultan deprimentes, pues recogen numerosos casos de despilfarro, si no corrupción. La imagen popular del chollo europeo no puede servir de apoyo a argumentos favorables a los impuestos comunitarios y al aumento de los presupuestos. Por consiguiente tendrá que ser corregido, y no sólo mediante ejercicios de relaciones públicas, sino también mediante una reforma administrativa radical de la Comisión y una *accountability* más eficaz.

Por otro lado, puesto que ahora la Unión imprime su propio dinero, ya no debería ser inconcebible recaudar un impuesto europeo con objeto de financiar el modesto gasto, sustituyendo así el IVA y las contribuciones estatales. Tendría un importante valor simbólico, aunque cabe reconocer que los impuestos raramente aumentan la popularidad. No obstante, en el caso de la UE se le podría dar la vuelta a la máxima: «No hay representación sin imposición». Se subrayaría así el relieve político de las políticas comunes y del presupuesto, lo que no estaría nada mal si el objetivo fuese acercar a los ciudadanos europeos al funcionamiento y las políticas de la UE. Un impuesto comunitario seguramente presupone la existencia de cierto grado de madurez política entre los ciudadanos, en lugar de apoyarse en la especie de consenso permisivo que caracterizó las fases iniciales de la integración.

La Comisión Europea, entre otros actores, ha barajado a menudo la idea de un impuesto «verde» para el conjunto de la Unión, lo que tendría sentido de acuerdo con consideraciones medioambientales. Una alternativa mejor sería un pequeño impuesto sobre la renta personal, a ser posible con un elemento progresivo; es decir, con un porcentaje del impuesto que aumentaría proporcionalmente al nivel de renta (por ejemplo, entre un 1 y un 2%). Sería un impuesto que recaería sobre los ciudadanos europeos y que sustituiría a las contribuciones estatales, de modo que encontraría la resistencia feroz de los incondicionales de la soberanía nacional, que lo considerarían un nuevo paso importante hacia un superestado europeo. Un impuesto así introduciría en el presupuesto un mecanismo automático en la redistribución interpersonal a través de la renta. Una vez que fuese aceptado el principio general —cabe reconocer que sería un gran salto político, dadas las actitudes actuales—, habría que afrontar varios problemas prácticos, incluido el de la gran variedad de tradiciones para evitar los impuestos (y la dimensión de la economía sumergida) en los diferentes países miembros. Ya es hora de poner en la agenda la cuestión del impuesto comunitario.

En cuanto al gasto, el paso de los precios de apoyo a las ayudas directas sobre la renta en el marco de la PAC debería permitir una renacionalización parcial del gasto agrícola, lo cual liberaría recursos para otras políticas de la Unión. No tiene ningún sentido que la PAC siga absorbiendo casi la mitad del presupuesto comunitario, y con la ampliación la necesidad de la reforma se hace aún más urgente, pues los beneficiarios potenciales de la PAC aumentarán considerablemente. Además, las ayudas recibidas por los grandes productores con el dinero del contribuyente europeo se han convertido en un escándalo cada vez mayor. Las ayudas directas sobre la renta necesitan disociarse de la producción, de manera que la PAC pase a ser más eficaz como instrumento de redistribución de ricos a pobres, y no al revés. Si fuesen liberados recursos que se destinan a la PAC, pese a la carga que supondrían los costes adicionales resultantes de la ampliación, con el tiempo la financiación de otras políticas comunes podría realizarse en condiciones de mayor holgura.

Un elemento clave en la negociación sobre las perspectivas financieras será el futuro de las políticas estructurales comunitarias, y en particular la cantidad total de dinero que debe asignarse a los tres Fondos Estructurales y al Fondo de Cohesión para el período de los próximos siete años, así como la lista de las principales prioridades y orientaciones relativas a la distribución entre los beneficiarios. Resultará difícil separar ambas tendencias. La dimensión de las disparidades y del desarrollo en una UE ampliada requiere un aumento real y significativo de las cantidades totales que deben ser gastadas, partiendo del presupuesto, claro está, de que sigue manteniéndose el vínculo entre la integración del mercado y la asistencia a los países y regiones menos desarrollados de la Unión.

Después de la ampliación, el grueso de las tranferencias financieras mediante los Fondos Estructurales y el Fondo de Cohesión deberá ser dirigido a los nuevos miembros de la Unión. Deberían servir de instrumento de desarrollo económico, así como de lubricante para la reforma estructural y la modernización. Los beneficiarios más veteranos, que pertenecen al viejo grupo de los países de la cohesión, tendrán que adaptarse gradualmente a cantidades de ayuda más reducidas, siguiendo así el ejemplo anterior de Irlanda. No será políticamente fácil, y el período de ajuste puede durar varios años antes de acomodarse a los intereses de los que ya están dentro, sin olvidar las probables dificultades asociadas a constricciones prácticas de los nuevos miembros.

Para las transferencias anuales mediante los Fondos Estructurales se ha fijado un techo que ahora se sitúa en el 4% del PIB de los beneficiarios. Fue impuesto pensando en los nuevos miembros, oficialmente sobre la base de que estos países no contarían con la capacidad administrativa para gestionar eficientemente cantidades mayores ni con la capacidad financiera para absorber más ayudas comunitarias. Por supuesto, la cifra del 4% no es sagrada: no es una casualidad que se acerque a la cifra correspondiente a las transferencias anteriormente realizadas a Irlanda y a Grecia. Y si tenemos en cuenta las dificultades que ocasiona a los futuros miembros la absorción de cantidades mucho menores en concepto de ayuda de preadhesión, incluso el techo del 4% puede acabar resultando un objetivo optimista para los primeros años posteriores a la adhesión.

Ya puede identificarse una tendencia de reducción del papel de la Comisión en la elección de las prioridades asociadas a los Fondos Estructurales, a los procedimientos de aplicación y a los contactos con las autoridades regionales, que deliberadamente saltaban por encima de los gobiernos estatales. Se acabaron los días en los que la Comisión y algunos otros conservaban la ilusión de desarrollar una genuina gobernanza multinivel en Europa a través de la gestión de los Fondos Estructurales, pues los gobiernos estatales intentan reafirmar su control. ¿Es éste otro ejemplo de renacionalización parcial? Al fin y al cabo, ¿por qué debería la Comisión pretender conocer mejor las necesidades y las prioridades de desarrollo de cada uno de los países miembros y al mismo tiempo intentar imponerles modelos de gobernanza? Seguramente, los sistemas de reparto necesitan ser simplificados y, tal vez yendo más lejos, la Comisión necesita concentrarse en el control más efectivo de los resultados de las políticas en lugar de hacerlo en cada partida del gasto cofinanciada por la UE. Pero esto no quiere decir que se supriman los controles en general. Comparándola con algunas administraciones estatales o regionales, la Comisión incluso parece un modelo de eficiencia y transparencia, lo cual será aún más cierto después de la ampliación. Con toda la razón, la ayuda estructural comunitaria incluye un capítulo importante para el desarrollo institucional. Al fin y al cabo, el subdesarrollo raramente tiene sólo una dimensión económica. Además, la condicionalidad debería en todo caso ser reforzada a fin de garantizar una utilización más eficiente de los recursos; y la condicionalidad implica control por parte de la Comisión.

Una cierta reordenación de las prioridades puede ser deseable. En el nuevo entorno económico y social, una Unión ampliada puede requerir más actividad en el terreno de la lucha contra la pobreza y la exclusión social, lo cual constituiría una dimensión comunitaria añadida a las políticas estatales existentes. También puede requerir apoyo financiero para los endebles sistemas de protección social de algunos de los nuevos miembros. Nuevas iniciativas de este tipo, combinadas con un impuesto comunitario de las personas físicas sobre una base progresiva, podrían impulsar la dimensión redistributiva del presupuesto comunitario. Asimismo, contribuirían en parte a transformar la redistribución entre países en redistribución entre personas, lo cual permitiría afrontar mejor las realidades económicas cambiantes de Europa y posiblemente también el descontento creciente y el euroescepticismo de los perdedores, que tienden a identificar (la amenaza del) cambio económico con integración europea.

También es hora de que la Unión empiece a poner dinero de verdad en las llamadas políticas comunes, ya sea la vieja PESC o la nueva política de inmigración. Seguramente, la principal responsabilidad financiera o de otro tipo en la política exterior y en la seguridad de las fronteras seguirá estando en el nivel estatal. Pero incluso para los que piensan sólo en términos intergubernamentales, a estas alturas debería ser obvio que las acciones comunes suelen requerir algunos fondos comunes. La PESC ha adolecido reiteradamente de la ausencia de dichos fondos. En el contexto internacional actual, y especialmente en la periferia próxima a la Unión, la preservación de los intereses comunes será un asunto costoso. En el futuro tendrá que ser gestionado de manera más eficiente. Por supuesto, lo mismo puede decirse de la ayuda exterior, que ya representa una partida cada vez mayor del gasto en el presupuesto comunitario. Cabe entender que es el precio que necesitan pagar las potencias civiles, incluidas las frustradas.

TODO ES ALTAMENTE POLÍTICO

La integración económica es una cuestión tanto de mercados como de modos de gobernanza. Así es particularmente en el caso de las economías mixtas de Europa. Y la elección de un modo de gobernanza determinado, que incluya la distribución de competencias entre diferentes niveles de autoridad, así como entre representantes y expertos, no es políticamente neutral. Por tanto, no es algo que deba ser dejado en manos de los expertos. Lo que está en juego son diferentes tradiciones, instituciones e intereses: la integración no es un juego en el que lo único que cuente sea la eficiencia. Las decisiones y compromisos que se alcanzan en el nivel europeo son fundamentalmente políticos —y como tales deberían ser percibidos—. Por consiguiente, hay que trabajar mucho todavía en el terreno de la información pública y la educación.

La progresiva eliminación de las barreras estatales en los mercados de bienes, servicios y capital, mercados que han pasado a ser cada vez más europeos y, en menor medida, también globales, no ha generado por ahora una convergencia rápida de modelos de gobernanza en diferentes países miembros. Los sistemas estatales compiten en mercados abiertos, como lo hacen los bienes, los servicios y los capitales. En otras palabras, la nacionalidad sigue contando en la producción y en el comercio de formas muy diversas, aunque seguramente menos que hace algunas décadas. Las normas que gobiernan esta competencia son por tanto cruciales. En algunos casos, las competencias de regulación ya han sido centralizadas en el ámbito comunitario, siendo tal vez el mejor ejemplo la política de la competencia. En el otro extremo, nos encontramos con regulación comunitaria limitada a formas no vinculantes de coordinación entre sistemas de regulación estatales, cuyos resultados dejan a menudo mucho que desear. Muchos aspectos de las políticas sociales o del bienestar se incluirían en esta categoría.

Buena parte de la negociación intracomunitaria en materia de regulación es presentada como si el asunto consistiese en crear las condiciones de «competencia justa» y «reglas de juego uniforme». No existen definiciones fáciles y generalmente aceptadas para estos términos y en ocasiones las negociaciones pueden prolongarse indefinidamente, mientras cada una de las partes está absolutamente convencida de que las otras están haciendo trampas. Deberían reconocer que no todos los modelos estatales de capitalismo son iguales y que ninguno de ellos es aceptado de manera general como el modelo que deben seguir los demás. Este reconocimiento haría que los debates sobre la liberalización de los mercados financieros o sobre la armonización de los estándares sociales, por citar algunos, fuesen más contenidos y tal vez menos desinformados o hipócritas.

Los mercados de trabajo siguen estando en un nivel de integración muy bajo por razones muy variadas, la más importante de las cuales es que los europeos, que siguen sintiéndose muy arraigados a su cultura nacional, si no local, y beneficiándose de la proteccion de sistemas del bienestar en general bastante generosos, se muestran poco dispuestos a cruzar las fronteras para buscar mejores oportunidades laborales. Mientras esto no cambie y mientras los sistemas sociales y del bienestar mantengan sus marcadas características nacionales y por tanto su diversidad, quedará un margen de maniobra reducido para la armonización, por no mencionar la centralización, de los estándares sociales. Además, esto significa que cuestiones de relevancia política como la sanidad, la educación y el bienestar durante mucho tiempo seguirán siendo en esencia prerrogativas del Estado-nación. Aquellos que temen la disolución de la soberanía y de la identidad nacional pueden sentirse reconfortados, ¿y por qué no? La integración europea no representa, ni debería representar, la aniquilación de los Estados-nación. Sin embargo, hay muchas otras políticas en las que la UE marca la diferencia: constituyen el núcleo del *acquis*, el acervo con el que se designa el conjunto cada vez mayor de legislación comunitaria.

Los mercados financieros presentan un tipo de problema diferente: la movilidad transfronteriza ya es muy elevada y exige una coordinación más efectiva o incluso la centralización de normas. Sin embargo, siguen difiriendo considerablemente las aproximaciones estatales a la regulación financiera y a toda la estructura institucional que articula la relación de los bancos y de los mercados financieros con la economía real. De ahí que los compromisos en el nivel comunitario hayan sido difíciles de alcanzar.

Sería un error considerar que se trata únicamente de eliminar las barreras de protección, aunque también se trate de eso. Y como son fuerzas globales las que determinan el funcionamiento de estos mercados, las dificultades para alcanzar acuerdos sobre nuevas formas de regulación conjunta en el nivel comunitario se han traducido consiguientemente en una reducida influencia europea en los foros internacionales.

La aplicación del principio de subsidiariedad no puede, por tanto, separarse de la naturaleza y el grado de la integración europea, ya sea la real o la deseada, ni del grado de convergencia de los sistemas de regulación estatales. En cuanto a las políticas, las conclusiones que deberían extraerse con respecto a la agricultura no son necesariamente idénticas a las que se aplican a la política medioambiental o a la política de la competencia. Por otro lado, la diversidad conlleva un precio y a veces puede tratarse ciertamente de un precio que los responsables políticos están dispuestos a pagar, bien defendiendo el «interés nacional» o bien simplemente intereses muy particulares.

La integración europea tiene consecuencias distributivas. Durante muchos años fueron absorbidas en el seno de los Estados miembros, que demostraron su capacidad para neutralizarlas o, lo que es mejor, para compensar a los que resultaban perjudicados. En tiempos de adversidad económica y cambios acelerados está demostrando ser cada vez más difícil. En la fase más reciente, caracterizada por una profundización continua de la integración mediante el programa del mercado único y luego mediante la UEM, se ha reforzado la dimensión redistributiva de las políticas comunitarias y del presupuesto común. En este sentido, las futuras ampliaciones representarán un serio desafío.

La fiscalidad promete ocupar un lugar privilegiado en la agenda europea en un futuro previsible, como no podía ser de otro modo. Como ocurre con la regulación económica, cuanto más integrado es el mercado (y mayor es la movilidad transfronteriza), más relevante será la cuestión de la armonización de los impuestos o, de manera más realista, la adopción de tipos mínimos. La fiscalidad ya no puede quedar fuera de los Consejos Europeos. Ya hemos recorrido bastante camino en la integración económica. Nos acercamos al punto en el que algún tipo de impuesto comunitario sería una propuesta realista; un impuesto comunitario que ayude a financiar un presupuesto comunitario todavía pequeño.

Hasta ahora han sido esbozadas de manera aproximada algunas ideas con respecto al futuro del presupuesto comunitario. Seguiría siendo un presupuesto pequeño, aunque cabría esperar que más eficiente a la hora de la utilización de los escasos recursos, más equitativo en cuanto al reparto de la carga financiera que recae sobre los ricos y con un mayor impacto redistributivo en favor de los pobres. Asimismo, debería consituir un apoyo más eficaz para las políticas y las acciones comunes. Por último, aunque no menos importante, representaría un paso decisivo en el camino hacia un sistema político más maduro. ¿Está dispuesta la Unión a dar ese paso?

Capítulo 6

LA UEM: UN FACTOR UNIFICADOR

Efectivamente, ha ocurrido lo impensable. Doce países europeos ya han sustituido sus monedas nacionales por una nueva moneda común, el euro. Y al hacerlo también han transferido a la UE una buena parcela de su soberanía, así como los símbolos asociados a ella. El dinero está en el corazón de la soberanía nacional: la moneda siempre ha sido percibida como un símbolo fundamental de la nación, mientras que la política monetaria y el tipo de cambio constituyen instrumentos importantísimos de la política económica. La unión económica y monetaria es lo más importante que le ha ocurrido a Europa desde la caída del Muro de Berlín; y en los cincuenta años de historia de la integración seguramente no hay nada cuya significación política y económica sea comparable a la de la UEM.

Pocos se hubiesen atrevido a predecir algo así ni siquiera en 1993, cuando los tipos de cambio bilaterales en el SME fueron objeto de un ataque masivo en los mercados internacionales, mientras las sociedades europeas acogían el Tratado de Maastricht con un entusiasmo que brillaba por su ausencia. De hecho, la UEM tiene una historia larga y turbulenta, llena de altibajos. Muchos la menospreciaron reiteradamente tachándola de irreal y frívola, aunque pocos lo hicieron tan gráficamente como John Major, el ex primer ministro del Reino Unido, al decir que el apoyo con el que contaba tenía «todo el carácter pintoresco de la danza de la lluvia y más o menos la misma eficacia». La UEM nació al mismo tiempo que la cooperación política europea, la predecesora de la PESC; y ambas pretendían claramente aventurarse más allá de la baja política. Sus trayectorias han sido hasta hoy muy diferentes: mientras que la UEM ya ha llegado a su fase final (¿irreversible?), a la PESC le queda todavía un largo trecho.

Para los economistas y otros expertos de las ciencias sociales, la UEM constituye todo un laboratorio en el mundo real, una oportunidad sin precedentes para probar sus teorías, pues a este respecto la historia tiene poco que enseñarnos en la medida en que las uniones aduaneras del pasado se formaron en contextos políticos, sociales y económicos muy diferentes. Los economistas y el resto de los mortales han aceptado el desafío. Ya existe una vasta bibliografía sobre el tema, que va desde perspectivas muy teóricas e incluso visionarias hasta las más pedestres. Como la UEM descubre un territorio inexplorado, los escritos académicos a menudo han tenido influencia sobre las políticas; dicho esto, resulta bastante interesante que la decisión política trascendental de llevar adelante la UEM haya contado con relativamente poco apoyo entre los economistas profesionales.

FUERZAS MOTRICES

Un proyecto tan importante merece una explicación. ¿Cómo es posible que, después de todo, un sistema lento y conservador —una descripción atinada del sistema comunitario—, que opera con normas extremadamente complicadas y que requiere mayorías tan amplias, haya generado una decisión tan revolucionaria, seguida de un extraordinario compromiso político?

Todo empezó de cero. El Tratado de Roma apenas establecía constricciones vinculantes en el terreno de la política macroeconómica: algunas buenas intenciones sobre la coordinación de las políticas, disposiciones relativas a la asistencia para la balanza de pagos y una prudencia considerable con respecto a la eliminación de los controles de cambio. Estaba claro que no había intención alguna de crear un bloque monetario regional. El sistema de Bretton Woods constituía el marco internacional y el dólar estadounidense el estándar monetario indiscutido. Además, el keynesianismo se encontraba en su apogeo. Eso significaba que los gobiernos estatales mantenían con celo su independencia en las políticas monetarias y fiscales a la hora de perseguir objetivos económicos internos, y el mantenimiento de todo un arsenal de controles de capital era considerado un precio aceptable en aras de dicha independencia.

El interés por la integración monetaria creció durante la década de 1960, en buena parte como respuesta a la inestabilidad creciente del sistema internacional y a la necesidad percibida de aislar Europa de las variaciones del dólar estadounidense. Los franceses eran más sensibles con respecto a dichos problemas que el resto de miembros de la CEE, a quienes no atraía la idea de un enfrentamiento con Estados Unidos. Eso complicó las cosas y contribuyó a restringir las nociones de un interés europeo compartido a un debate general que estuvo muy lejos de dar lugar a ningún tipo de acción común seria.

La situación pareció cambiar en diciembre de 1969, cuando los líderes políticos de los Seis adoptaron por primera vez el objetivo de una UEM completa. Era una decisión política acordada al máximo nivel y estaba directamente vinculada con la primera ampliación de la Comunidad y con una mayor profundización de la integración; en otras palabras, era una parte integral del acuerdo global para combinar ampliación y profundización. También era el primer ejemplo importante de iniciativa franco-alemana. Pero las decisiones solemnes tomadas en el máximo nivel demostraron no ser suficientemente sólidas para resistir a las condiciones adversas de la década de 1970; la combinación de políticas económicas divergentes y un entorno económico inestable hizo que no tuviera sentido fijar tipos de cambio intracomunitarios. De ahí que la UEM se convirtiese en el mayor acontecimiento no acontecido de la década. Después de 1974 todo lo que quedaba del ambicioso plan de la UEM era un acuerdo limitado sobre el tipo de cambio, más cercano a un bloque Deutschmark (DM) en el que no estaban la mayoría de divisas de la CE.

Sin embargo, el interés por desarrollar un bloque monetario regional nunca desapareció. La «serpiente», como acabó siendo conocido el sistema de tipos de cambio bilaterales, era en general considerado sólo un acuerdo temporal que únicamente mejoraría y se extendería cuando las condiciones económicas fuesen más favorables. El paso siguiente fue dado en marzo de 1979 con el establecimiento del SME, fruto de otra iniciativa franco-alemana, al margen de la cual sólo decidieron quedarse los británicos. Se trataba de un intento renovado de establecer entre divisas de la CE un sistema de tipos de cambio fijos, pero ajustables periódicamente. La preocupación en torno al funcionamiento adecuado del mercado común se combinó con el deseo de preservar los precios agrícolas comunes. La estabilidad del tipo de cambio debía basarse en la convergencia creciente entre las economías nacionales, y el énfasis de estas últimas debía ser puesto en el control de la inflación. El SME era considerado un instrumento importante en la lucha contra la inflación y su creación significó la aceptación implícita de las prioridades de la política alemana por parte de los otros gobiernos europeos. La experiencia de la década de 1970 corroboraba la postura antiinflacionista de Alemania, combinada con una opción monetaria clara. El SME también se presentaba como un mecanismo defensivo frente a la «dejadez (des)favorable» de Estados Unidos hacia el dólar, especialmente en un momento en el que no se divisaba en el horizonte una reforma seria del sistema monetario internacional y, por tanto, no había perspectivas de volver a una cierta estabilidad en los tipos de cambio. Por último, y no menos importante, la integración monetaria europea era vista como un medio de reforzar económica y políticamente Europa; en otras palabras, el SME era utilizado, de manera más o menos vaga, como un instrumento con fines políticos.

El SME se articuló a partir de la serpiente que ya existía, pero con algunos ragos novedosos importantes que pretendían fomentar la ampliación de la participación, así como el funcionamiento suave del Mecanismo de Tipos de Cambio (MTC). El período comprendido entre 1979 y 1992 se caracterizó por una estabilidad creciente de los tipos de cambio hasta que se desencadenó la tormenta en los mercados cambiarios. La mayor estabilidad en los tipos de cambio bilaterales fue conseguida en buena parte gracias a la cada vez mayor convergencia a la baja de las tasas de inflación. Los primeros años estuvieron marcados por la elevada inflación y la tenaz divergencia entre los países miembros, lo cual explica los frecuentes realineamientos de los tipos de cambio y la tensión experimentada durante esta fase inicial. El punto de inflexión llegó en 1983, cuando el gobierno socialista francés optó finalmente por una política de *franc fort*, en busca de competitividad mediante la desinflación. Para países como Francia o Italia, la participación en el MTC supuso una constricción importante sobre las políticas monetarias internas. La convergencia de precios y la estabilidad del tipo de cambio en el seno del MTC reposaban básicamente sobre políticas monetarias y sobre la utilización casi exclusiva de tipos de interés a corto plazo. La convergencia de precios, unida a la credibilidad creciente de las políticas estabilizadoras, trajo consigo a su vez la convergencia gradual de los tipos de interés nominales a largo plazo. Asimismo, el éxito del MTC propició su extensión para dar cabida a la peseta, la libra esterlina y el escudo, aunque el estallido de la crisis en 1992 hizo que la participación de estas divisas en el antiguo MTC fuese más bien efímera.

Hasta entonces, el MTC funcionaba como un sistema de tipos de cambio fijos, pero ajustables. Los ajustes, desde muy pronto fruto de decisiones colectivas, fueron cada vez menores y menos frecuentes a medida que los precios convergían. Los bancos centrales utilizaban diferentes instrumentos siempre que los tipos de cambio bilaterales eran objeto de algún ataque. Entre dichos instrumentos se encontraban los cambios en los tipos de interés a corto plazo, las intervenciones sobre divisas y los controles de capital, que más tarde tuvieron que ser abandonados como resultado de la liberalización del capital, en sí misma parte integrante del programa del mercado interior. La gestión cotidiana del sistema era dejada a los bancos centrales, que confiaban tanto en las redes informales como en las instituciones y comités comunitarios bien establecidos.

Sin embargo, la estabilidad monetaria también estaba vinculada directamente a la naturaleza asimétrica del SME. La asimetría en un sistema de tipos de cambio fijos (aunque sean periódicamente ajustables) se manifiesta en la distribución desigual del peso de la intervención, del ajuste y de la influencia a la hora de fijar las prioridades políticas. Pese a las disposiciones especiales destinadas precisamente a evitarlo, el SME operaba siempre de manera asimétrica, siguiendo así el ejemplo anterior de la serpiente. Y esta asimetría tenía un carácter muy específico, en el que el DM funcionaba como ancla del sistema y el Bundesbank fijaba el estándar monetario para los demás.

La asimetría no siempre es mala, al menos en términos económicos. El SME permitía que países con un historial pobre en cuanto a estabilidad monetaria, como Italia, tomasen prestada credibilidad vinculando sus monedas al DM. La participación en el MTC supuso de este modo una constricción externa muy conveniente y reforzó la posición de instituciones y grupos de interés en países que luchaban en favor de políticas menos inflacionistas. Así se explica en buena medida la popularidad del sistema entre la mayoría de los bancos centrales, contrariamente a sus expectativas iniciales. Por otro lado, la asimetría del SME se hizo menos aceptable en momentos de recesión y de desempleo creciente, especialmente cuando las prioridades políticas de Alemania divergían de las de los otros socios. Precisamente esto es lo que ocurrió a principios de la década de 1990, cuando la unificación de Alemania y los grandes déficit presupuestarios subsiguientes forzaron al Bundesbank a mantener los tipos de interés altos mientras la recesión golpeaba a las economías europeas. Ésta fue una de las principales razones de la crisis cambiaria de 1992-1993; la otra fue la sobrevaluación de algunas monedas después de un período sin realineamientos. Los mercados ya no creían en la sostenibilidad de los tipos de cambio bilaterales y finalmente acabaron imponiendo sus inercias al forzar a los gobiernos europeos a sucumbir a las presiones especulativas.

Entretanto, la UEM había vuelto a la agenda europea. Inicialmente estaba vinculada al mercado interior, en el que los tipos de cambio representaban una importante barrera no arancelaria que todavía había que eliminar. Por otro lado, la liberalización de los movimientos de capitales ofrecía a los gobiernos europeos una situación completamente nueva: tendrían que ceder el paso los tipos de cambio fijos o las políticas monetarias independientes. A finales de la década de 1980, el SME todavía era notablemente estable (y también asimétrico), mientras el círculo virtuoso de Europa, vinculado al programa del mercado interior, se encontraba en su apogeo; de ahí la urgencia manifestada en algunos círculos europeos por conseguir un compromiso político de cara a la nueva fase de la integración aprovechando que las condiciones se mantenían favorables.

La unión monetaria habría sido la confirmación final e irrevocable de la realidad del mercado único europeo y de una economía europea unificada. Una moneda común era vista como la fórmula para aglutinar a las economías nacionales, pero también, y de manera muy importante, como la fórmula para acelerar el movimiento hacia la unión política. Para el *lobby* integracionista todo esto era muy familiar; pero cabe reconocer que no habría generado mucho más de no haber sido por la caída del Muro de Berlín y la unificación alemana, que actuaron como inesperados catalizadores. La presión volvió a proceder de los franceses, con un apoyo valioso de la Comisión. Inicialmente, los alemanes mostraron muy poco entusiasmo: al gobierno y al banco central ya les parecía bien el *statu quo* y cualquier movimiento hacia la unión monetaria era percibido, de manera bastante acertada, como algo que acabaría erosionando la independencia de Alemania en el terreno monetario. En términos puramente económicos, la unión monetaria ofrecía a los alemanes muy poquito, partiendo por supuesto de la base de que podía prescindirse de algún tipo de acuerdo sobre las divisas regionales que ayudase a contener la sobrevaluación del DM. No hay duda de que la SME en la que Alemania fijaba los estándares monetarios era infinitamente mejor para los alemanes que una unión monetaria en la que deberían compartir con otros las competencias para dirigir la política monetaria.

Lo que finalmente desequilibró la balanza fue la necesidad percibida de reafirmar el compromiso del país con la integración europea justo antes de la unificación alemana. Así fueron presentadas las cosas en París. El canciller Kohl se refirió a la unión económica y monetaria como una cuestión «de guerra y paz en el siglo xx». El peso económico del país, su sólida reputación debida a la estabilidad monetaria y su preferencia por el *statu quo* reforzaron enormemente el poder de negociación de Alemania, permitiéndole así imponer en la mayoría de los casos sus posturas con respecto a la transición y el contenido de la fase final de la UEM. Los alemanes fijaron un precio alto a cambio de firmar el contrato. Una vez que el acuerdo franco-alemán fue alcanzado, el proceso pareció imparable, repitiéndose así patrones anteriores en la toma de decisiones comunitaria. Italia ofreció su apoyo y también muchas contribuciones intelectuales. Los holandeses compartían buena parte del escepticismo de los alemanes, pero su margen de maniobra era extremadamente reducido. Bélgica y Luxemburgo eran seguidores fervientes, aunque los belgas estaban al mismo tiempo muy preocupados por que la aplicación estricta de los criterios de admisión en la fase final de la UEM no los dejase fuera de ésta, ya que tenían unos niveles de deuda pública elevadísimos. Dinamarca se sentía casi como un miembro natural del área monetaria, pero sus políticos no estaban en absoluto seguros de poder convencer a sus conciudadanos para entrar en una unión monetaria; de ahí el protocolo de autoexclusión (*opt-out*).

La principal preocupación de los otros países del sur era vincular la UEM a transferencias presupuestarias más sustanciales y evitar la institucionalización de dos o más niveles en la Comunidad. En cuanto a Irlanda, se beneficiaba de las transferencias y se sentía más segura que sus hermanos del sur de situarse entre los primeros para conseguir un billete de entrada en la fase final. Sin embargo, habría preferido que la isla que la separaba del continente también se hubiese sumado, pues buena parte de su comercio se realiza todavía con Gran Bretaña.

Gran Bretaña seguía siendo el único país cuyo gobierno, en sí mismo dividido internamente, expresaba dudas serias sobre lo deseable y lo factible de la UEM, tanto en términos económicos como políticos. La situación aparentemente había cambiado poco desde el establecimiento del SME. Al darse cuenta de su aislamiento, el gobierno conservador hizo un esfuerzo consciente por mantenerse en la mesa de negociaciones y sacrificó a Margaret Thatcher en el proceso. A modo de maniobras de distracción, realizó propuestas alternativas que no consiguieron causar excesivo impacto en los otros miembros. Al final, se avino a incluir en el tratado una disposición de autoexclusión (*opt-out*).

Como ya se ha mencionado, el Tratado de Maastricht no fue muy aplaudido por las sociedades europeas ni por los mercados internacionales. Lo que acabó siendo un proceso agónico de ratificación del tratado coincidió con un período de inestabilidad en los mercados cambiarios, y ambas circunstancias se reforzaron mutuamente. Los gobiernos ganaron finalmente la batalla de la ratificación, pero se vieron obligados a reconocer su derrota ante los mercados al ampliar en 1993 los márgenes de las bandas de fluctuación del SME del 2,25 al 15%, lo cual no era precisamente la mejor forma de demostrar su intención irrevocable de ir hacia tipos de cambio fijos. Y sin embargo, tan sólo cinco años después se proclamaba oficialmente esta fijación irrevocable de los tipos de cambio entre once divisas, así como la creación del euro, confirmándose así la entrada en la fase final de la UEM a partir del 1 de enero de 1999.

Durante el período intermedio, la mayoría de los gobiernos de los Estados miembros, actuando de manera separada o a través de las instituciones comunitarias, mostraron un compromiso notable con respecto al objetivo de la UEM. En sucesivos Consejos Europeos fueron tomadas decisiones importantes referidas también al conjunto de medidas prácticas necesarias para la introducción de la nueva moneda única, de modo que se añadía así contenido a las disposiciones más generales del tratado. Al mismo tiempo, las políticas macroeconómicas estatales eran ajustadas a los criterios de convergencia a fin de asegurar la admisión en la UEM. El coste era, sin embargo, casi una década de políticas deflacionistas que contribuirían a frenar el crecimiento y a aumentar aún más el desempleo en Europa —o al menos es lo que sostendrían los economistas no monetaristas—. Los resultados macroeconómicos de Europa en la década de 1990 distaron de ser espectaculares y fueron más bien bastante deprimentes, cuando se los compara con los resultados de la economía estadounidense. Las tasas de crecimiento fueron muy bajas, incluso para los estándares de la década de 1980, mientras que el desempleo alcanzó cotas más altas (fig. 6.1; véase pág. sig.). Pero ¿qué parte de estos pobres resultados macroeconómicos puede atribuirse a las políticas de estabilización vinculadas a la UEM?

Aparentemente más interesados en la estabilidad monetaria que en el crecimiento, los mercados poco a poco empezaron a creer en la UEM. Así, la reducción de la inflación y de los déficit presupuestarios fue seguida inmediatamente de la estabilidad de los tipos de cambio y de la convergencia hacia tipos de interés nominales y reales cada vez más bajos, tanto a corto como a largo plazo. Esto a su vez contribuyó a reducir el coste del servicio de la deuda pública y, por consiguiente, también los déficit presupuestarios. Para algunos países, en especial para los fuertemente endeudados, como Italia, constituyó un factor muy importante. Las sociedades se sumarían después: el apoyo popular a la UEM aumentó a medida que se acercaba el día de la entrada en la fase final. Se trata, sin duda, de un interesante caso de estudio para ilustrar un proceso liderado por los gobiernos al que se suman después los mercados y las sociedades.

Esta breve historia permite explicar cómo se llegó a la UEM. A medida que Europa se adentraba en la última década del siglo xx, una serie de acontecimientos poco habituales constituyeron un impulso adicional

a) Crecimiento económico (cambio porcentual anual)

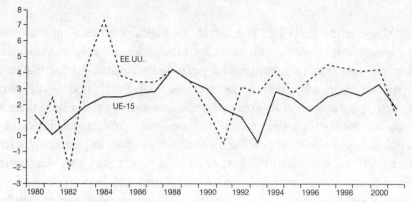

b) Índice de desempleo (%)

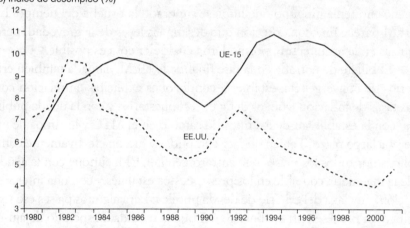

FIGURA 6.1. Comportamiento macroeconómico en UE-15 y EE.UU., 1980-2001. *Fuente*: Comisión Europea.

y poderoso. No obstante, las principales fuerzas motrices de la integración monetaria europea no habían cambiado mucho a lo largo de los años, y la experiencia acumulada sobre la que trabajar ya era considerable. Entre dichas fuerzas motrices se encontraban: la necesidad percibida de estabilidad en los tipos de cambio como condición previa para el funcionamiento adecuado del gran mercado europeo, la búsqueda de la simetría, tanto dentro de la Unión como en relación con el resto del mundo (una manera diplomática de referirse al dólar) y la confianza ahora familiar en los instrumentos económicos a fin de obtener objetivos políticos más amplios. Después de todo, había una cierta coherencia que los oponentes de la UEM no llegaban a reconocer.

UNA CONSTITUCIÓN INCOMPLETA

Maastricht trajo la UEM: los artículos añadidos en esta importantísi-ma revisión del tratado, junto con los protocolos anexos, contenían las disposiciones detalladas referidas al período transitorio, así como al fun-cionamiento de la UEM en la llamada fase final. Puede decirse que para un texto constitucional todo era demasiado detallado y al mismo tiempo había muchas omisiones notorias. La economía es una ciencia inexacta y la política es el arte de lo posible; así se explica lo muy imperfecto que fue Maastrich. La responsabilidad de la política monetaria había sido trans-ferida a una nueva institución federal, mientras que la política fiscal se-guía siendo altamente descentralizada, y el sistema político europeo to-davía lo era más. Esta combinación no tenía precedentes en la historia, al menos no tenía ninguno que hubiese superado la prueba del tiempo. La UEM parece una construcción que desafía las leyes de la gravedad, pero quizás en la arquitectura posmoderna cualquier cosa es posible.

El billete de entrada en la fase final de la UEM, llamada también cri-terios de convergencia, establecía condiciones explícitas en relación con las tasas de inflación, con los déficit presupuestarios y con la deuda públi-ca, con la estabilidad de los tipos de cambio en el MTC y los tipos de in-terés a largo plazo. Tenían que ser cumplidas y fueron efectivamente cum-plidas por todos los países que entraron en la UEM, aunque con la ayuda de la ingeniería contable en los presupuestos estatales y con una interpre-tación muy laxa del criterio de deuda pública. Para algunos países eso sig-nificó un proceso extraordinario y en buena medida inesperado de ajuste macroeconómico a lo largo de lo años posteriores a Maastricht, aunque cabe decir que a un cierto coste en términos de producción y de empleo. Los tres países que siguen fuera —Dinamarca, Suecia y el Reino Unido— lo han elegido así; y no debería sorprender que en la opinión pública de dichos países haya grandes grupos de euroescépticos. Sin embargo, la opi-nión pública se ha mostrado muy volátil en el tema de la UEM. Según en-cuestas recientes, parece que en Dinamarca y en Suecia podría haber una mayoría a favor del euro. La oposición más tozuda a la UEM sigue siendo la del Reino Unido (fig. 6.2; véase pág. sig.). Los tres países que se han man-tenido fuera pertenecen a la categoría de «capaces pero sin voluntad» —la capacidad se define aquí en relación con los criterios de convergencia.

Las monedas nacionales de los países participantes han sido sustitui-das por la nueva moneda única tras un período transitorio (1999-2001) durante el que han sido vinculadas al euro, entonces todavía una moneda

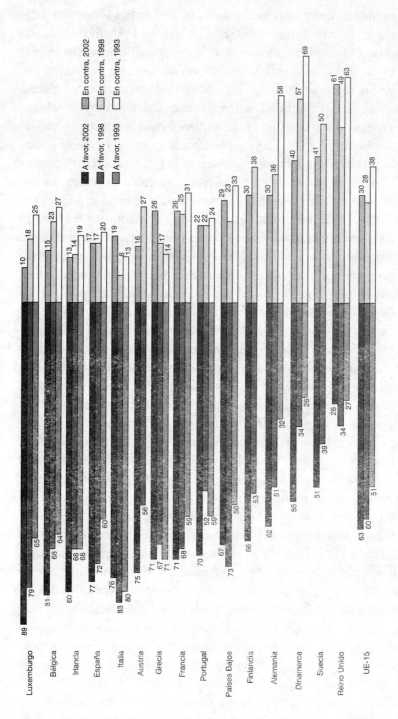

FIGURA 6.2. Apoyo popular a la moneda única, 1993, 1998 y 2002 (porcentaje a favor y en contra).
Fuente: Eurobarómetro 1993 (octubre-noviembre de 1993), 1998 (abril-mayo de 1998), 2002 (otoño de 2002).

virtual, y también entre ellas mediante tipos de cambio fijos e irrevocables. Al Banco Central Europeo (BCE), con sede en Fráncfort, le ha sido asignada la responsabilidad exclusiva de la dirección de la política monetaria europea, incluyendo el funcionamiento de los tipos de cambio y la gestión de las reservas en divisas. Su objetivo primordial es el mantenimiento de la estabilidad de los precios, mientras que otros objetivos, como el crecimiento y la creación de empleo, han sido considerados claramente secundarios. El BCE es independiente y está fuertemente protegido de la interferencia política; asimismo, en la práctica no rinde cuentas ante casi nadie. Está bastante cerca del modelo alemán de banco central, sobre todo si se tiene en cuenta la ausencia de una autoridad política correspondiente en el nivel comunitario. Está gobernado por un Comité Ejecutivo de seis miembros formado por el presidente, el vicepresidente y cuatro miembros más nombrados por el Consejo Europeo por un mandato de ocho años no renovables; también cuenta con un Consejo de Gobierno constituido por los miembros del Comité Ejecutivo y por los gobernadores de los doce bancos centrales participantes.

El Consejo de Gobierno es el principal órgano de toma de decisiones, que son adoptadas por mayoría simple para asuntos relativos a tipos de interés, reservas obligatorias y provisión de liquidez en el sistema. La norma de la mayoría simple sin duda otorga un peso excesivo a los miembros pequeños, pero el principio es que los gobernadores de los bancos centrales estatales no representan los intereses nacionales, y este principio se aplica aún más en el caso de los miembros del Comité Ejecutivo. La negativa a publicar las actas de las sesiones y el signo de las votaciones de los miembros del Consejo de Gobierno pretende igualmente proteger a los miembros de la presión política. Las legislaciones estatales también han cambiado para garantizar la independencia de los bancos centrales. La política monetaria europea ha sido confiada a los expertos de manera muy consciente. Así, la UEM no sólo significa la transferencia de competencias desde el nivel estatal o comunitario, sino que para la mayoría de los países también significa la transferencia de competencias de los representantes electos a los tecnócratas. En el centro del sistema se encuentran los seis miembros del Comité Ejecutivo, que establecen la agenda política y aplican las decisiones transmitiéndolas a los bancos centrales estatales. El sistema de toma de decisiones de la UEM es lo más cercano a una estructura federal que puede encontrarse en la Unión.

El BCE tiene el derecho exclusivo de autorizar la emisión de dinero. No está permitido prestar a los gobiernos: queda prohibida cualquier forma de «financiación monetaria», al igual que el «salvamento» de gobiernos u otras intituciones públicas endeudadas. Asimismo, está previsto que en el futuro el BCE desempeñe un papel con respecto a la supervisión prudente de las entidades financieras, aunque será el Consejo el que lo autorice en su momento. Hasta entonces, la supervisión y el papel de prestamista de última instancia continuarán siendo responsabilidad de los bancos centrales estatales. Por otro lado, el tratado permite que el Consejo de Ministros de Economía y Finanzas (ECOFIN) desempeñe un papel en la política de tipos de interés de la Unión, en particular en la negociación de los acuerdos internacionales y en la formulación de «orientaciones generales». Todo eso deja un poco en el aire la formulación de la política de tipos de interés y la división de responsabilidades entre el BCE y el ECOFIN.

El Tratado de Maastricht no creaba ninguna institución nueva para la dirección de las políticas fiscales, que siguen siendo responsabilidad de los Estados, ni hacía ninguna mención de un federalismo fiscal que permitiese el crecimiento del presupuesto comunitario. Sin embargo, contribuía a reforzar los mecanismos de supervisión multilateral existentes, al mismo tiempo que intentaba definir con cierto detalle lo que constituye un comportamiento «económicamente correcto». Sobre la base de las recomendaciones de la Comisión, el ECOFIN elabora cada año un borrador de «las directrices generales de las políticas económicas de los Estados miembros y de la Comunidad», aunque estas directrices siguen siendo vistas en general como una especie de coordinación «suave» de las políticas estatales. De hecho, la coordinación «suave» se ha ido extendiendo progresivamente a otros ámbitos de la política económica.

Sin embargo, hay disposiciones mucho más estrictas con respecto a los miembros derrochadores, disposiciones que en Maastricht articulan el llamado procedimiento del déficit excesivo y que posteriormente se hicieron aún más rígidas mediante la adopción del Pacto de Estabilidad y Crecimiento de 1997 (la palabra «crecimiento» parece ser que fue añadida básicamente por motivos decorativos). El pacto fue resultado de la fuerte presión alemana; aspiraba al equilibrio presupuestario de los países participantes y preveía sanciones en forma de multas que podían ascender al 0,5% del PIB de aquellos países cuyos déficit presupuestarios superasen el 3% del PIB, algo permitido sólo en circunstancias excepcionales. De este modo, el cumplimiento del límite del 3% del déficit público pasó a ser más estricto, al tiempo que la adopción de presupuestos equilibrados a medio plazo pasó a ser la norma. De todo ello resultó igualmente la adopción de programas de estabilización a medio plazo por parte de todos los países miembros. En uno de esos giros inesperados que en ocasiones da la historia, Alemania estaba destinada a convertirse en 2002 en el segundo país, después de Portugal, en superar el límite del 3%.

Las reuniones mensuales del ECOFIN están ahora precedidas por las del Grupo del Euro, formado por los ministros de los países que participan en la eurozona. Aunque por ahora carece de estatuto legal, el Grupo del Euro ha adquirido una importancia creciente en tanto que único foro en el que los ministros estatales pueden intercambiar opiniones sobre la evolución de la eurozona y también mantener un diálogo privilegiado con el BCE. Eso puede contribuir a una coordinación más efectiva de las políticas estatales mediante las presiones entre pares y la evaluación comparativa, aunque esta aproximación tiene claras limitaciones. Convertir el Grupo del Euro en una institución propiamente dicha y con competencias reales provocaría una separación más clara entre los que están y los que no están, con consecuencias políticas más amplias si tenemos en cuenta la importancia de la UEM.

La UEM debía verse reforzada por la unión política —así lo defendieron los alemanes, entre otros, durante las negociaciones que precedieron al Tratado de Maastricht—. Lo que solían tener en mente los defensores de la unión política era un mayor refuerzo de las instituciones comunitarias y en especial medidas para combatir el déficit democrático. En este sentido, de Maastricht no surgió gran cosa, y todavía menos de las posteriores revisiones del tratado. Así que, en todo caso, la UEM ha agrandado considerablemente la distancia entre la economía y la política.

La constitución de la UEM es incompleta, pero en términos de viabilidad política y de ideas económicas es sin duda fruto de su tiempo. Por supuesto, las negociaciones que precedieron al Tratado de Maastricht y las negociaciones posteriores que contribuyeron a la construcción de la UEM fueron llevadas a cabo por seres humanos: no fueron del todo racionales, al menos en el sentido económico del término; cada una albergaba su propia carga ideológica, cuyo contenido cambia con las modas políticas e ideológicas; y dieron lugar a decisiones basadas en información imperfecta, aunque se supiese perfectamente que la UEM era indisociable de una negociación en curso más amplia sobre el futuro de Europa. En las conferencias intergubernamentales que conducen a las revisiones del tratado comunitario, todos los países son en teoría iguales y todos tienen derecho de veto. Pero algunos seguramente son más iguales que otros. La construcción de la UEM que emergió del Tratado de Maastricht y de las negociaciones posteriores refleja en esencia el marcado interés de Francia en la UEM, la capacidad de Alemania para establecer los términos de referencia, la prevalencia de las ideas monetaristas y la ausencia de apoyo suficiente para abordar el déficit político de la Comunidad, ahora transmutada en Unión.

La economía de la UEM ha sido muy debatida por los economistas. Ciertamente, no hay consenso sobre si las ventajas económicas de la moneda única europea superan a los inconvenientes derivados de la pérdida de importantes instrumentos políticos en el nivel estatal. Por supuesto, el balance que haría Bélgica sería sustancialmente diferente del balance del Reino Unido. Estas diferencias tienen que ver, entre otras cosas, con el grado de apertura de la economía nacional. La UE no es ni mucho menos un área monetaria óptima, aunque dicha área monetaria óptima podría ser creada *ex post*. La economía europea no es todavía suficientemente homogénea, lo que quiere decir que diferentes países y regiones pueden verse sometidos a *shocks* asimétricos. Y no hay mecanismos de ajuste adecuados, como serían los mercados de trabajo flexibles, la movilidad laboral elevada o las grandes transferencias presupuestarias, que actuasen como sustitutos efectivos del tipo de cambio. Pero ¿hasta qué punto es efectivo el tipo de cambio en un mundo caracterizado por la elevada movilidad del capital internacional y la elevada inestabilidad de los mercados financieros? ¿Y acaso puede haber un verdadero mercado europeo cuyos elementos constitutivos están vinculados por tipos de cambio que fluctúan constantemente? Los economistas profesionales no ofrecen respuestas definitivas. Con la UEM, la respuesta general vino dada desde las alturas políticas y fundamentalmente con argumentos políticos; entonces se dejó en manos de los expertos la negociación de los detalles técnicos. Con el programa del mercado interior había sido diferente, pues había contado con un apoyo amplio entre los economistas.

El marcado énfasis en la estabilidad de precios como objetivo primordial, si no único, del BCE en la dirección de la política monetaria, junto con las disposiciones que garantizaban la independencia política del banco, refleja principalmente las preocupaciones de los alemanes y su deseo de exportar lo que era su exitoso modelo nacional —al menos hasta hace poco—, así como la prevalencia del pensamiento monetarista, por no mencionar la influencia de la «hermandad de los banqueros centrales» que elaboraron buena parte del borrador de los estatutos del BCE. La política monetaria en principio no debería tener un impacto sobre variables económicas reales a largo plazo, pero a corto plazo y a un precio elevado en términos de inflación. Además, la independencia de los bancos centrales pretende proteger la política monetaria de la interferencia política y, por tanto, evitar que se convierta en una víctima del ciclo electoral; y puesto que el BCE no está respaldado por una trayectoria histórica, las disposiciones legales pretendían ser aún más estrictas para garantizar su credibilidad en los mercados.

Dada la escasez de mecanismos de ajuste en la UEM, tendría sentido reforzar la flexibilidad de las políticas fiscales estatales como forma de abordar los *shocks* asimétricos o simplemente la insuficiente sincronización de los ciclos económicos. Pero también existe un riesgo de que los gobiernos estatales, o incluso regionales, se aprovechen del amparo que ofrece la Unión al asumir, como es obvio, que no cabe fiarse de los mercados para poner un freno efectivo a los excesos en el gasto presupuestario (y a los defectos en la recaudación fiscal) por parte de los gobiernos. En último extremo, el miedo a este riesgo prevaleció sobre la atracción por la flexibilidad fiscal debido a las dudas alemanas sobre la rectitud fiscal de algunos de los miembros, mientras que la consolidación presupuestaria constituía una parte integral de la corrección económica; de ahí la camisa de fuerza que imponía el Pacto de Estabilidad y Crecimiento. Las rígidas normas pretendían llenar el vacío en la historia institucional de la UEM. Se suponía asimismo que el keynesianismo estaba muerto y enterrado. Una combinación similar de factores se daba a la hora de considerar el federalismo fiscal en el contexto de la UEM. El informe Mac-Dougall de 1977 había defendido un aumento sustancial del presupuesto comunitario con una marcada función estabilizadora como condición previa para el funcionamiento adecuado de la UEM. A principios de la década de 1990 no fue así: los alemanes no estaban dispuestos a pagar y la idea misma de estabilización era poco elegante.

De modo que los arquitectos de la UEM rechazaron las transferencias presupuestarias intracomunitarias como mecanismo de ajuste automático e impusieron restricciones de peso a las políticas fiscales estatales. Al hacerlo, estaban asumiendo implícitamente una de las dos posibilidades siguientes: o la convergencia económica sería muy rápida, reduciendo así la necesidad de instrumentos de ajuste, o los mercados de trabajo pasarían a ser mucho más flexibles y por tanto podrían absorber los *shocks* asimétricos. La ortodoxia económica predominante pondría claramente el acento en la flexibilidad de los mercados de trabajo, y durante los últimos años se ha realizado una presión considerable desde organizaciones internacionales, algunos gobiernos y la mayoría de los economistas profesionales para ir en esta dirección. Pero ¿están los alemanes, por ejemplo, dispuestos a sustituir su modelo corporativista de relaciones laborales por el modelo de mercados laborales flexibles, siguiendo el ejemplo estadounidense? Fuese cual fuese en el pasado el éxito del Bundesbank en el control de la inflación, no puede entenderse al margen de la forma en que funcionaba y sigue funcionando el sistema político alemán, incluidas las relaciones entre gobierno, patronales y sindicatos organizados. Y éste puede ser precisamente uno de los problemas principales del BCE: no se encuentra por ninguna parte el resto de elementos que forjaron el éxito.

Los criterios de convergencia eran algo totalmente nuevo en la integración europea. Era la primera vez que se establecían condiciones previas para que un país pudiese participar en una política común. Han sido objeto de críticas desde muchas perspectivas. Son mecanicistas, algunas de ellas son arbitrarias e innecesarias, ignoran la convergencia real y también puede decirse que son deflacionistas. En el mejor de los casos, pueden percibirse como un indicador aproximado (y también efímero) de la orientación de los países hacia la estabilidad antes de entrar en la UEM, aunque es cierto que podrían reforzar la credibilidad de la UEM y del BCE. En términos puramente económicos, habría tenido sentido fijar un período de transición mucho más corto, con condiciones de entrada más fáciles y con normas mejores (y tal vez más estrictas) para la última fase de la UEM; pero políticamente no fue posible. Los criterios de convergencia también pretendían restringir, al menos durante algún tiempo, el número de países que pudiesen llegar a la última fase, aunque eso sienta un precedente político peligroso. Quién hubiese imaginado a partir de los datos de 1997 que se colarían hasta once países; dos años antes sólo Luxemburgo habría cumplido los requisitos. Éste es el significado de vivir en un mundo de información limitada y aún más limitada previsibilidad. Seguramente muchos economistas viven en un mundo propio muy especial.

La UEM es compatible con la arraigada tradición de elitismo y despolitización en la integración europea. Las decisiones fundamentales fueron tomadas desde lo más alto y a puerta cerrada, los documentos fueron redactados por los responsables de los bancos centrales y por diplomáticos que hicieron del BCE una fortaleza para los *cognoscenti*, las grandes empresas pudieron dar su opinión en las fases posteriores, mientras de la opinión pública se esperaba únicamente que diese su aquiescencia. Antes de la firma del tratado apenas hubo debate público sobre los pros y los contras de la UEM y sobre sus consecuencias más amplias, o sobre las formas alternativas de gestionar la nueva moneda única; la excepción fueron aquellos países en los que desde el principio hubo numerosos escépticos, como fue el caso en particular del Reino Unido. La poco entusiasta respuesta que despertó el tratado constituyó una sorpresa desagradable para las élites políticas europeas. Si otros países, especialmente Alemania, hubiesen seguido el ejemplo de los daneses, los irlandeses y los franceses en la convocatoria de referendos, el proyecto quizá se hubiese hundido definitivamente. Aparte de los euroescépticos de Escandinavia y el Reino Unido, sospechosos habituales, al principio incluso los alemanes mostraron poquísimo entusiasmo por la UEM (fig. 6.2; véase pág. 183). En este caso, sin embargo, el liderazgo político dio sus frutos: el apoyo popular a la UEM creció progresivamente durante el período de transición. Los máximos niveles de apoyo popular se han registrado reiteradamente en Italia, los países del Benelux y los países de la cohesión; los mínimos en el Reino Unido.

Sin respuesta han quedado algunas grandes preguntas sobre las consecuencias a largo plazo o sobre los vínculos con otras políticas —y, en algunos casos, parece que de forma deliberada—. Para los aficionados a las teorías conspiratorias resulta del todo justificado afirmar que la UEM constituye el ejemplo más pavoroso de integración económica que lleva a la integración política y a la creación de un supraestado europeo. Al fin y al cabo, ¿acaso no es cierto que hasta ahora el desarrollo de la integración europea ha dependido de una serie de *spillovers*, pasando en general de lo económico a lo político?

Democracia y ortodoxia económica

Hemos creado una moneda única europea con una estructura institucional débil y desequilibrada, y con unas normas rígidas para compensar estos defectos. Esto era lo políticamente viable en su momento y lo que diseñaron los arquitectos de la UEM, posponiendo así varias decisiones difíciles —tal vez sólo en parte conscientemente, pues su diseño reflejaba fielmente la moda económica al uso—. Además, la integración del mercado siempre ha demostrado ser más fácil que la integración política e institucional. Sin embargo, la endeble estructura institucional de la UEM, junto con su desequilibrada naturaleza, posiblemente conlleven costes económicos que se manifestarán en caídas en la producción y el empleo, así como en una moneda débil. La política y la economía son inseparables: los resultados económicos pobres, por un lado, y por otro, la frágil aceptación popular del proyecto y los bajos niveles de legitimidad de las instituciones comunes pueden estar estrechamente vinculados y reforzarse mutuamente. La experiencia parece sugerir que el camino más seguro hacia el corazón de los ciudadanos europeos ha pasado por sus bolsillos: el apoyo popular a la integración está estrechamente relacionado con los consiguientes beneficios materiales, mientras que la identidad europea se ha mantenido débil a lo largo del proceso. ¿Puede ocurrir lo mismo con la UEM? Lo que están en juego son cuestiones fundamentales de gobernanza económica y legitimidad democrática.

No resultó de mucha ayuda que la nueva moneda común llegase a los bolsillos de los ciudadanos europeos en un momento de bajo crecimiento y desempleo elevado. Los responsables políticos rezaban (como debían hacerlo, en cualquier caso) por que la primera recesión posterior a la introducción del euro llegase lo más tarde posible, dando así tiempo al BCE y a otras instituciones europeas para que asentasen su credibilidad y su legitimidad tanto en los mercados como en las sociedades. Parece que sus rezos no fueron oídos en las alturas y que se vieron por tanto obligados a aprender a gestionar la nueva moneda en condiciones adversas. La cuestión de la legitimidad puede resultar de particular importancia en momentos en los que el apoyo popular a la integración ha alcanzado niveles históricamente bajos, mientras que los beneficios económicos de la UEM tal vez no resulten ser tan grandes, tarden en materializarse y tal vez sean distribuidos de manera desigual. Por supuesto, las predicciones son muy arriesgadas, especialmente cuando se refieren a un futuro muy incierto y sin apenas experiencia en que sustentarse. Hoy por hoy, millones de ciudadanos europeos están experimentando los efectos tangibles del euro en sus vidas cotidianas.

Nuestro punto de partida es que la función estabilizadora de la UEM debería comportar un diálogo continuo entre el banco central y una institución política europea que fuese responsable de la política económica de la Unión y que rindiese cuentas al Parlamento Europeo. Eso también debería, aunque fuese lentamente, animar los debates paneuropeos sobre la orientación y las principales prioridades políticas de la política económica europea, pues las restricciones de las opciones estatales son cada vez mayores (y así son percibidas) debido a las obligaciones del tratado y a la integración del mercado. Ciertamente, los eurófobos tienen razón en la conclusión política que extrajeron de la UEM: acabará teniendo un efecto centralizador sobre las políticas económicas, aunque éste tarde mucho tiempo en manifestarse.

Para compensar la ausencia de trayectoria histórica, los autores del Tratado de Maastricht intentaron reforzar la credibilidad del BCE mediante normas estrictas que garantizasen la independencia política de éste y su compromiso con el objetivo de la estabilidad de precios. Parecían estar menos preocupados por su aceptación popular al presuponer tal vez que la nueva institución se ganaría la legitimidad a medida que ofreciese resultados. En otras palabras, se anteponía la credibilidad en los mercados a la credibilidad en las sociedades europeas en general. Los mecanismos existentes se basan en determinas asunciones relativas al papel de la política monetaria y a su divorcio de la democracia de las mayorías. Para algunos, la UEM forma parte de la «camisa de fuerza dorada» que hiciera famosa el periodista estadounidense Thomas Friedman (la «camisa de fuerza dorada» pretende convertir el juego democrático en las sociedades avanzadas en una competencia entre gestores más o menos eficientes del sistema capitalista). Al menos en Europa, no necesariamente superará la prueba del tiempo.

En el contexto estatal, un banco central independiente rinde cuentas ante las instituciones democráticas y puede justificar sus decisiones recurriendo a la legitimidad del Estado-nación. En el nivel comunitario no hay un equivalente. De ahí que algunos observadores externos hayan elaborado escenarios catastróficos para la UEM, en los que la ortodoxia económica se topa con la realidad política en momentos de recesión. Aunque estos escenarios van quizá demasiado lejos, está claro que hay un problema de legitimidad que afecta a las instituciones comunitarias en general y al BCE en particular.

El BCE necesitará por tanto un equivalente político de la UEM para funcionar adecuadamente y también para que el propio banco refuerce su credibilidad y su legitimidad. Un banco central independiente sin un interlocutor político creíble ante el que deba responder y que goce a su vez de legitimidad democrática es, en esencia, un banco central débil. Así lo percibieron con claridad los mercados, especialmente en momentos de crisis. La experiencia parece corroborar este análisis: la debilidad del euro en los mercados cambiarios durante el primer año fue, al menos en parte, consecuencia de la debilidad institucional y política de la UEM.

El BCE fue diseñado como un banco conservador, de conformidad con las preferencias alemanas y con la ortodoxia económica predominante. Durante sus primeros cuatro años de funcionamiento se comportó siguiendo este patrón, centrando su atención prácticamente de manera exclusiva en la estabilidad de precios, definida por el BCE como una tasa de inflación anual media en la eurozona de entre el 0 y 2%, a costa de otras consideraciones como el crecimiento, el empleo o la estabilidad financiera. Este objetivo de inflación ha sido demasiado restrictivo, especialmente en un momento en el que la deflación ha dejado de ser motivo de preocupación sólo para los historiadores; de ahí que los tipos de interés europeos hayan sido mantenidos en ocasiones en niveles demasiado elevados. Y el BCE se ha mostrado poco dispuesto a seguir una política monetaria activa, lo cual contrasta de manera muy ilustrativa con la Reserva Federal estadounidense dirigida por el señor Greenspan. Para más inri, es como si la camisa de fuerza impuesta a la economía europea estuviese hecha de cobre, no de oro; pero esto es así para Alemania en mucha mayor medida que, por ejemplo, para Italia.

Una mayor confianza, que puede adquirirse con la experiencia, y un interlocutor político más fuerte en forma de institución comunitaria para la política económica, debería llevar (o cabría esperar que llevase) al BCE a ser más conservador y también a rendir más cuentas ante los representantes democráticos de los ciudadanos europeos; cuanto antes mejor para todos los afectados. La independencia no significa ausencia de *accountability* y, en el caso del BCE, la *accountability* necesita ser reforzada. Al intentar discernir los límites entre la ortodoxia y la herejía (como ya han hecho otros), uno podría de hecho ir más lejos y defender que no hay nada en los libros sagrados de la banca central que exija que el objetivo de la inflación deba ser la prerrogativa de un banco central independiente. La independencia puede ser definida en relación con los instrumentos políticos utilizados para conseguir el objetivo fijado por las autoridades políticas.

Con el tiempo posiblemente acabemos asistiendo a la centralización de la aplicación de la política monetaria y a una reducción del papel de los gobernadores de los bancos centrales estatales en la toma de decisiones. Esto último acabará siendo casi inevitable con la llegada de nuevos miembros a la UEM, pues provocará el incremento correspondiente del número de gobernadores estatales con derecho a votar en el Consejo de Gobierno del BCE, a menos que cambien las reglas actuales. Lo más probable es que cambien. Así, el Banco estará obligado a cambiar el principio de «un gobernador, un voto» por algún tipo de representación o voto regional por rotación, siguiendo el ejemplo del FMI o de la Reserva Federal estadounidense. En el futuro también cabría esperar que el BCE adquiriese más competencias de supervisión y regulación bancaria, que acabarían convirtiéndolo probablemente en prestamista de última instancia para el conjunto de la Unión. Pero este proceso puede acabar siendo largo y encontrarse con mucha resistencia de los reguladores bancarios y financieros estatales. Con la rápida integración financiera, en la que la UEM ha actuado como catalizador destacado, cada vez será más difícil seguir con la práctica de las doce o más sedes estatales del BCE que actúan de manera independiente como supervisores bancarios, dando así la falsa impresión de que los mercados nacionales son mucho menos interdependientes de lo que en realidad son.

En la dimensión económica de la UEM se encuentra, por supuesto, el problema inmediato de reformar el Pacto de Estabilidad y Crecimiento, que ha fracasado estrepitosamente en la principal tarea que le fue asignada, esto es, la imposición de límites efectivos a la falta de disciplina fiscal en el marco de la UEM. Las normas son más que necesarias para hacer frente a los pícaros aprovechados: los grandes déficit presupuestarios en que incurren los gobiernos pueden minar la credibilidad de la moneda única y por consiguiente obligar al banco central a subir los tipos de interés para compensar. Pero las normas adoptadas han demostrado ser demasiado rígidas, especialmente en un entorno económico adverso, de modo que acaban siendo inaplicables. Combinadas con una política monetaria restrictiva del BCE, han reducido innecesariamente la libertad de que gozaban los gobiernos estatales en la dirección de la política fiscal. La norma del 3 % de déficit prespuestario no es sagrada en momentos de bajo crecimiento; y como los alemanes no pueden ajustarse a esta norma «estúpida» (una descripción del pacto utilizada por primera vez por el presidente de la Comisión Europea, Prodi), se ha ido aceptando cada vez más lo que es obvio, es decir, que las restricciones sobre los déficit presupuestarios estatales deberían ser interpretadas de manera más flexible y deberían tener en cuenta asimismo factores cíclicos, la sostenibilidad de la deuda y la distinción entre el gasto por consumo y la inversión. En el momento de escribir estas líneas, el pacto estaba a punto de ser reformado.

Pero deberíamos ir más lejos. La «E» en la UEM necesitará ser definida de manera más precisa y contar con la estructura institucional adecuada, y al mismo tiempo debería seguir siendo reconocida, por supuesto, la persistente realidad de los Estados-nación, incluido el hecho de que el grueso del dinero público continuará siendo gastado por los gobiernos estatales. Una unión monetaria necesita una coordinación más efectiva de las políticas fiscales que vaya más allá de las restricciones impuestas sobre los déficit presupuestarios estatales y más allá de las orientaciones generales de política económica, que habitualmente son desmasiado generales como para tener un efecto real sobre las políticas estatales. Asimismo, necesita una coordinación más efectiva y también una aproximación más simétrica a las políticas fiscales, de modo que no responda únicamente a la necesidad de consolidación fiscal en varios países, sino que además sea capaz de afrontar con más eficacia la recesión. Por supuesto, la misma observación sobre la necesidad de simetría puede hacerse con respecto a la política monetaria. De otro modo, nos arriesgamos a seguir librando las mismas batallas del pasado.

La Unión necesitará una institución política que adopte una perspectiva global de la economía europea en su conjunto y que pueda acordar de manera colectiva las principales prioridades de la política económica, permitiendo así una política más activa para la Unión. En la actualidad, el combinado político surge sobre todo por defecto y no como resultado de la coordinación explícita; y además está sesgado en una dirección. Por supuesto, un proceso de este tipo se vería reforzado convenientemente por la existencia de un fondo de estabilización en la UE y por el funcionamiento de estabilizadores automáticos en un presupuesto comunitario ampliado. Por desgracia, las condiciones políticas no son las idóneas para un proceso así.

La UEM necesita una coordinación más eficaz de las políticas económicas en sentido amplio, lo cual permitiría introducir un mínimo de coherencia en la multitud de procedimientos de coordinación que han venido siendo adoptados en la Unión de manera casi despreocupada. En una unión monetaria con mecanismos de ajuste interno débiles, el énfasis ha sido puesto en una mayor flexibilidad de los mercados laborales a fin de absorber los *shocks* asimétricos. El proceso de Lisboa pretendía actuar como catalizador externo y justificación lógica para las dolorosas reformas internas. Sin embargo, no hubo una concienciación suficiente con respecto al hecho de que estas reformas crean perdedores, y eso explica la fuerte resistencia por parte de los que tienen interés en defender el *statu quo*; son la mayoría y además los mejor organizados. La experiencia anterior de la integración europea sugiere que los ajustes internos han sido posibles en un entorno macroeconómico dinámico y con la ayuda de instrumentos distributivos. Mientras no sean creadas condiciones similares en la actualidad, las arengas de los economistas en favor de la reforma estructural caerán en el habitual saco roto de los políticos y sus electorados. En este sentido, la política macroeconómica puede desempeñar un papel positivo mediante la creación de condiciones más propicias para el crecimiento, aunque durante muchos años este papel haya tendido a ser oscurecido por muchos en Europa.

La unión monetaria requiere la existencia de un gobierno económico europeo, con competencias claramente definidas y con una estructura también descentralizada. En este contexto, la Comisión debería contar con una definición más clara de su papel, que incluiría la provisión de asistencia técnica y la supervisión de los acuerdos en torno a diferentes políticas. La Comisión parece haber hecho un buen trabajo con el reducido mandato que le asignó el Tratado de Maastricht.

El término «gobierno económico» fue utilizado por primera vez por los socialistas franceses, pero nunca fue definido adecuadamente, tal vez con razón, pues la Unión no estaba políticamente preparada para dar un paso así. Pero es posible que reciba cada vez más apoyo a partir de la frustración producida por la endeble estructura institucional de la UEM, que provoca a su vez debilidad económica. Sin embargo, aumentar la coordinación entre las políticas económicas estatales es algo más fácil de decir que de hacer. Está destinado a ser un proceso de aprendizaje gradual. El problema es que la política macroeconómica necesita más discreción que normas fijas y también que, histórica y políticamente, la Unión está mal preparada para actuar de manera discrecional.

Están en juego importantes cuestiones de soberanía que fueron puestas bajo la alfombra durante las negociaciones que precedieron al Tratado de Maastricht, pero que difícilmente se quedarán ahí durante mucho tiempo. Cuando salgan descubriremos que muchos de los responsables en el establecimiento de la UEM tal vez no estén preparados para aceptar las consecuencias institucionales y políticas. Los mecanismos de coordinación suave existentes podrían ser reforzados para de ese modo ser más eficaces. Pero en algunos casos eso comporta más constricciones para la soberanía nacional, y específicamente para los gobiernos y parlamentos estatales, en lo relativo a política económica. Por ejemplo, un acuerdo sobre la posición general europea en materia de política macroeconómica debería establecer límites en el marco de los cuales podrían ser definidas las políticas presupuestarias estatales, mientras que los ministros estatales que asistiesen a un Consejo Europeo de política económica, todavía por crear, tendrían que actuar cada vez más como intermediarios o correas de transmisión entre los niveles comunitario y estatal, lo cual les reportaría más poder de cara a sus colegas de gobierno estatal. No parece en absoluto fácil.

En el caso de la reprimenda lanzada por el ECOFIN a la política fiscal irlandesa en 2001 (la primera reprimenda en aplicación de las normas de supervisión multilateral), no sólo estaba en juego el derecho del parlamento irlandés de decidir sobre la magnitud del excedente presupuestario en un período inflacionista, sino también la capacidad del gobierno de mantener un acuerdo duradero con los sindicatos, un acuerdo que había sentado las bases del milagro económico irlandés durante la última década y posteriormente. ¿Cuánto margen puede dar la coordinación de la política económica europea a las idiosincrasias nacionales? ¿Pueden las normas vinculantes y el voto por mayoría sustituir a la evaluación comparativa y a las presiones entre pares? Sin duda, la transición puede ser lenta y a menudo dolorosa. Pero sería ridículo pretender que las políticas o decisiones presupuestarias estatales sobre la reforma estructural puedan seguir como si la UEM no existiese.

Los efectos de la UEM seguramente no se limitarán a la política macroeconómica. Se espera que la moneda única actúe como gran factor unificador, principalmente mediante una mayor transparencia de precios y la eliminación de la incertidumbre en torno a los tipos de cambio, lo que generaría una competencia acrecentada a través de las fronteras. Se trata con mucho del paso más importante para la creación de un verdadero mercado interior, que llevaría incluso a una mayor interdependencia económica entre economías nacionales y a una mayor reestructuración a partir de más fusiones y adquisiciones transfronterizas. La mayoría de los economistas preveen un aumento sustancial de los flujos de comercio e IED en la eurozona. Una integración del mercado más profunda a su vez ejercerá presión en favor de una mayor europeización de toda una serie de políticas, y de este modo se plantearán nuevas cuestiones sobre la distribución de competencias entre instituciones comunitarias y estatales, así como sobre la distribución de ganancias y pérdidas entre países o entre grupos económicos y sociales. La UEM favorecerá aún más la movilidad y el tamaño. De ahí que la UEM no sea políticamente neutral; sólo se lo creerían los tecnócratas más ingenuos.

La regulación de los mercados financieros es una de esas cuestiones que han adquirido relevancia en la agenda política europea. Una integración del mercado más profunda y una mayor reestructuración a través de las fronteras también tendrán efectos importantes sobre la política de la competencia. Durante algún tiempo han estado candentes algunas cuestiones de armonización fiscal, y más precisamente la prevención de la competencia fiscal dañina. La temperatura política difícilmente bajará en el futuro; en todo caso, cabría esperar que subiese aún más. ¿Cómo cabe reconciliar la autonomía fiscal en el nivel estatal con unos mercados cada vez más europeos y globales y con una moneda única europea? Por otro lado, mientras se mantenga la debilidad de otros mecanismos de ajuste se seguirá poniendo el énfasis casi exclusivamente en la flexibilidad del mercado laboral como forma de absorber los *shocks* en la UEM. En un entorno económico estancado, todo ello causará mucha frustración.

Hay otro tema muy delicado en relación con la asignación institucional del papel de coordinación a nivel europeo. El candidato obvio para esta tarea sería un ECOFIN con competencias ampliadas. Pero hay una dificultad grave: el ECOFIN no puede ejercer dicho papel mientras algunos miembros de la UE estén fuera de la UEM, lo cual deja como única opción viable la promoción del Grupo del Euro, con competencias legislativas propiamente dichas y, lo que es aún más importante, con competencias ejecutivas en materia de política económica. Posiblemente esta decisión sea pospuesta hasta que aquellos países que voluntariamente siguen fuera de la UEM se decidan definitivamente a entrar o no entrar. Pero no puede ser pospuesta indefinidamente. La institucionalización del Grupo del Euro tendría a su vez grandes consecuencias políticas para el conjunto de la Unión, y la UEM sería la base sobre la que se produciría una mayor diferenciación entre categorías de miembros. Mientras la UEM siga siendo la manifestación más importante de la integración europea, parece inevitable que la participación en ella aumente de forma determinante el valor de la participación en la Unión de manera más general. En este sentido, la UEM sería un factor decisivo.

Dinamarca, Suecia y el Reino Unido debían decidir en referendos populares si entraban o no entraban en la UEM. Estas decisiones raramente son tomadas sobre la base de cálculos racionales de costes y beneficios. Después de todo, cuando en el referendo de septiembre de 2000 los votantes daneses rechazaron la participación de su país en la UEM, no votaron por una política monetaria independiente, con todo lo que ello conlleva. La política monetaria independiente había sido abandonada de manera voluntaria muchos años antes y sin tanto alboroto político. La corona seguiría estando estrechamente vinculada al euro (en sustitución del DM) mediante su participación en el nuevo MTC. De este modo, Dinamarca sufre muchas de las restricciones de la unión monetaria sin disfrutar de todos los beneficios de la participación en ella. Al fin y al cabo, los votantes daneses estaban decidiendo sobre cuestiones más amplias —o eso es lo que pensaban—. Si los tres países continúan estando fuera de la UEM durante mucho tiempo, se estarán creando las condiciones para la formación de un núcleo interno y de un núcleo externo entre los miembros de la UE. Aquellos del núcleo externo se arriesgan a convertirse en miembros de segunda, a menos que se den progresos espectaculares en materia de política exterior y defensa, que a su vez pueden producir una constelación de poder diferente en la Unión. Blair parece comprender perfectamente este punto en particular.

Con la ampliación, el riesgo de que la UEM cree diferentes categorías de miembros dentro de la Unión será aun mayor. De algunos de los futuros miembros de la UE no cabe esperar que sean capaces de cumplir dentro de poco con los criterios de convergencia referidos a inflación, déficit presupuestarios y tipos de interés. Y aunque cumpliesen con ellos, el precio podría ser elevado en términos de crecimiento. Muchos economistas están dispuestos a aceptar que, al menos en los países en desarrollo —la mayoría de las economías en transición pertenecen a esta categoría—, un poco de inflación es un lubricante necesario para el crecimiento. Por otro lado, una aplicación estricta del criterio del tipo de cambio conllevaría para los nuevos miembros tener que pasar la prueba de la estabilidad del tipo de cambio durante al menos dos años como miembros del MTC antes de poder acceder a la UEM. Lo más probable es que necesiten esta experiencia, al menos aquellos países que no han abandonado la instrumentalización del tipo de cambio mediante la adopción de paneles monetarios (*currency boards*). Después de todo, para las economías en transición que se enfrentan a grandes déficit por cuenta corriente y, por tanto, dependen de los flujos de capital para financiarse, los riesgos de inestabilidad en el tipo de cambio son considerables.

También se deberán tomar algunas decisiones sobre la representación exterior de la Unión. Tiene poco sentido seguir teniendo representaciones estatales de los países de la UE en las organizaciones financieras internacionales, como el FMI, o incluso una participación separada de los Cuatro Grandes en el Grupo de los Siete (Grupo de los Ocho, con la participación de Rusia) cuando se discuten cuestiones económicas internacionales. Los gobernadores de los bancos centrales estatales ya han perdido formalmente el derecho a actuar en la política monetaria o incluso a ocuparse de ella de manera independiente. ¿Cuánto tiempo ha de pasar antes de que los ministros europeos acuerden que el presidente del BCE necesita un equivalente político (un señor o una señora UEM) que represente a la Unión en los foros internacionales? ¿Y deberían seguir el ejemplo de la política comercial común, en la que la Comisión actúa como único representante y negociador en nombre de la Unión, o más bien el ejemplo que ha ofrecido la PESC hasta la actualidad? Tal vez el señor o la señora UEM debería tener un asiento en el Consejo y en la Comisión. Sin una representación exterior común, la UEM seguirá sufriendo la cacofonía de voces descoordinadas que hasta ahora la ha caracterizado, con consecuencias negativas obvias para el poder de negociación y el valor de la nueva moneda única en los mercados financieros.

¿Tienen los europeos perspectivas comunes e intereses que defender con respecto al papel de las instituciones financieras internacionales y a las normas que regulan el sistema financiero? Nuevamente, la experiencia sugiere que, mientras las perspectivas e intereses europeos sobre estos temas estén representados de manera separada, seguirán teniendo sólo un impacto muy reducido en la gobernanza económica global. Estas consideraciones han constituido históricamente una de las principales fuerzas motrices para la UEM en un sistema internacional caracterizado todavía por la hegemonía estadounidense. Queda por ver si los europeos serán capaces de responder colectivamente al reto que supone que el euro se convierta en una gran divisa internacional y, por tanto, de asumir las responsabilidades que ello conlleva.

La lista de preguntas que precisan de respuesta sigue siendo muy larga. No obstante, el mensaje general es directo: la UEM es indudablemente una estrategia de alto riesgo. Existe un riesgo económico grave en la fijación irrevocable de los tipos de cambio y en la política monetaria de «talla única», mientras que otros mecanismos de ajuste siguen siendo muy débiles y persiste la divergencia económica. Los «desajustes» probablemente tendrán un precio muy alto. Si no es gestionada adecuadamente, la UEM podría tener efectos negativos para la producción y el empleo en el conjunto de la Unión, y con más perdedores que ganadores. Cabe argumentar que la inestabilidad de los mercados de divisas, combinada con la gran apertura de todas y cada una de las economías europeas, dejaron muy pocas opciones a los responsables políticos europeos; pero esta afirmación es discutible. Existe igualmente un riesgo político vinculado al déficit de legitimidad de la Unión y a la debilidad de la estructura institucional, que no está equipada convenientemente para afrontar las crisis. Y no hay una salida fácil si las cosas van mal. Esto es muy importante.

Por otro lado, para que la UEM funcione necesitará una UE más fuerte e integrada tanto en el terreno político como en el económico. También requerirá algunas reformas estructurales dificultosas. No se trata de un proyecto para pusilánimes. Al fin y al cabo, la historia de la integración europea ha estado marcada por iniciativas sólidas, que parecían ofrecer objetivos fáciles para las diversas categorías de euroescépticos. En la mayoría de las ocasiones, eran los euroescépticos los que se tenían que ajustar a la realidad europea que cambiaba sin cesar. Queda por ver si la UEM habrá intentado ir demasiado lejos para varios gobiernos y sociedades de Europa. Por supuesto, entre la crisis abierta y la integración más profunda hay fórmulas diversas para ir tirando, una opción a menudo popular en el nivel comunitario. En el caso del euro, ir tirando puede comportar un coste elevado si se prolonga durante mucho tiempo.

Capítulo 7

LA EXTENSIÓN DE LA *PAX EUROPEA*

Es habitual que la Unión parezca más grande desde fuera que desde dentro, aunque todo depende del cristal con que se mire. Otros europeos tienden a mirarla con cierto respeto y lo suelen combinar con elevadas dosis de deseo. En el resto del mundo, sin embargo, las actitudes varían: desde la admiración en África y América Latina, donde la UE es vista como un modelo imposible de seguir, a la incomprensión en la mayoría del Sudeste Asiático, cuyos tigres económicos parecen no tener mucho tiempo que perder en la supranacionalidad, el pluralismo democrático y el costoso modelo social asociado a Europa. La Unión es vista en todas partes como un poderoso bloque económico con un sistema de toma de decisiones extremadamente complejo que la convierte en un socio con el que es difícil negociar. Por otro lado, los extranjeros no suelen pasar por alto las limitaciones de la potencia civil europea. Han aprendido de la experiencia que, cuando las armas empiezan a hablar, la Unión tiene habitualmente poco que decir. Resulta paradójico que esta diferencia con respecto a una verdadera superpotencia se hiciese más obvia tras el fin de la Guerra Fría, que dio lugar a una nueva fase de indiscutida hegemonía estadounidense.

La influencia más fuerte de la Unión sobre otros países es ejercida mediante la perspectiva de la adhesión. Ésta es la forma más eficaz de extender la *Pax Europea*, que lleva consigo paz, democracia, bienestar y un avanzado modelo de gestión conjunta de la interdependencia. La adhesión a la Unión está sujeta a varias condiciones previas; con el tiempo, se ha hecho cada vez más difícil, una vez que un país se ha adherido, el proceso de socialización (y europeización). Sólo por la vía dura se aprende a compartir la soberanía y no a través de documentos que prescriben un comportamiento a los candidatos. Mediante las diversas rondas de ampliaciones, la Comunidad y ahora la Unión han ido evangelizando (quizá debamos utilizar otro verbo, pues no todos los candidatos comparten los valores cristianos) a un número cada vez mayor de países europeos; y como consecuencia de las adhesiones progresivamente se ha ido transformando. Esta vez, el desafío es mayor que nunca.

Las fronteras han ido cambiando constantemente, pero para la UE siempre merecerán una especial atención las «inmediaciones extranjeras» —el término usado por los rusos tras la fragmentación de la Unión Soviética para denotar proximidad y también un interés especial por los antiguos miembros del Imperio—. Una definición restringida de las inmediaciones extranjeras incluiría sólo países europeos y por ello miembros potenciales de la Unión, suponiendo que supiésemos hasta dónde se extienden las fronteras orientales de Europa. Y si asumiésemos una definición más amplia de Europa, cabría preguntarse, por ejemplo, si para los intereses de la Unión el Cáucaso es más o menos vital que las costas meridionales del Mediterráneo. Para una potencia continental, la perspectiva de cada país o región será necesariamente diferente.

En temas comerciales la Unión ha sido durante mucho tiempo uno de los principales actores internacionales. Sin embargo, la emulación de este éxito en otros ámbitos ha demostrado ser difícil. En algunos aspectos, la Unión ya intenta ejercer influencia en el resto del mundo y al hacerlo intenta defender intereses colectivos y exportar valores comunes. Las armas que utiliza para conseguir sus objetivos no constituyen el arsenal de una potencia tradicional; y a medida que se da más cuenta de sus limitaciones, la Unión ha intentado dotarse de los instrumentos convencionales de la diplomacia y la guerra, aunque hasta ahora con un éxito limitado. En el mundo de hoy la UE necesita definir y defender su identidad colectiva en el contexto de la globalización y también de cara a la superpotencia que queda en pie. Estos dos objetivos difícilmente son separables. Haga lo que haga la Unión en el frente exterior, tendrá repercusiones sobre el modelo de integración y la configuración de poder interna.

(Casi) todos quieren entrar

Hasta ahora ha habido tres rondas de ampliaciones, con tres nuevos miembros que se adherían en cada una de ellas: el primer grupo de países de la AELC, liderados por el Reino Unido, en la década de 1970; los países del sur en la de 1980; y el segundo grupo de países de la AELC neutrales en la de 1990. Por tanto, tres ha parecido ser hasta ahora el número mágico, aunque como todo lo que es magia ha salido de alguna chistera. Para ser más precisos, la ampliación hacia el sur tuvo lugar en dos fases, pues Grecia se adhirió por su cuenta —un acontecimiento que difícilmente se repetirá—; y luego se produjo la muy importante ampliación de

1990, cuando el *Länder* oriental se adhirió a Alemania y a la Comunidad, aunque oficialmente no cuente como ampliación, sino como asunto interno de Alemania.

Ahora los números son muy diferentes. En el Consejo Europeo de Copenhague de diciembre de 2002 se tomó la histórica decisión de admitir a diez nuevos miembros. De modo que, si no hay accidentes en el proceso de ratificación, la Unión Europea de 25 será una realidad el 1 de mayo de 2004. Los diez nuevos miembros son: Polonia, Hungría, República Checa y Eslovaquia, los países de Europa Central que, a todos los efectos, constituyen el grupo nuclear de la nueva ampliación; Estonia, Letonia y Lituania, las tres repúblicas bálticas que hasta 1990 eran parte de la URSS; Eslovenia, la única de las antiguas repúblicas de la Yugoslavia socialista; y las dos islas mediterráneas de Chipre y Malta, que han sido tratadas casi como una prolongación de la ampliación oriental de la Unión.

Ya hay dos candidatos oficiales más de los Balcanes, como son Bulgaria y Rumanía, que en 2000 iniciaron las negociaciones de adhesión. Debido a la lentitud del proceso (también en lo relativo a las reformas internas), estos dos países han sido excluidos de la primera oleada; ahora concentran sus esperanzas en la adhesión para 2007, la fecha declarada oficialmente como objetivo. Y hay un decimotercer candidato, Turquía, el único que no ha iniciado todavía las negociaciones de adhesión con la UE. Su tamaño es uno de los diversos motivos por los que Turquía constituye una categoría aparte en esta nueva ampliación. En cualquier caso, se espera que la sala de espera siga llenándose en el futuro, abriendo así la posibilidad de un proceso de ampliación ilimitado. En febrero de 2003 Croacia fue el primero de los esperanzados candidatos no oficiales que movió ficha presentando su solicitud de adhesión.

Las razones para que tantos países quieran adherirse a la UE son obvias: quieren garantizarse el acceso a los mercados europeos, a la financiación privada y pública, a una póliza de seguro fiable para la seguridad y la democracia, y también la cuota de influencia y prestigio asociada a la participación en el más importante de los clubes. Cabe esperar que también quieran desempeñar un papel activo en la construcción de un hogar europeo común todavía inacabado.

El acceso a los mercados es crucial porque los candidatos ya son tan dependientes del comercio con la UE como lo son los propios miembros. Buena parte de la liberalización ya se ha producido y sólo quedan algunas excepciones, entre las que destaca la agricultura. A lo largo del proceso, los países candidatos han descubierto que la liberalización conlleva reciprocidad, lo que a su vez provoca un agrandamiento de los déficit por cuenta corriente con respecto a la Unión. El grueso de la IED en los países candidatos ya procede de la UE, al tiempo que la perspectiva de la ampliación seguramente ayuda a reducir el factor de riesgo para los inversores extranjeros, tanto para los europeos como para los demás. Por otro lado, cabe esperar que la adhesión genere transferencias de fondos hacia los nuevos miembros a través del presupuesto comunitario. El bajo nivel de desarrollo económico de los nuevos miembros garantiza que serán beneficiarios netos de los Fondos Estructurales y del Fondo de Cohesión, y la mayoría de ellos puede contar con recibir transferencias netas de la PAC. Sin embargo, las transferencias de los fondos comunitarios exigirán paciencia debido a las previsiones de transición que siguen a la adhesión; y los nuevos miembros esperan asimismo que las reformas políticas futuras no diluyan demasiado la dimensión redistributiva del presupuesto comunitario. En el lado negativo están los costosos estándares que conlleva la participación en la UE, tanto a nivel social como medioambiental, que algunos ven como un lujo muy caro para países que consideran estar en el nivel más bajo del desarrollo económico. Para sus escasos recursos administrativos, supondrá una fuerte presión añadida y muy probablemente provocará el éxodo de algunos de los mejores cerebros de estos países.

Y lo que es más importante, la adhesión a la Unión es percibida como una decisión altamente política vinculada a la consolidación de la democracia, a la preservación de la paz y la seguridad y a la participación plena en las instituciones comunitarias. Hay además un factor habitualmente silenciado: como ya ocurriese con anterioridad, para los nuevos miembros la participación en la UE estará inevitablemente vinculada al proceso de modernización y europeización —y un proceso así crea tanto ganadores como perdedores—. Con los países de Europa central y oriental el problema es que los perdedores en el proceso de ajuste a la UE engrosarán las filas de los que ya han sido sacrificados en la pira de la transición desde el comunismo. En varios países el PIB real sigue estando en niveles inferiores a los que había antes de 1989.

De acuerdo con las encuestas de opinión, hay un apoyo claramente mayoritario a la adhesión a la UE en los diez nuevos miembros, aunque hay algunas minorías considerables de euroescépticos en algunos de ellos. El apoyo popular se ha ido reduciendo en los últimos años —al igual que en los países miembros—, aunque en general se espera que en los referendos sobre la adhesión los votantes den el «sí» en todos los países candidatos. ¿Se ha reducido el apoyo a la participación en la UE debido a la frustración por lo interminable de las negociaciones y a la aparente ausencia de generosidad y flexibilidad mostrada por parte de la Unión? Por supuesto, hay algo de verdad: la evolución de los candidatos no ha sido precisamente el tipo de experiencia edificante que podría generar una oleada de euroentusiasmo en estos países.

Por otro lado, la comparación entre los niveles de apoyo popular en los futuros miembros sugiere que, cuanto más alejada se encuentra la perspectiva de la adhesión, mayor es su popularidad. De ahí que los elevados niveles de apoyo suelan registrarse en Bulgaria, Rumanía y Turquía, que no cuentan con ser miembros hasta que no pase un tiempo. Eso puede sugerir que la Unión, en tanto que objeto de deseo, pierde su brillo a medida que los pretendientes se acercan a ella, lo cual constituye una conclusión deprimente —¿será la edad?—. Al menos para algunos de los miembros futuros la participación en la UE tampoco es probable que sirva de potente motor externo ni de justificación para las medidas impopulares en el nivel estatal. Por tanto, «sumarse a Europa» puede no ser una fuerza movilizadora tan importante como en su momento lo fue para los países de Europa del Sur. Estonia tiene una historia muy diferente de la de Grecia o España.

Al igual que en tantos otros temas, con respecto a la ampliación de la UE ha habido una gran distancia entre la retórica oficial y la acción. Es muy difícil rechazar una solicitud de adhesión cuando procede de un país europeo que cumple con los criterios políticos y económicos básicos. Así ha ocurrido una y otra vez. La UE no puede decir «no», pero es muy buena aplazando decisiones. Es lo que ocurre de ordinario debido al lento sistema de toma de decisiones. En la nueva ampliación ha habido una razón adicional y muy poderosa para no precipitarse: para la Unión los beneficios de la ampliación son en su mayor parte intangibles y a largo plazo, mientras que los costes son percibidos como algo más inmediato y concreto. Esta combinación difícilmente movilizará a los políticos en una democracia, así que no digamos en el sistema tan complejo de la UE.

Seguramente la ampliación significa, en primer lugar y ante todo, una inversión en democracia, seguridad y prosperidad; en otras palabras, una extensión de la *Pax Europea* a todo el continente europeo. Esto es lo que realmente está en juego, y nada menos que esto. Pero por el momento, la ampliación costará dinero en tiempos de austeridad económica; amenazará intereses creados, sean de agricultores o de beneficiarios netos de los fondos comunitarios; hará las decisiones y el funcionamiento de la UE mucho más difíciles; y requerirá dolorosas reformas internas. Por supuesto, los números son muy importantes. Una Unión de 25 miembros, y tal vez más algún día, necesariamente será diferente en muchos sentidos de lo que hemos conocido hasta ahora. Pero no es sólo una cuestión de números. Los nuevos candidatos se caracterizan por bajos niveles de desarrollo económico y experiencia democrática limitada. De ahí que la adhesión de los tres países europeos del sur en la década de 1980 constituya un punto de referencia y un estándar adecuado para la comparación. Sin embargo, con la perspectiva del tiempo puede parecer una operación pequeña y relativamente fácil. ¿Quién habría imaginado hace unos veinte años que cabía esperar desafíos mucho más difíciles en el futuro? Para más inri, la mayoría de los futuros miembros parecen a menudo menos entusiastas con respecto a la integración europea. Por supuesto, a los euroescépticos británicos o escandinavos esto les puede parecer más atractivo.

Los beneficios económicos potenciales han sido a menudo exagerados. Los futuros miembros supuestamente ofrecerán mercados en rápida expansión y oportunidades de inversión para los agentes económicos de los países que ya son miembros de la UE. Esto es cierto, aunque las expectativas deberían ser rebajadas. En términos económicos, los candidatos tienen de hecho más potencial que realidad, y mucho de lo que pueden ofrecer en la actualidad en términos de mercado y oportunidades de inversión ya ha sido evaluado por las empresas occidentales. Los diez países que se adherirán en 2004 representan el 23% de la superficie y el 20% de la población del UE-15, mientras que su PIB por habitante, medido en paridad de poder adquisitivo, se sitúa entre el 80% de la pequeña isla de Chipre y el 33% de Letonia —y el de los tres candidatos en la sala de espera es todavía menor (tabla 7.1; véase pág. sig.)—. En términos económicos, los diez nuevos miembros sumados son más pequeños que Holanda: no es insignificante, pero difícilmente bastarán por sí mismos para aumentar el dinamismo de la economía europea. En cuanto a las perspectivas de crecimiento, seguramente dependen de un conjunto de factores económicos y políticos: la convergencia económica no es un proceso automático y mucho menos inevitable. El comportamiento económico de algunos de los futuros miembros no ha sido precisamente espectacular en estos últimos años.

Por tanto, en los países miembros la ampliación ha sido para los políticos un producto difícil de vender a sus electorados. La mayoría de ellos ni siquiera hicieron el esfuerzo, al menos hasta hace poco, y se limi-

TABLA 7.1.

LA AMPLIACIÓN: PRINCIPALES INDICADORES ECONÓMICOS (2001)

	Extensión (1.000 km²)	Población (millones de habitantes)	PIB per capita en % sobre el promedio UE-15	Agricultura % de empleo	Crecimiento real anual del PIB (promedio 1999-2001)	Inflación (promedio 1999-2001)	Desempleo (promedio 1999-2001)	Déficit presupuestario en % PIB (promedio 1999-2001)
UE-15	**3.191**	**379,0**	100	4,3	2,5	1,9	8,2	–0,1
Chipre	9	0,8	80	4,9	4,6	2,7	4,9	–3,1
Rep. Checa	79	10,3	57	4,6	2,4	3,4	8,4	–4,0
Estonia	45	1,4	42	7,1	3,8	4,2	12,4	–1,4
Hungría	93	10,2	51	6,1	4,4	9,7	6,4	–4,1
Letonia	65	2,4	33	15,1	5,8	2,4	13,7	–3,2
Lituania	65	3,5	38	16,5	1,9	1,0	14,1	–3,4
Malta	0,3	0,4	55*	2,2	2,9	2,6	6,3	–7,4
Polonia	313	38,6	40	19,2	3,1	7,5	15,7	–2,4
Eslovaquia	49	5,4	48	26,7**	2,3	11,3	18,1	–8,3
Eslovenia	20	2,0	69	9,9	4,3	7,9	6,6	–2,6
Candidatos-10	**739**	**74,8**	–	–	–	–	–	–
Bulgaria	111	7,9	28	6,3	3,9	6,8	16,8	0,4
Rumanía	238	22,4	25	44,4	2,0	42,0	6,6	–4,1
Turquía	775	68,6	22	35,4	–1,7	58,1	7,6	–17,7
Cadidatos-3	**1.124**	**98,9**	–	–	–	–	–	–

* Datos referidos a 1999. / ** Datos referidos a 2000. / *Fuente:* Comisión y Eurostat.

taron a manifestar de vez en cuando un apoyo general, habitualmente en aras de la corrección política. Al fin y al cabo, no son tiempos de clarividencia política ni de grandes estadistas; la mayoría de los políticos siguen servilmente la última encuesta de opinión —la guerra de Iraq parece haber sido una excepción, al menos en algunos países, y puede afirmarse que por los motivos equivocados—. Entretanto, el número de populistas que intentan obtener un capital político a costa de los temores públicos ha seguido creciendo paulatinamente. Entre los ciudadanos de la Unión hay un temor generalizado (en su mayor parte exagerado) a que la ampliación provoque un nuevo gran flujo de inmigrantes. La inmigración ya se ha convertido en un gran tema político y en el imaginario colectivo a menudo se asocia con un aumento de la criminalidad. Por eso no sorprende que los ministros de justicia e interior se hayan reunido con tanta frecuencia y tampoco sorprende que los países miembros hayan reclamado —y conseguido— períodos transitorios largos antes de permitir a los nuevos miembros la libre circulación de personas. Por otro lado, existe una preocupación (de nuevo exagerada) por el posible *dumping* social y el coste presupuestario de aceptar como miembros a países mucho más pobres.

El apoyo público a la ampliación en la UE-15 no ha sido muy fuerte y es un tema que difícilmente puede generar entusiasmo popular. Y si en el futuro se debilita aún más, podría poner en peligro el proceso en su conjunto, especialmente las posteriores rondas de ampliaciones. Existe un riesgo grave de que la UE de 25 países se convierta en un asunto inmanejable, al menos durante los primeros años tras la adhesión de los diez nuevos miembros. ¿Será capaz la Unión de mantener el ímpetu para ampliaciones posteriores y, si es así, por cuánto tiempo? Después de todo, los parlamentos estatales de los países miembros, así como el Parlamento Europeo, necesitan autorizar la ratificación de los tratados de adhesión.

¿Un asunto inmanejable?

No debería sorprender que la Unión tardase tanto tiempo en desarrollar una política coherente de cara a los nuevos candidatos y que, tras haberlo hecho, haya continuado actuando a un ritmo lento. Es cierto que el fin de la Guerra Fría y la descomposición del orden comunista en Europa Central y Oriental y en la antigua Unión Soviética cogió completamente desprevenido al otro lado del Telón de Acero. La primera respuesta de la Unión fue la utilización de los instrumentos políticos que le eran más familiares, como el comercio y la ayuda. Sólo progresivamente —y con reticencias considerables— aceptó la inevitabilidad de una nueva ampliación, yendo así más allá de los acuerdos preferenciales y de sus ornamentos políticos. Nuevamente, los alemanes fueron determinantes a la hora de impulsar el proceso de ampliación. Recibieron el apoyo de británicos y escandinavos, así como de la Comisión. Estados Unidos también contribuyó con ánimos y presión.

Como la perspectiva de una nueva ampliación pasó a estar —inevitablemente— vinculada una vez más a las reformas internas y a la profundización de la integración, las actitudes de los países miembros con respecto a la naturaleza de este vínculo fueron muy variadas. Para algunos, la reforma institucional y la continuación de la profundización eran vistas como condiciones previas para la ampliación; para otros el vínculo era más tenue y no parecían estar muy preocupados por si la llegada de muchos más miembros acabaría provocando una estructura más laxa e intergubernamental. Las ideas en torno al libre comercio no mueren con facilidad. Sin duda, la batalla sigue, y de manera muy particular en la Convención Europea.

En primer lugar, se hicieron explícitos los criterios de admisión, a los que siguió lo que acabó denominándose el «proceso de adhesión». Los criterios adoptados en el Consejo Europeo de Copenhague en 1993 comprendían: instituciones estables y democráticas, imperio de la ley y protección de los derechos humanos y los derechos de las minorías; una economía de mercado en funcionamiento con la capacidad para afrontar presiones competitivas; y capacidad de adoptar el acervo de la Unión, incluida la UEM y la unión política, fuese como fuese definida esta última. En otras palabras, los criterios de Copenhague se refieren a la democracia occidental, la gobernabilidad y la competitividad económica. Una vez que sean cumplidos, con la Comisión y el Consejo como árbitros, un país candidato puede empezar las negociaciones de adhesión. Después vienen la supervisión periódica y los informes anuales sobre el progreso realizado por cada uno de los países candidatos; y se prevé que continúen hasta el día de la adhesión.

La perspectiva de participar en la UE es tanto una zanahoria como un palo a la hora de conformar el *statu quo* político y económico en los países que aspiran a ser miembros. Zanahorias y palos son sin duda populares en las relaciones internacionales, y aún más en las relaciones intracomunitarias, pero seguramente no siempre pueden hacer milagros con los actores internos más refractarios —para que así fuese, éstos también deberían creer en los milagros—. La condicionalidad de la Unión ya ha contribuido al refuerzo de la democracia y de la economía de mercado en varios países ex comunistas. También puede haber provocado un mejor tratamiento a las minorías y una mejora en las relaciones vecinales. Sin embargo, no consiguió parar la guerra en Yugoslavia ni el círculo vicioso de los Estados débiles y la criminalidad en buena parte de los Balcanes; además, en el momento de escribir estas líneas, parecía más bien improbable que la perspectiva de la participación en la UE condujese a un arreglo pacífico interno y a la adhesión de toda la isla de Chipre. ¿Será diferente con el tema de la democracia en Turquía? Ésta es la principal razón por la que todavía no han empezado las negociaciones para la adhesión de Turquía, que presentó su solicitud allá por 1987, puesto que este país no parece en condiciones de cumplir con los criterios políticos.

Una vez iniciadas, las negociaciones de adhesión se desarrollan de forma puramente bilateral. Cada candidato negocia con la Comisión, que asume de este modo un papel central —muy similar a lo que ocurre con las negociaciones comerciales—. Cuando comienzan las negociaciones de adhesión, el tren de la ampliación se encarrila en la vía burocrática. El conjunto de legislación que se asume junto con la participación en la UE, y que supone decenas de miles de páginas, el llamado acervo comunitario, no es negociable. Por tanto, las negociaciones de adhesión se refieren sobre todo a las formas y los medios por los que los nuevos miembros incorporan y aplican el acervo. El grueso del acervo debe ser incorporado antes de la adhesión, aunque también está previsto que haya períodos transitorios que normalmente son de hasta cinco años tras la adhesión para permitir un ajuste más preciso; las derogaciones permanentes son tratadas de manera excepcional.

Debido a la profundización continua de la integración, los nuevos miembros se enfrentan a una tarea de ajuste mucho más difícil que la de los que llegaron antes. En el marco de las negociaciones de adhesión, este ajuste es también por definición muy asimétrico: son los nuevos miembros los que necesitan ajustarse a la UE y no al revés. Ése es el motivo por el que los períodos transitorios son concebidos como una forma de suavizar el proceso de ajuste para los nuevos miembros. En la práctica no es necesariamente así, pues la Comisión y el Consejo no han dudado en imponer largos períodos transitorios en algunas políticas y ámbitos de los que los nuevos miembros esperaban beneficiarse, y muy en particular en la PAC, los Fondos Estructurales y la movilidad laboral. Deberían haber aprendido la lección. Las condiciones de entrada al estilo cartaginense pueden hacer que en el futuro salga el tiro por la culata. Ya ha ocurrido antes y los británicos podrían explicar seguramente por qué.

No hay duda de que existe una gran asimetría entre los candidatos y la Unión, que desaparecerá sólo cuando los candidatos se conviertan en miembros con un asiento garantizado. Hasta entonces, tendrán que asumir el desagradable papel de mendigos, a menudo frente a una posición de «lo tomas o lo dejas» por la otra parte. Han estado aprendiendo esta lección por las duras; de ahí su frecuente buena disposición a hacer concesiones para acortar el tiempo que necesitan perder como candidatos, pero esta buena voluntad tiene límites impuestos por sus respectivas opiniones públicas. Yendo más allá del reducido marco de las negociaciones de adhesión, suele admitirse que una ampliación, sobre todo de estas dimensiones y naturaleza, exige un proceso de ajuste en ambos sentidos. Sin embargo, es más fácil decirlo que hacerlo. Anteriormente ya se acordó que esta nueva ampliación necesitaría que se realizasen reformas internas importantes en la Unión, tanto en cuanto a instituciones como a políticas. Ya se han celebrado dos conferencias intergubernamentales dedicadas principalmente a la reforma institucional. Los tratados de Amsterdam y de Niza son el resultado de estos dos ejercicios y la impresión general es que no estuvieron a la altura de la tarea que se les encomendó. La Unión se prepara ahora para una tercera conferencia intergubernamental en un período de diez años y cabe esperar que esta vez acabe teniendo mayor éxito. Entretanto, la forma más importante de profundización ya se ha producido mediante la introducción de la moneda única. De ahí que el sistema político europeo se enfrente ahora al doble desafío de tener que ajustarse tanto a la UEM como a las próximas ampliaciones. En muchos aspectos, ambos van en direcciones diferentes.

La Convención Europea, bajo la presidencia de Valéry Giscard d'Estaing, un ex presidente de Francia, empezó sus trabajos a principios del 2002. Está compuesta por los representantes de gobiernos y parlamentos estatales de todos los países miembros, así como por las instituciones comunitarias (en total, 105 miembros de 28 países). En el Consejo de Laeken se le otorgó un mandato muy amplio, junto con una larga lista de cuestiones relativas al futuro de la Unión; y esta vez los quince jefes de Estado y de gobierno amasaron el coraje suficiente para poner sobre la mesa cuestiones políticamente complicadas. A los miembros de la Convención se les ha pedido que reflexionen sobre la conveniencia o no de contar con una Constitución europea propiamente dicha, sobre la elección directa del presidente de la Comisión y sobre una verdadera política exterior común, entre otras cosas. La Convención es un experimento novedoso que pretende introducir un elemento de democracia en el proceso de revisión del tratado, que hasta ahora ha sido un ejercicio estrictamente diplomático dirigido por los representantes gubernamentales a puerta cerrada. Asimismo, pretende contribuir a generar un debate más amplio sobre el futuro de la Unión.

La Convención preparará el terreno para la nueva conferencia intergubernamental y, llegado el caso, para una Unión de 25 miembros o más. El nuevo tratado constitucional, como se espera en general que sea llamado, será diferente de los anticuados tratados internacionales —una distinción sutil para los europeos de profesión, aunque probablemente no provocará mucho entusiasmo entre el público más amplio—. Debería estar listo como muy tarde poco después de la nueva ronda de ampliaciones. Por otro lado, no todo en la Unión depende de las revisiones constitucionales. En tanto que sistema político vivo, la UE produce a diario un flujo constante de resultados políticos. De ahí que la reforma se convierta en un asunto en curso y muy probablemente el catalizador de la ampliación empezará a tener un efecto mucho más fuerte a medida que se aproxime el gran día, y aún más después de la llegada de los nuevos miembros.

Hay todo un conjunto de cuestiones institucionales y políticas que deben ser abordadas; la mayoría de ellas no son en absoluto nuevas, aunque con la ampliación adquirirán una urgencia mayor. Consideremos brevemente algunas de las más representativas. En primer lugar, habrá un problema de números que afectará directamente al funcionamiento de las instituciones comunes y a todo el proceso de toma de decisiones en su conjunto en la Unión ampliada. El sistema político europeo ya es muy lento y complejo, y además está muy alejado de la gran mayoría de los ciudadanos europeos. ¿Puede incorporar a muchos más miembros sin realizar cambios en las reglas de juego básicas? La extensión de las votaciones por mayoría cualificada ha sido cada vez más sinónimo de bloqueo. Por otro lado, los países pequeños siempre han estado sobrerrepresentados en las instituciones comunitarias, pues el principio de la igualdad de los Estados sigue prevaleciendo sobre el de la igualdad de los ciudadanos. Con la ampliación y la profundización constante de la integración, se ha hecho necesario reequilibrar entre países grandes y pequeños los votos y la representación en las diferentes instituciones comunitarias, lo que se relaciona directamente también con la extensión de las votaciones por mayoría cualificada. ¿Por qué los países con mucha población deberían aceptar que las coaliciones de sus hermanos pequeños les superasen en las votaciones debido a su peso desproporcionado en la toma de decisiones? Una vez que el Tratado de Niza ha entrado en vigor, deberán introducirse algunos cambios. Tal vez el próximo tratado (constitucional) vaya más lejos.

La siguiente ronda de ampliaciones meterá en la UE a una gran cantidad de países pequeños o medianos, con una sola excepción: Polonia. De ahí que el reequilibrio se haga más urgente. También podría ser visto como parte de un cambio gradual de la diplomacia a la democracia en el sistema político europeo, siempre y cuando el cambio no se limite a una mera reponderación de votos en el Consejo ni a sumas o restas en el número de representantes estatales en el Parlamento Europeo, ni tampoco a la composición de la Comisión. Todo está vinculado a la vieja cuestión de la legitimidad: ¿hasta qué punto deberían las instituciones comunitarias recurrir a formas más directas de legitimación, y acaso puede crearse un *demos* europeo desde arriba? Volveremos a estas cuestiones en el último capítulo.

Los nuevos miembros tendrán que atravesar un proceso largo y difícil de socialización, que probablemente demostrará ser aún más difícil debido al legado comunista, a los traumas de la transición y a la sensibilidad asociada a la soberanía nacional. Al fin y al cabo, durante mucho tiempo estos países estuvieron sometidos a la dominación extranjera; puede que ahora quieran aferrarse religiosamente a alguno de los atributos formales de la soberanía, ya que han renunciado a muchas de sus competencias reales, especialmente en el terreno económico. La combinación puede producir marejadilla, cuando no fuerte marejada, en el mar de los Consejos Europeos, lo cual cabe entender que constituye un inconveniente inevitable en la medida en que la *Pax Europea* no se extiende (afortunadamente) por la fuerza de las armas. Existe el riesgo de que el populismo aumente aún más en alguno de los nuevos miembros, haciendo llegar al poder a políticos indeseables, lo cual tendría con toda seguridad repercusiones en el funcionamiento de la UE. Pero ¿acaso los viejos miembros son completamente inmunes a esta enfermedad política?

Muchos observadores han escogido abordar la transición a la democracia pluralista y a la economía de mercado como si se tratase de una especie de cirugía estética moderna que puede transformar de manera rápida y radical el aspecto del paciente. Parecen haber exagerado de manera desmedida las expectativas de la ingeniería política y económica y, al igual que los que se dedican a la cirugía estética, les importa muy poco lo que ocurra bajo la piel. Las huellas de varias décadas de comunismo no desaparecerán fácilmente del comportamiento político y social, y los costes económicos y sociales de la transición han sido hasta ahora considerables y muy desiguales en cuanto a su distribución. Por tanto, la europeización, vinculada directamente a la participación en la UE, probablemente demuestre ser un proceso lento y doloroso, lo cual también querrá decir que se seguirá forzando la naturaleza consensual de la toma de decisiones comunitaria, y quizá más de lo que puede soportar. Resulta muy interesante constatar la poca sincronización entre los ciclos políticos al este y al oeste del continente europeo. Al mismo tiempo que en los últimos años el péndulo ha oscilado hacia la derecha en varios países miembros de la UE, en los países en transición que esperan la adhesión ha ocurrido exactamente lo opuesto.

La adhesión causará problemas en la toma de decisiones comunitaria; sin embargo, causará problemas aun mayores en la aplicación de cualquiera de las decisiones que se adopten. La mayoría de los nuevos miembros tienen estructuras administrativas y judiciales endebles, y el imperio de la ley no cuenta en ellos con una tradición sólida. Ya han incorporado buena parte del acervo comunitario como leyes internas, pero hay serias dudas de que sean capaces de aplicarlo y hacerlo cumplir. De ahí que el déficit de aplicación de la UE, resultado directo de su estructura altamente descentralizada, sea magnificado después de la ampliación. La Unión tendrá que invertir mucho tiempo y dinero en asistencia técnica a los nuevos miembros, ayudándoles así a suavizar el proceso de europeización. También tendrá que mostrar grandes dosis de paciencia.

El desarrollo futuro de la UEM será determinante. Una aplicación estricta de las normas existentes significará que los nuevos miembros tendrán que pasar al menos dos años después de la adhesión en el purgatorio del nuevo SME, probando así de manera concreta su capacidad para garantizar la estabilidad de los tipos de cambio. Además, sólo muy pocos de los Diez cumplen en la actualidad con los criterios de inflación y déficit presupuestario para ser admitidos en la UEM (tabla 7.1; véase pág. 207). Lo que ocurra con los otros países que siguen fuera —Dinamarca, Suecia y Reino Unido— será absolutamente crucial: si varios países se quedan fuera de la UEM durante mucho tiempo, las consecuencias serán graves para el proceso de integración en su conjunto. Al fin y al cabo, la UEM no es como cualquier otra política. Ahora es la política principal de la Unión y seguirá siéndolo probablemente en un futuro próximo, a menos que en el ámbito de la política exterior y de defensa tengan lugar cambios radicales. Por consiguiente, la exclusión de la UEM a largo plazo, ya sea por falta de voluntad o de capacidad, puede acabar creando en la Unión una especie de categoría de miembros de segunda, y las próximas ampliaciones no harán sino reforzar esta tendencia.

Será una Unión más grande y más diversa, con disparidades de renta mucho mayores, tanto entre países como dentro de ellos. Sólo Chipre y Eslovenia tienen niveles de renta cercanos a los de los tres países más pobres de la UE-15; el resto va a remolque y algunos de ellos están muy pero que muy rezagados (tabla 7.1; véase pág. 207). ¿Serán capaces los nuevos miembros de repetir la exitosa experiencia de los Cuatro de la Cohesión? Y si es así, ¿quiénes tenderán a seguir el ejemplo irlandés y quiénes el ejemplo griego? La mayoría de ellos parten de niveles muy inferiores. Por otro lado, las grandes disparidades de renta en la Unión ampliada acabarán generando cuestiones difíciles en torno al vínculo entre liberalización, regulación y redistribución. Será inevitable renegociar en su conjunto el paquete global de acuerdos europeos. Los intentos de repetir la experiencia exitosa de los países europeos del sur requerirá dinero que sirva, entre otras cosas, como catalizador para la modernización y como compensación para los perdedores, sobre todo dentro de los países. Entretanto, los contribuyentes netos al presupuesto comunitario han estado enviando durante algún tiempo un mensaje muy diferente: la generosidad transfronteriza se está reduciendo de manera notable.

Por consiguiente, parece vislumbrarse un acuerdo en la muy difícil negociación sobre las nuevas perspectivas financieras de la Unión ampliada. Promete ser más difícil que la negociación sobre los aspectos presupuestarios de la ampliación que se enmarcan en las negociaciones de adhesión. La agenda de la próxima negociación importante debería incluir la reforma de la PAC, cambios en los Fondos Estructurales, recursos para los pobres y nuevas fuentes de financiación comunitaria. La UE ampliada necesitará una cierta reordenación de sus prioridades, reformas en las políticas, más dinero y una utilización más eficiente y mejor orientada de sus escasos recursos. Se trata simplemente de reconciliar eficacia, legitimidad y diversidad a una escala mucho mayor de lo que nunca antes se ha hecho. ¿Cuenta la Unión con estómago suficiente para encajarlo, especialmente los países que tradicionalmente han actuado como grandes proveedores de ideas y dinero? Esta combinación se denomina habitualmente liderazgo.

La integración exitosa de un gran número de países mucho más pobres, con estructuras administrativas y reguladoras débiles, por no mencionar su relativamente corta experiencia con los mercados y la democracia, constituirá un gran desafío. Seguramente se producirán retrasos mayores en la toma de decisiones y más crisis internas e introspección. También habrá más autoexclusiones (como la autoexclusión británica de la UEM) y diferenciación, así como más hitos hacia los que querrán avanzar los que cuentan con voluntad y capacidad, mientras el resto se queda atrás. Por último, y no menos importante, las perspectivas de la PESC se verán aún más oscurecidas, sobre todo si los estadounidenses recurren a tácticas del tipo divide y vencerás.

La integración europea nunca ha sido un cuadro nítido con trazos rectos; se ha complicado como consecuencia de la profundización y ampliación constantes, y se complicará todavía más en una Unión de 25 o más miembros. Pero llevada al extremo, la diferenciación y las coaliciones variables de los que cuenten con voluntad y capacidad podrían minar gravemente el proyecto global de la integración europea, entendido hasta ahora como algo cualitativamente muy diferente de una acumulación de formas de cooperación *ad hoc* con un soporte institucional endeble.

A su vez, esto nos lleva a una cuestión políticamente complicada, si no incorrecta: ¿cuánta diversidad (y cuántos nuevos miembros más) puede acoger la UE antes de convertirse en algo totalmente irreconocible e incapaz de ofrecer los resultados esperados? Éste es el tipo de preguntas que la mayoría de los políticos ha evitado hacer (al menos en público) por motivos evidentes. La formulación de la pregunta lleva inevitablemente a un debate en torno al objetivo final y a las fronteras últimas de esta Unión que no deja de ampliarse —y todos sabemos que no hay acuerdo sobre estas cuestiones, y que la referida a las fronteras garantiza que algunos de nuestros vecinos más o menos lejanos se sientan ofendidos—. Es cierto que se trata de algo políticamente complicado y controvertido, pero no podemos esconderlo bajo la alfombra indefinidamente. El hecho de que el debate público en torno a estas cuestiones no haya hecho más que comenzar constituye una prueba más del déficit democrático de la Unión. Con las próximas ampliaciones el debate probablemente cobrará fuerza.

Cabe preguntarse si la extensión de la *Pax Europea* pasa necesariamente por la adhesión a la UE. Si así fuese, dónde acaba: ¿en la frontera oriental de Turquía?, ¿en Vladivostok tal vez?, ¿o puede incluir también a Israel y a Marruecos? En una Unión que no deja de ampliarse, ¿habrá diferentes categorías de miembros? Aquellos que no se han asegurado el billete de entrada en la UE pueden lamentarse al descubrir que estas cuestiones aparecen en el debate público europeo a medida que la Unión intenta digerir con muchas dificultades la próxima ampliación. Y no tendrán respuestas fáciles o claras. En algún momento, aquellos que están dentro tendrán que afrontar la complicada decisión de optar entre la diversidad y la comunidad de valores e intereses. Sería perfectamente legítimo hacerlo. Al fin y al cabo, los responsables políticos estadounidenses no se han planteado habitualmente, como parte de su política de estabilización del continente americano, la opción de ofrecer a México o Nicaragua que se conviertan en miembros de pleno derecho de los Estados Unidos de América.

LAS INMEDIACIONES EXTRANJERAS DE EUROPA

El vecindario más próximo de la Unión ampliada estará formado por un número reducido de democracias ricas que seguirán negándose a sí mismas (¿por cuánto tiempo?) los privilegios y las constricciones de la participación en la UE; la conflictiva región de los Balcanes, incluidos los dos candidatos oficiales, Bulgaria y Rumanía, así como los posibles candidatos futuros de los Balcanes occidentales; Turquía como avanzada sudoriental de Europa y de Occidente; las antiguas repúblicas soviéticas, y entre ellas Rusia como país claramente destacado; y por último, aunque no menos importante, un conjunto de países en las costas del sur y el este del Mediterráneo, sin perspectivas de participación en la UE en un futuro previsible porque difícilmente caben en ninguna de las definiciones de Europa. Con muy pocas excepciones, representan un vecindario difícil. Al mismo tiempo que maneja las negociaciones de adhesión con aquellos que ya son candidatos y con otros que se pelean por engrosar estas filas, a la UE ampliada le convendrá establecer relaciones estrechas con todos los países de su vecindario. Asimismo, le convendrá extender al menos algunos elementos de la *Pax Europea* allende sus fronteras inmediatas, independientemente de si los países afectados van a ser miembros antes o después —y en algunos casos puede ser muchísimo después.

La cantidad de países europeos que han decidido voluntariamente quedarse fuera de la Unión ha descendido rápidamente con los años. Resulta bastante interesante que esto haya ocurrido al mismo tiempo que seguían aumentando las exigencias para ser miembro. Cabe preguntarse si es una señal inconfundible de la atracción creciente de la UE (las encuestas de opinión pueden indicar otra cosa) o una señal de los costes cada vez mayores que representa quedarse fuera. No importa demasiado. Noruega es uno de esos países y ya ha pasado por dos referendos sobre la UE con resultados negativos y extremadamente dolorosos; Suiza es otro, situado en el corazón de Europa; y es el caso también de la alejada Islandia —así como de algunos vestigios minúsculos del viejo orden medieval, como Liechtenstein—. Excepto este último grupo (la Edad Media tenía un concepto muy diferente de democracia), estamos hablando de países prósperos y democráticos que serían muy bienvenidos en la UE; Noruega y Suiza están siempre en lo alto de las listas de popularidad de los candidatos potenciales. Han decidido quedarse fuera por razones muy variadas, aunque sus relaciones bilaterales con la Unión sean muy estrechas.

Noruega apenas es un problema: ya tiene un pie dentro a través de la participación en el mercado interior y del acuerdo Schengen sobre la libre circulación de personas; y también es miembro de pleno derecho de la OTAN y de otras organizaciones regionales. A una larga historia de dominación por parte de sus hermanos escandinavos —el término Unión tiene connotaciones muy negativas en noruego— se suma el trauma de los dos referendos, que dividieron profundamente una sociedad de por sí consensual, alimentada por la corriente antiintegracionista. El petróleo y la pesca reforzaron aún más el fuerte sentimiento de independencia de este país pequeño y muy rico del extremo septentrional de Europa.

Un caso diferente, y puede decirse que mucho más difícil, es el de Suiza, un país orgulloso de su larga historia de independencia y neutralidad, de sus estructuras (con)federales y de su identidad diferenciada. Los suizos necesitaron varias décadas para acordar que serían miembros de Naciones Unidas. Tras haber dado el primer paso, ahora falta por ver si necesitarán tanto tiempo para decidir ir más lejos sumándose a una organización regional mucho más ambiciosa. Si es así, nadie sabe qué aspecto tendrá la Unión Europea después de tanto tiempo. Sin embargo, es posible que algunos acontecimientos recientes, que en muchos sentidos han sacudido nociones muy extendidas de la invulnerabilidad (política y económica) suiza, puedan precipitar un cambio en las actitudes populares que se dan en Suiza hacia la integración europea.

Entretanto, las relaciones bilaterales con la UE seguirán estando influidas por cuestiones delicadas sobre las que difieren las percepciones y por supuesto los intereses. Al ser un país de tránsito de una importancia crucial para buena parte del transporte intracomunitario, las licencias y cuotas de camiones siempre han sido un punto de desacuerdo. Por otro lado, con la rápida liberalización del capital y los servicios financieros, seguidos de presiones cada vez mayores en favor de la coordinación/armonización fiscal dentro de la UE en respuesta a la evasión fiscal, ha atraído cada vez más atención el papel de Suiza como banquero líder del mundo para el capital transnacional, respaldado por las fuertes prerrogativas legales que garantizan el secreto bancario. Suiza es a menudo tratado como un pícaro aprovechado por parte de los políticos europeos que se lamentan de la pérdida de ingresos fiscales que se produce cuando el capital de sus ciudadanos se va de paseo en busca de paraísos fiscales y anonimato. Por tanto, la presión sobre Suiza para que coopere con los países europeos ha ido creciendo progresivamente.

Las relaciones con Noruega y Suiza son todo un lujo para la Unión cuando se las compara con los problemas que plantea negociar con otros países de su vecindario. Turquía destaca en este sentido. Las relaciones con este país tienen una historia larga y turbulenta que se remonta al acuerdo de Asociación firmado con los Seis en 1963 y seguido de un acuerdo de unión aduanera. La solicitud de adhesión fue cumplimentada en 1987, mucho antes por tanto de la oleada de solicitudes de los antiguos países comunistas de Europa Central y Oriental. No obstante, la adhesión de Turquía a la UE sigue pareciendo incierta: en todo caso, es un proyecto que probablemente no fructifique hasta que no pase un tiempo durante la próxima década. Lo que sabemos por ahora es que el Consejo Europeo de la UE ampliada decidirá en diciembre de 2004 si Turquía cumple con los criterios para que se inicien las negociaciones de adhesión. Ni que decir tiene que los eurófilos de Turquía —y los hay en abundancia— experimentan un fuerte sentimiento de frustración que se dirige tanto a los países miembros de la UE como a buena parte de su propia clase política.

Turquía ha puesto a la Comunidad/Unión que no cesa de crecer ante un problema casi imposible. Siendo un país grande, con una población predominantemente musulmana, y sin embargo secular y más cercano al modelo democrático occidental que ningún otro país del mundo islámico, Turquía se encuentra en una posición estratégica con respecto a los herederos del antiguo imperio soviético, grandes productores de petróleo, y a Oriente Medio. Es un miembro valioso de la OTAN, con el segundo ejército más grande después del estadounidense, y también es miembro de la mayoría de las organizaciones regionales de Europa, excepto la más importante, la UE. Desde el fin de la Guerra Fría, la importancia estratégica de Turquía para la Alianza Atlántica ha cambiado considerablemente: de ser un Estado en primera línea en la confrontación con la URSS ha pasado a ser un aliado valioso y una escala en la batalla por la influencia en la región de Asia central, que abarca desde la lucha contra el terrorismo hasta el control sobre la producción y la distribución de petróleo. En todo momento Turquía ha contado con el favor casi incondicional de Estados Unidos, lo cual también se ha traducido en presión estadounidense sobre la UE para acelerar la aceptación de Turquía como miembro. Los diplomáticos y políticos estadounidenses han sido los abogados más aguerridos de la adhesión de Turquía a la Unión Europea. Pero suelen ser incapaces de entender (o simplemente no les importa) la sutil distinción existente entre una alianza militar, como la OTAN, y un sistema político emergente basado en principios democráticos. Y en ésas estaban cuando descubrieron que no debían dar por supuesto el apoyo turco a la guerra en Iraq.

Por tanto, la buena disposición de Turquía hacia la UE no debería ser tomada con indiferencia, y menos todavía con rechazo, por muchas que sean las razones por las que la Turquía más tradicional no se ajuste al ideal de miembro de la Unión. La geografía seguramente importa: la Unión no está precisamente ilusionada ni políticamente preparada para la extensión de las fronteras comunes hacia las fronteras orientales de Turquía. Teniendo en cuenta su rápido crecimiento demográfico, está previsto que Turquía acabe superando a Alemania, el país más poblado de la UE. Este rápido crecimiento no ha permitido a su población una mejora sustancial del nivel de vida, pese a las habituales tasas de crecimiento económico, que se volvieron negativas durante la reciente crisis (tabla 7.1; véase pág. 207). Sigue siendo un país pobre, con una renta por habitante que sigue representando un 22% de la media de la UE-15, lo que supone la mayor disparidad de renta entre los miembros de la OCDE, y un país que arrastra una larga historia de inestabilidad macroeconómica. De no ser por su importancia estratégica, que contribuyó a la movilización estadounidense y al apoyo del FMI a gran escala, lo más probable es que el destino de Turquía hubiese sido muy similar al de Argentina cuando se enfrentó a la crisis financiera de 2001.

Por supuesto, el estado de la economía está estrechamente vinculado al sistema político. Pese a ser una economía de mercado, en Turquía el Estado ha desempeñado de forma tradicional un papel económico omnipresente, tan sólo restringido recientemente debido al acuerdo de unión aduanera con la UE y, lo que es aún más importante, a la crisis financiera y a la condicionalidad incluida en el paquete de rescate del FMI. Y aunque Turquía es una democracia parlamentaria muy particular, interrumpida por períodos de gobierno militar, la *raison d'état* ha prevalecido casi siempre sobre el desarrollo de la sociedad civil, los derechos humanos y el imperio de la ley en general. Omnipresente y aun así ineficiente y corrupto: ésta parece ser una descripción adecuada del Estado turco y también de buena parte de la clase política que fue echada del poder de manera sumaria en las elecciones de 2002. Éstas llevaron al poder a nuevos políticos, muchos de ellos con una formación islámica moderada, a los que ahora se les pide que transformen el país a fin de prepararlo para la boda europea en un futuro aún por determinar. En este proceso, el ejército turco tendrá que desprenderse de muchos de sus poderes y privilegios como guardián del legado de Kemal Atatürk, el fundador del Estado turco moderno.

Puede resultar paradójico que en un futuro previsible más democracia en Turquía pueda significar más poder para los partidos islamistas, que es precisamente lo que más temen los autodesignados guardianes del secularismo. No necesariamente debería resultar paradójico mientras los partidos islamistas respeten los principios fundamentales de la democracia. Pero ¿los respetarán? Los que en Turquía ven la UE como un poderoso instrumento de modernización y europeización para su país podrían verse confrontados a dilemas complicados a medida que se desarrolla este proceso.

El tamaño, el nivel de desarrollo y el grado de diferencia se han combinado para hacer que la perspectiva de la adhesión de Turquía a la Unión sea vista como una amenaza por muchos europeos: demasiado grande, demasiado pobre e inestable, y también demasiado diferente para que la UE sea capaz de acomodarla. Puesto que no es muy diplomático referirse en público a las diferencias culturales y religiosas como un obstáculo para la adhesión —un privilegio reservado habitualmente, aunque no siempre, a los políticos populistas—, los líderes europeos han buscado desesperadamente formas de manejar el problema turco. Durante años, Grecia contribuyó diligentemente a cubrir las vergüenzas: las disputas bilaterales y el persistente problema de la división de Chipre motivaba los vetos griegos en la UE con respecto a las relaciones con Turquía. Sin embargo, todo eso se acabó con el reconocimiento de Turquía como candidato oficial a la adhesión en el Consejo de Helsinki de diciembre de 1999. Desde entonces, y en medio de una crisis profunda económica y de un período de inestabilidad política (al menos hasta las elecciones de 2002), se han adoptado importantes leyes para cumplir con los criterios políticos fijados por la Unión. Queda por ver si se trata de un paso serio (¿e irreversible?) hacia el establecimiento de un sistema democrático en toda regla.

Si la Unión consigue extender la *Pax Europea* a Turquía, ayudándola a transformarse en un país moderno, estable y democrático, con unos niveles crecientes de prosperidad, ya habrá conseguido muchísimo. Pero si Turquía sigue por la vía democrática, la UE se verá muy pronto frente a decisiones extremadamente difíciles. ¿Quiere de verdad que Turquía esté dentro, aunque sea dentro de unos años, o no? La solución ideal para muchos líderes políticos europeos, teniendo en cuenta también la debilidad del apoyo a la adhesión de Turquía a la Unión que muestran las encuestas de opinión, habría sido mantener con Turquía una relación estrecha, incluso especial, pero sin llegar a la participación plena. Sin embargo, ha resultado hasta ahora imposible elaborar una fórmula satisfactoria, es decir, una fórmula que sea aceptable también para los turcos.

La ambigüedad de la política de la UE hacia Turquía también se refleja en la forma en que hasta ahora ha sido percibida la Unión por la ciudadanía turca: niveles muy elevados de apoyo a la adhesión se combinan con niveles muy bajos de confianza en las instituciones comunitarias. La adhesión de Chipre sin que se haya llegado a un arreglo interno podría complicar aún más una relación ya por sí misma complicada. Una Unión Europea con Turquía como miembro sería una Unión muy diferente de lo que hemos conocido hasta ahora. Del mismo modo, Turquía tendrá que convertirse en un país muy diferente a menos que la UE se diluya en el futuro en una especie de zona de libre comercio y/o alianza tradicional. Cualquiera de estos escenarios probablemente tardará un tiempo en materializarse, si es que lo hace. Sin embargo, una cosa es indudable: es demasiado tarde para que los europeos renieguen de los compromisos ofrecidos reiteradamente a Turquía como miembro de la familia europea. Más bien deberían insistir en el cumplimiento de las condiciones y los derechos fundamentales en el ámbito político, económico y social, y olvidarse de las diferencias religiosas.

Seguramente no será más fácil en el caso de los otros descendientes del Imperio Otomano en los Balcanes, una región que ha sufrido guerras sangrientas, la extensión de la criminalidad y una fragmentación progresiva tras el fin de los regímenes comunistas. El problema persistente en los Balcanes volvió a despertar en el imaginario colectivo occidental todos los estereotipos de la región: atrasada, violenta y desgarrada por las luchas étnicas. Mucha gente en la parte occidental de Europa más afortunada hubiese querido olvidarse por completo de los Balcanes —demasiados problemas, pocos inteseses concretos y ninguna solución fácil—, y todavía lo quieren. Por supuesto, los países de la UE más cercanos a la región, como son Grecia, Italia y Austria, no pueden siquiera imaginar un lujo así. En cuanto al resto, puede que en ocasiones sea necesario recordarles que Europa no puede permitirse tener un agujero negro en su flanco —o en su centro, dependiendo del posicionamiento—. Hay consideraciones humanitarias que durante los últimos años han desempeñado ciertamente un papel importante en la implicación extranjera en los Balcanes. Al mismo tiempo, los europeos han aprendido de la amarga experiencia que la inestabilidad, la pobreza y la criminalidad no pueden confinarse con facilidad dentro de las fronteras estatales. Tienden a desbordarse, pues la gente necesitada cruza las fronteras en busca de trabajo, y los criminales lo suelen hacer aun con mayor facilidad. El tráfico de seres humanos y el narcotráfico se han convertido en esta región en actividades muy lucrativas, así como en importantes sectores exportadores.

La Unión se ha implicado mucho en los Balcanes. Pero sigue estando lejos de una política coherente para el conjunto de la región; la implicación de la UE no se sustenta en una visión global o en una coordinación efectiva de las diferentes vías por las que intenta influir en los procesos en curso. Los Balcanes deberían ser de hecho una prueba de fuego para la PESC: si la Unión no puede tener una política exterior común en los Balcanes, y eso es algo que también se percibe desde fuera, lo más probable es que no sea capaz de desarrollar una política con respecto a Asia Central o al Pacífico. Al principio estaba confundida y a menudo dividida frente a la progresiva desintegración de la Yugoslavia socialista, que se volvió cada vez más sangrienta. Y entonces cedió el asiento del conductor a los estadounidenses (¿o la sacaron de él?), quienes planearon los acuerdos de Dayton de los que nació la complicada entidad de Bosnia-Herzegovina, y quienes luego dirigieron las negociaciones y la campaña de bombardeos en Kosovo. Aunque en esta fase posterior algunos países europeos intentaron con desigual éxito convertirse en los segundos violines de Estados Unidos, el papel de la UE era verdaderamente marginal, por no decir del todo irrelevante en ocasiones. Resulta sintomático que en los momentos álgidos del bombardeo de Yugoslavia por parte de la OTAN el Consejo Europeo incluso se negase a discutir la cuestión, cabe suponer que como fiel reflejo de la política exterior y de seguridad de la Unión. La tragedia yugoslava en la década de 1990 mostró las graves limitaciones de la potencia civil europea, que carecía de medios de persuasión cuando las otras partes recurrían a las armas, y a menudo generaba una cacofonía de voces estatales.

La situación ha cambiado considerablemente desde que cayera la última bomba de la OTAN sobre Yugoslavia. Milošević y Tudjman ya no están. Los líderes políticos de las repúblicas sucesoras de Yugoslavia ahora negocian, aunque sea con dificultades, formas diversas de cooperación en lugar de dispararse los unos a los otros. Los estadounidenses están perdiendo rápidamente interés en la región, mientras que los europeos, de manera bilateral o multilateral, y a menudo con la ayuda de la llamada comunidad internacional, intentan llevar la paz y la estabilidad a la región. El Alto Representante de la UE está aprendiendo a redactar constituciones para países que las necesitan y para hacerlo ha gozado de una mayor capacidad para ofrecer fuerzas de mantenimiento de la paz. La Unión —y sus países miembros— son con mucho los principales suministradores de ayuda y, lo que no es menos importante, ofrecen la perspectiva de una integración paso a paso en el sistema político europeo. Ésta es un arma poderosa, pues «sumarse a Europa» significa mucho más en la problemática región de los Balcanes que en cualquier otro lugar del continente donde la paz, la seguridad y un nivel mínimo de bienestar no ha faltado de ese modo durante los últimos años.

Hoy día la región está formada por un conjunto de Estados virtuales y de entidades fracasadas o, en el mejor de los casos, frágiles. Algunos son gobernados literalmente por la comunidad internacional (Bosnia-Herzegovina, así como Kosovo), como si fuesen protectorados o semiprotectorados, mientras que en otros el Estado sólo es capaz de desempeñar funciones mínimas, y en la mayoría de ellos la caída de los regímenes comunistas ha llevado a un tránsito directo de la autocracia a la cleptocracia. Los gobiernos están en bancarrota y dependen de las ayudas, mientras que una parte considerable de la actividad económica tiene lugar en la llamada economía sumergida: no regulada, no gravada y, en ocasiones, directamente criminal. Los ciudadanos tienen una fuerte sensación de inseguridad, pues el Estado no consigue realizar su función tradicional, es decir, imponer la ley y el orden, y además se sienten frustrados e indefensos en la medida en que perciben que el proceso democrático apenas les ofrece verdaderas opciones.

Esto no es sólo la descripción de grandes zonas de la antigua Yugoslavia o de Albania, sino que también se aplica en gran medida a Bulgaria y Rumanía, que ya han sido aceptados como candidatos a la adhesión a la UE. No es de extrañar que la gente manifieste su descontento migrando o votando en contra de los gobiernos para esperar que los siguientes actúen como *dei ex machina* en una tragedia de la que no se vislumbra el fin. Un ejemplo reciente muy ilustrativo es que los búlgaros eligiesen a un rey y a un antiguo comunista como primer ministro y presidente, respectivamente, y con un breve lapso de tiempo entre ambas elecciones.

El compromiso de la Unión con los Balcanes exigirá firmeza y paciencia: la estabilización, la democracia y el desarrollo económico necesitarán tiempo para arraigar. La UE debería actuar ejerciendo de líder y estableciendo la agenda, en estrecha colaboración con organizaciones internacionales y regionales, así como con otras partes interesadas, en particular Estados Unidos y Rusia, y por supuesto debería contar con la participación activa de la gente directamente implicada. Sin duda, se necesita una implicación exterior activa en la estabilización y en la reconstrucción de los Balcanes, y no hay nadie como la UE para asumir el liderazgo; todos los otros candidatos potenciales para este papel son demasiado débiles o carecen por completo de interés. Seguimos lejos de un arreglo definitivo tras la desintegración de Yugoslavia y la ambigüedad en torno al estatuto político (¿y también a las fronteras?) de las repúblicas o entidades sucesoras puede durar algún tiempo: Bosnia-Herzegovina, Kosovo, Montenegro y su vínculo con Serbia, que sigue siendo una parte crucial en el puzle balcánico. ¿Y quizá también lo que internacionalmente se denomina la Antigua República Yugoslava de Macedonia? Por ahora, este país está disfrutando de las ventajas de albergar la primera fuerza de mantenimiento de la paz con bandera de la Unión.

Mientras se mantenga la ambigüedad en torno al estatuto político y a las fronteras —habitualmente asociados al pobre funcionamiento de las entidades políticas bajo tutela internacional—, tampoco se darán las condiciones necesarias de estabilidad a largo plazo, democracia y desarrollo. Pero mucha gente cree que es demasiado pronto para llegar a un acuerdo definitivo; la sangre derramada todavía está caliente. Pero lo peor es la sospecha de que a lo largo de todo el proceso tal vez estemos alimentando la existencia de entidades inviables, fruto de esa especie de particularismo que mayoritariamente ha caracterizado la implicación internacional y europea en la región desde el fin de los regímenes comunistas. Incluso en el mejor de los escenarios posibles, durante los próximos años se necesitará en la región una presencia internacional fuerte.

El mantenimiento de la paz y la imposición de la paz deberían ofrecer a la región las condiciones mínimas para el largo proceso de construcción nacional en algunos casos y reconstrucción estatal en otros. A la

Unión se le pedirá que comprometa recursos financieros y humanos para formar a jueces y policías, para pagar a agentes de aduanas y a policías de fronteras, para que asesore en temas legislativos y para promover una sociedad civil. Si la UE tiene que liderar la estabilización y la reconstrucción de los Balcanes, necesitará un tipo de flexibilidad y de eficiencia en la gestión muy diferente de lo que hasta ahora ha podido llevar a cabo. Es cierto que la estructura de la organización no conduce a la coordinación más eficaz ni al uso más efectivo de los recursos. En los Balcanes, el Alto Representante y varios comisarios se han pisado regularmente el terreno los unos a los otros, mientras los servicios de la Comisión administraban (y a menudo derrochaban) la ayuda comunitaria en la región.

¿Puede la UE ofrecer algo mejor en el futuro, con una organización más eficiente de los servicios de la Comisión y con una mayor coordinación entre el Consejo, la Comisión y el Parlamento? El problema es más general: la proliferación de donantes de ayuda en la región ha provocado un derroche enorme de tiempo y de dinero para los pocos funcionarios cualificados que han ejercido de interlocutores con los donantes extranjeros. Un paso práctico sería que la Unión retomase el Pacto de Estabilidad para Europa Sudoriental, adoptado a bombo y platillo en 1999, y a partir de ahora lo administrase de manera diferente a como lo ha hecho. Hasta el momento ha dejado que se vaya muriendo. Y, sin embargo, los de fuera de la región pueden hacer seguramente muchas cosas. El peligro de la excesiva dependencia de la ayuda, y de la dependencia en general, está muy presente en la actualidad en grandes zonas de los Balcanes.

La política de la Unión para los Balcanes tendrá que combinar a largo plazo la dimensión regional y la dimensión bilateral. De acuerdo con su mandato, la UE ha intentado promover la cooperación regional en los Balcanes, al igual que en otras partes del mundo, pero hasta ahora con resultados muy limitados. Deberían ser reconocidas las limitaciones de la cooperación regional en una región en la que pocos factores son favorables, pero parece que vale la pena continuar por motivos tanto económicos como políticos. La inversión en infraestructuras, por ejemplo, sería una forma de promover esta cooperación y al mismo tiempo crearía las condiciones para el desarrollo y reduciría la distancia que separa a la región del resto de Europa. Servirían a este fin la mejora de las carreteras, las vías ferroviarias y las telecomunicaciones, como se reconoce de manera general, aunque raramente se traduce en medidas concretas. ¿No debería asumir un papel central el Banco Europeo de Inversiones?

La dimensión bilateral en las relaciones con los países balcánicos también necesitará seguir siendo fuerte. Los dos países que ya han iniciado las negociaciones de adhesión a la Unión siempre se han mostrado extremadamente desconfiados con cualquier aproximación regional que adoptase la UE, temiendo que pudiese menoscabar su posición en la carrera hacia la adhesión o que la cooperación regional se convirtiese en un sucedáneo de la adhesión. Lo mismo puede decirse de Croacia, que espera sumarse pronto a las filas de los candidatos oficiales. La condicionalidad es una parte integral de la política de la zanahoria y el palo utilizados por la Unión, lo cual significa que cada país es juzgado a título individual y recompensado de manera correspondiente. Así debería hacerse a lo largo de toda la pirámide de relaciones institucionales que la Unión ha construido con los candidatos o con los candidatos potenciales. Para buena parte de los Balcanes occidentales, como mínimo, la adhesión a la UE sigue estando muy lejos. De modo que la pirámide probablemente seguirá siendo el punto de referencia durante un período de tiempo relativamente largo, y la UE tendrá que apresurarse a inventar formas más atractivas de algo aproximado a la adhesión. Por supuesto, sería más fácil si, tras sucesivas rondas de ampliaciones, la integración europea tomase la forma de círculos concéntricos. ¿Estamos preparados para una evolución de este tipo?

La incapacidad demostrada hasta ahora por la UE para desarrollar una relación adecuada con Rusia, y anteriormente con la URSS, dice mucho de sus limitaciones como actor independiente en la política internacional. Hasta hace poco, los líderes rusos habían mostrado poca comprensión e interés por las complejidades de la baja política y por la diplomacia refinada de las potencias civiles posmodernas. No comprendían el mundo de Bruselas y, como signo de perfecta reciprocidad, las instituciones comunitarias se mostraban incapaces de tratar con un gran país y antiguo imperio al que no le impresionaban los ofrecimientos de versiones diluidas de acuerdos de asociación, algunos de ellos de asistencia técnica. La Unión también tardó en darse cuenta de que, con todo el dinero que ya había invertido en ella, la Comunidad de Estados Independientes (CEI) creada tras la desintegración del imperio soviético tenía muy poco que ver con la integración regional al estilo UE, e incluso menos contenido. Por todos estos motivos, los líderes rusos siguieron tratando de manera bilateral con cada uno de los países miembros de la UE, y ya les parecía bien de esta forma. Las relaciones UE-Rusia estuvieron presididas durante años por la indiferencia mutua.

Las cosas han empezado a cambiar últimamente, aunque ambas partes siguen experimentando serias dificultades para traducir en acción la retórica oficial sobre una relación privilegiada. Entretanto, algunos rusos han empezado a hablar de la pertenencia a la UE, aunque ni los más optimistas están dispuestos a admitir que esto pueda producirse ni a muy largo plazo. Incluso sin las otras antiguas repúblicas soviéticas, Rusia es una potencia continental por sí misma, grande y extremadamente diversa, todavía muy fuerte en lo militar, pese a su debilidad económica —justo lo contrario de la UE—. Asimismo, se encuentra lejos de los estándares europeos sobre gobernación democrática y economía de mercado. De ahí que los instrumentos tradicionales utilizados por la UE en sus relaciones exteriores sólo hayan tenido un aplicabilidad limitada en el caso de Rusia.

Las próximas ampliaciones llevarán a la UE más cerca de Rusia y de sus inmediaciones extranjeras. La adhesión de las repúblicas bálticas significará, entre otras cosas, que las minorías rusas de cierto peso, incluidos muchos pueblos sin Estado, vivirán en el territorio de la UE (y de Schengen). Además, el enclave ruso de Kaliningrado quedará rodeado de Estados miembros de la UE. En las negociaciones con Moscú deben ser debatidos y resueltos algunos temas concretos, incluido por supuesto el de los visados, la circulación de personas a través de las fronteras y el crimen organizado. Ya se ha alcanzado un acuerdo con respecto a la circulación de personas entre Kaliningrado y el resto de la Federación Rusa después de la ampliación de la UE, pero todavía quedan muchos otros temas por tratar.

La estabilidad de los países situados entre la UE ampliada y Rusia debería ser un motivo de preocupación para ambos, y cabe esperar que también sea una oportunidad para estrechar la cooperación en lugar de avivar el fuego de una competencia inútil y peligrosa por conseguir esferas de influencia. Esta región fronteriza está formada por Estados extremadamente débiles, la mayoría de ellos divididos internamente, con una parte del país que mira al este y la otra al oeste. Es lo que ocurre claramente en Ucrania, un vecino importante y muy inestable de la UE ampliada. También ocurre en Georgia y en Moldova, aunque menos en Belarús, que poco a poco se ha ido conformando como satélite ruso. Ciertamente, la Unión no tiene en la actualidad mucho que ofrecer a estos países y todavía no está segura de cómo manejar las relaciones con ellos. No hay ofrecimiento alguno sobre la pertenencia a la UE, ni siquiera a largo plazo. Al menos por el momento, las fronteras de la Europa en expansión se quedan frente a estos países. No obstante, después de la próxima ampliación pasarán a formar parte de las inmediaciones extranjeras, como ya lo son de Rusia, que para hacer sentir su presencia en la región ha preferido a menudo la fuerza militar a la diplomacia. Las costumbres imperiales siempre se prolongan más que los imperios.

Si en la era de la posguerra fría la OTAN ha sido capaz —ciertamente de manera dificultosa— de definir una nueva relación especial con Rusia, tal vez no quede fuera del reino de lo posible que la Unión Europea, con su PESC en proceso de lenta maduración, también demuestre ser capaz de hacerlo. En un marco de este tipo, las dos partes podrían comenzar a discutir sobre seguridad y comercio, así como sobre producción y distribución de energía. Cuando ocurra, sabremos que la UE se habrá convertido por fin en un actor creíble en un nuevo mundo multipolar. Sin embargo, este proceso de maduración puede revelarse largo y dificultoso. Entretanto, será de gran ayuda que Rusia se convierta en miembro de la OMC y que la Unión cree un verdadero mercado común de la energía.

La política europea de la Unión se parece a un mosaico formado por trozos de diferentes colores y tamaños. Los elementos más importantes de la *Pax Europea* están en el centro de la composición. Dicho esto, la política europea de la UE sigue dependiendo en gran medida de las relaciones bilaterales. Cualquier intento de promover el multilateralismo ha tenido hasta ahora resultados limitados, tanto en la forma de Espacio Económico Europeo (EEE) como de aproximación regional a los países de los Balcanes occidentales. ¿Tendría sentido intentar crear un foro paneuropeo en el que la UE fuese la fuerza motriz, para añadir así una dimensión multilateral a sus relaciones con otros países europeos, mientras queda a la espera de las siguientes rondas de ampliaciones? El presidente Mitterrand presentó la idea de una Confederación Europea. ¿Puede haber en esta idea un contenido capaz de atraer a un grupo muy diverso de países, entre ellos Albania y Suiza, por no mencionar a Rusia, y por tanto capaz de crear un verdadero valor añadido en un contexto europeo en el que ya hay un exceso de organizaciones regionales? Tal vez valga la pena estudiar esta idea a medida que el mapa europeo empieza a tomar su forma definitiva tras el hundimiento del orden de la Guerra Fría.

La pertenencia a la UE, incluso como perspectiva a largo plazo, ha constituido un poderoso instrumento para la democracia, la paz y la estabilidad, así como un catalizador para la modernización económica y política en los miembros nuevos o futuros. Está claro que este instrumento todavía no está disponible en las relaciones con países no europeos del Mediterráneo, que es otra de las partes importantes en las inmediaciones extranjeras de la Unión. Anteriormente la Comunidad Europea y ahora la UE han invertido muchísimo dinero, ideas y energía en diferentes encarnaciones de una política mediterránea «global», en general con resultados pobres. Su capacidad para influir en esta región delicada para Europa ha sido muy limitada, tanto por el conflicto árabe-israelí como por los factores internos que han dificultado el desarrollo en la mayoría del mundo árabe.

El incesante deterioro del conflicto de Oriente Medio, junto con los trágicos acontecimientos del 11 de septiembre de 2001, no han hecho sino empeorar la situación, al mismo tiempo que se producía un distanciamiento entre las percepciones europeas y estadounidenses. Los países de la UE pronto podrían verse enfrentados a situaciones que pondrán a prueba su ya frágil unidad, escudriñando así los límites de la potencia civil europea. El Mediterráneo y Oriente Medio han sido una fuente de mucha frustración para los europeos y probablemente continúen siéndolo en el futuro. La frustración está a su vez estrechamente vinculada con la persistente inestabilidad en esta región vecina, con los temores crecientes sobre los enlaces en materia de comercio y petróleo y con las nuevas oleadas de inmigrantes que engrosan la ya numerosa y políticamente delicada presencia en los países europeos de algunas minorías, sobre todo procedentes del Magreb y de Turquía. Tal vez sea necesario un compromiso europeo más activo en la región, pero ¿podemos ponernos de acuerdo en la forma que debe adoptar?

Globalización, hegemonía y potencia civil

Durante mucho tiempo, la integración europea consistió principalmente en la gestión conjunta de economías mixtas cada vez más interdependientes. A lo largo del proceso, los europeos desarrollaron un complejo paquete de liberalización y regulación, con algunos elementos de redistribución, que no tiene paralelo en ninguna otra parte del mundo. La integración regional sin duda puede haber influido en la relación entre el Estado y el mercado en Europa. Sin embargo, no ha alterado de manera fundamental el carácter mixto del capitalismo europeo (o de los capitalismos europeos). Por eso, no debería sorprender que para muchos europeos la globalización, un proceso impulsado esencialmente por el mercado y la tecnología, plantee cuestiones de gobernanza fundamentales. Está claro que no es un fenómeno maravilloso con el que todos podamos relajarnos y gozar. Junto a sus innegables efectos en términos de creación de riqueza, la globalización a menudo genera mayores desigualdades, desarreglos sociales y daños medioambientales, ese tipo de externalidades negativas que prefieren ser obviadas por los que se benefician de la globalización.

La experiencia colectiva de los europeos en la integración regional, muy basada en normas e instituciones comunes, así como sus arraigadas tradiciones políticas, en las que ocupan un lugar privilegiado la economía de mercado, los bienes públicos y la solidaridad, ha hecho que los europeos sean naturalmente mucho más proclives que la otra gran potencia en el sistema económico internacional, Estados Unidos, a considerar la conveniencia de las normas e instituciones multilaterales para la gestión de la interdependencia global. Varios ejemplos así lo demuestran, como la creación de la OMC y de su mecanismo para la solución de controversias, una exitosa inicativa europea, o como el Protocolo de Kioto sobre el calentamiento global de la Tierra, que sigue siendo papel mojado porque el gobierno de Bush se niega a apoyarlo. Es cierto que la coherencia rara vez ha sido la principal característica del comportamiento político y social. Pasa también con los europeos, que a veces han sucumbido colectivamente a la tentación de la acción unilateral si se han sentido lo suficientemente fuertes como para realizarla. No obstante, hay una distancia considerable, y en apariencia cada vez mayor, entre ambas orillas del Atlántico con respecto al multilateralismo y a las normas globales; una distancia que es incluso mayor en lo que los teóricos de las relaciones internacionales denominan respetuosamente la «alta política».

Al igual que exportan bienes y servicios, a los europeos les gustaría exportar valores. Entre éstos se encuentran una desarrollada sensibilidad hacia el medio ambiente, los derechos de los trabajadores y la justicia distributiva. Forman parte del modelo europeo, si es que hay uno. Por tanto, necesitan verse reflejados en políticas europeas comunes y ser vinculados más estrechamente al objetivo del fomento de la liberalización comercial en el marco de la OMC y a la ronda comercial multilateral lanzada en Doha en noviembre de 2001, así como a otros foros internacionales. En Doha, como ya había ocurrido antes, Estados Unidos habló sobre todo del libre comercio y la UE de la gobernanza.

Más recientemente, la integración europea se ha desarrollado por regla general en paralelo a la globalización, como atestigua la liberalización del capital y los servicios financieros. En algunos momentos los europeos simplemente fueron arrastrados por la corriente, mientras que en otros fueron capaces de desarrollar una respuesta regional a la globalización. La UEM puede ser vista como un ejemplo de esto último, aunque queda por ver hasta qué punto hay conciencia de que lo sea. De la experiencia los europeos han aprendido —unos más rápido que otros— que la cooperación/integración regional habitualmente les permite afrontar de manera más eficaz la interdependencia global. Cuentan con el tamaño y con el grado de autosuficiencia que les permite establecer formas colectivas de gestión y regulación en lugar de formas estatales poco eficaces. Asimismo, cuentan con el poder colectivo para influir en las decisiones internacionales; y es que a título individual los países europeos (en su mayoría) apenas cuentan en los asuntos económicos internacionales. La profundización continua de la integración regional no siempre ha ido acompañada de la correspondiente transferencia de competencias a las políticas externas de la Unión, y eso se ha visto traducido claramente en debilidad europea en las negociaciones internacionales.

La comparación entre el comercio internacional y las finanzas internacionales es muy reveladora. Mientras que en el comercio ha habido durante algún tiempo un sistema multipolar, en el que el bloque europeo tiene un peso equivalente al de Estados Unidos, en los asuntos monetarios y financieros internacionales no ocurre nada similar. Sin embargo, las cosas pueden cambiar progresivamente con la llegada del euro. Es en esta área donde cabría esperar que en los próximos años la UE desarrollase una respuesta colectiva a la globalización y una posición unificada en las instituciones y otros foros internacionales. A lo largo del proceso los europeos descubrirán seguramente que van adquiriendo un tipo de influencia muy diferente en el FMI y en el Banco Mundial, así como en la manera de gestionar correctamente (o incorrectamente) el sistema financiero internacional. Dada la importancia de Turquía en tanto que socio muy cercano y miembro potencial de la Unión, ¿no resulta extraño, por ejemplo, que la UE fuese incapaz de adoptar una posición común en el FMI en relación con el paquete de ayuda financiera que se ofreció a Turquía cuando estalló la crisis?

Las relaciones con los países en desarrollo son muy importantes: el pasado colonial de Europa, con todo el conocimiento acumulado que deja atrás, los intereses creados y los sentimientos de culpa colectiva que son reforzados por las tradiciones de solidaridad y justicia social en las sociedades europeas, probablemente seguirán compensando la pérdida de importancia económica de buena parte de lo que todavía se llama eufemísticamente el mundo en desarrollo. El bloque regional europeo ha intentado en repetidas ocasiones establecer un nuevo modelo de relaciones Norte-Sur para, de este modo, intentar satisfacer al menos algunas de las demandas de los países menos desarrollados. Es cierto que estos intentos no son percibidos de manera universal como éxitos (por decirlo suavemente), pero es necesario mantenerlos. El multilateralismo en el comercio no es necesariamente incompatible con las concesiones especiales a los países menos desarrollados.

Sin embargo, quedan por abordar algunas cuestiones difíciles. Una es seguramente la tan pospuesta reforma de la PAC. Mientras la fortaleza agrícola europea mantenga muchas de las exportaciones de los países menos desarrollados fuera de los mercados europeos, la credibilidad de la imagen de Europa como socio generoso de los países pobres continuará siendo seriamente cuestionada. Por otro lado, la UE ha creado su propio grupo de socios privilegiados en el mundo desarrollado, y no han sido precisamente de los más dinámicos —sin que eso sea culpa de los europeos—. Lo más probable es que siga manteniéndose algún tipo de relación privilegiada, en la que el privilegio sea desplazado progresivamente del comercio a la ayuda, lo que también debería contribuir a seguir reduciendo la discriminación comercial contra los socios no privilegiados del Tercer Mundo.

La UE ya es un donante importante de ayuda; de hecho, es el más importante del mundo si incluimos la ayuda otorgada por cada uno de los Estados miembros. Los receptores prefieren casi sin excepción la ayuda multilateral a la bilateral, debido a los condicionantes políticos o de otro tipo habitualmente asociados a esta última. La ayuda comunitaria es multilateral, aunque la condicionalidad no debe ser confundida con los condicionantes políticos. Para evitar que se gaste el dinero de los contribuyentes europeos, la ayuda exterior debería ser otorgada con condiciones estrictas vinculadas al desarrollo. Y ahora los europeos también parecen tener menos reparos para imponer condiciones políticas relacionadas con la democracia y los derechos humanos, aunque en la práctica experimentan grandes dificultades para aplicarlas de manera coherente en muchas partes del Tercer Mundo en las que los estándares de gobernación son bajísimos. Deberían encontrar el coraje político para hacerlo. De otro modo, la redistribución tendrá lugar sobre todo en detrimento de las clases medias y trabajadoras de Europa y en favor de los dirigentes corruptos de países muy pobres —y también de un reducido número de consultores europeos—. Es una cuestión de coraje político y también una cuestión de coherencia en las políticas y de eficiencia en la gestión y la supervisión de la ayuda exterior comunitaria. Durante muchos años la coherencia y la eficiencia brillaron por su ausencia debido a las incongruencias del Consejo, la falta de personal y la mala organización de la Comisión. En la actualidad se están realizando esfuerzos serios para abordar este problema.

Ya se trate de asuntos comerciales o de defensa, la relación con Estados Unidos ha sido siempre crucial. Y lo ha sido todavía más después del fin de la Guerra Fría y de la desaparición del imperio soviético. En términos políticos y militares, ahora vivimos en un mundo en el que sólo hay una superpotencia y en el que, en todo caso, no ha dejado de crecer con el tiempo la distancia entre Estados Unidos y el resto de los mortales de la política internacional. De modo que cualquier intento de aproximarse al objetivo de una política exterior y de seguridad común para la UE pasa necesariamente por una definición (o redefinición) de la relación de Europa con Estados Unidos. Casi todo se ve afectado, incluidas la reorganización de la OTAN, las relaciones con Rusia, la nueva división del trabajo con respecto a las operaciones de mantenimiento de la paz en Europa y más allá de ella, el conflicto de Oriente Medio y el Tribunal Penal Internacional. No hay forma de evitarlo: la PESC europea necesita contar, en primer lugar, con una dimensión estadounidense fuerte si va a desarrollarse yendo más allá de las palabras anodinas de los comunicados de prensa redactados por los diplomáticos. ¿Cómo desea definir Europa su relación con la única superpotencia, un aliado próximo a los europeos y, hasta el momento, su protector en última instancia? Y lo que es más importante, ¿puede hablar Europa con una sola voz? La respuesta a estas preguntas, por supuesto, depende en gran medida de si los europeos tienen una percepción común de las amenazas externas y del papel que desean ejercer en los asuntos internacionales.

Las relaciones transatlánticas se han complicado mucho desde la llegada al poder del presidente George W. Bush, que dirige una coalición formada por una fuerte representación de fundamentalistas cristianos, neoconservadores y unilateralistas imperiales. ¿Se trata sólo de un paréntesis o es reflejo de tendencias a largo plazo? El incomparable poderío militar de Estados Unidos tiende a convertir el unilateralismo en una reacción instintiva frente a los acontecimientos internacionales. ¿Quién necesita coaliciones, y no digamos ya consenso internacional, cuando la distribución de poder es tan desequilibrada? ¿Y quién desea estar atado por normas y por la amenaza de sanciones impuestas por instituciones internacionales? Las normas multilaterales son, al fin y al cabo, la última defensa de los débiles, ¿no es cierto? Sin duda, aunque gracias a ellas las sociedades han evolucionado de la anarquía hobbesiana a la civilización y, afortunadamente, gracias a ellas el sistema internacional también seguirá esta evolución, por muy lenta que sea. Mientras los europeos tienden a proyectar su propia experiencia en el resto del mundo, a menudo con una dosis excesiva de optimismo (o tal vez intentando simplemente transformar la debilidad política y militar en virtud), a muchos estadounidenses les cuesta resistirse a utilizar su poder a fin de obtener los resultados deseados. Y esta situación no debería resultar del todo desconocida para los europeos que tienen un pasado imperial; los británicos parecen ser los que mejor lo entienden. Por otro lado, en el caso de Estados Unidos el poder se combina con un celo misionario y con opiniones convencidas en torno a lo bueno y lo malo, lo cual es para los europeos seculares una forma extremadamente problemática de ver las cosas.

Nunca antes ha sido tan grande la diferencia entre las capacidades militares a ambos lados del Atlántico. Los estadounidenses ya no necesitan a sus aliados europeos para lanzar grandes operaciones militares; sólo necesitan bases para su aviación y sus tropas. El apoyo político de los aliados y los amigos (así como de las organizaciones internacionales) es considerado deseable, aunque aparentemente dispensable si no es para seguir al líder sin hacer demasiadas preguntas —o al menos así parecen creerlo miembros destacados del gobierno de Bush—. Esta diferencia entre las capacidades militares, sumada a la eliminación de la vieja amenaza soviética, puede conducir a la irrelevancia de la OTAN, aunque algo así rara vez ocurre con las instituciones internacionales, que tienden a sobrevivir incluso mucho después de que desaparezca el objetivo para el que fueron establecidas. Las sucesivas rondas de ampliaciones de la OTAN sólo pueden reforzar esta tendencia hacia la irrelevancia. El debate sobre el nuevo papel de la Alianza Atlántica, si es que debe tener alguno, apenas ha comenzado, y seguramente todavía no hay una opinión europea colectiva al respecto.

Si suponemos altamente improbable que Europa desee librar una guerra contra los estadounidenses en un futuro previsible, lo cual constituye una suposición a todas luces plausible, los europeos no necesitan igualar el poder de combate de Estados Unidos. No tendría sentido. Sin embargo, también han aprendido de la experiencia que, como potencia civil, puntualmente pueden necesitar recurrir a otros medios de persuasión en un mundo formado por algo más que Estados posmodernos. La *Pax Europea* ha mostrado en repetidas ocasiones sus limitaciones, incluso dentro de las fronteras de Europa. La UE ha decidido ahora desarrollar una fuerza de reacción rápida de 60.000 soldados que serán utilizados en operaciones de mantenimiento e imposición de la paz. Un paso en esta dirección reforzaría indudablemente la credibilidad de la UE y su papel de estabilización en las inmediaciones extranjeras y más allá de ellas.

Aun estando muy lejos todavía de una fuerza militar europea independiente que asumiese la responsabilidad colectiva de salvaguardar la integridad territorial de la Unión ampliada, esta fuerza de reacción rápida se ha topado con numerosos obstáculos al intentar definir un *modus operandi* con la OTAN; y además tendrá que reconciliarse con la propuesta estadounidense sobre el desarrollo de una fuerza similar en el seno la OTAN. En el curso de negociaciones largas y difíciles, que a menudo titubearon frente a las objeciones turcas a que la fuerza europea tuviese acceso a las instalaciones de la OTAN, también ha quedado claro que los países miembros de la UE siguen teniendo perspectivas (y expectativas) muy diversas en torno a la relación entre la política de seguridad y defensa que emerge lentamente y la Alianza Atlántica. Parece ser que algunos exageraron de forma desmedida la convergencia de perspectivas entre los países europeos sobre esta cuestión crucial.

A este respecto, probablemente los nuevos miembros de Europa Central y Oriental ocuparán una posición especial. En ellos se da un sentimiento genuino de gratitud hacia Estados Unidos por el papel decisivo que desempeñó en su liberación del imperio soviético. Y también se da una tendencia natural a buscar la protección de la superpotencia estadounidense frente a cualquier amenaza desde el este. Al mismo tiempo, estos países son más débiles y más vulnerables a las presiones externas, sobre todo a las de Estados Unidos, mientras que los efectos de la europeización tan sólo comienzan a dejarse sentir.

La fragilidad de la unidad europea en cuestiones importantes de política exterior se vio confirmada una vez más con la guerra de Iraq. Los europeos se mostraron profundamente divididos bajo la fuerte presión para seguir el liderazgo estadounidense. Fue peor que nunca. Para ser más precisos, fue su liderazgo lo que estaba dividido; la opinión pública parecía estarlo mucho menos, y en su mayoría en contra de la guerra. La guerra en Iraq y sus secuelas se revelarían como un punto de inflexión determinante en las relaciones transatlánticas y en los esfuerzos europeos por desarrollar una verdadera PESC. ¿Conseguirán los europeos zanjar sus divisiones internas, con o sin los estadounidenses? Y si no, ¿intentará alguno de ellos revivir la vieja idea del núcleo duro? Hagan lo que hagan, no serán capaces de evitar algunas cuestiones complicadas, y muy en particular algunas cuestiones de dinero.

Aunque los europeos quieran limitar su PESD a las operaciones de paz, de modo que dejan la responsabilidad sobre la defensa colectiva a la OTAN mientras fingen que existe un amplio consenso en relación con la naturaleza de las amenazas externas y los instrumentos para abordarlas, seguirán gastándose el dinero en lo que más necesitan, es decir, seguirán aumentando los gastos de defensa para mejorar, entre otras cosas, sus capacidades logísticas. Probablemente, no se embarcarán en el tipo de guerras de alta tecnología en las que se han especializado cada vez más los estadounidenses. No obstante, seguirán necesitando mejoras en el transporte y en las capacidades de los servicios de información a fin de que el compromiso de Europa con el mantenimiento y la imposición de la paz se convierta en una fuerza de estabilización creíble. La seguridad «blanda» no necesariamente es barata. Y sin duda sería de gran ayuda que los europeos empezasen a realizar verdaderos progresos en la cooperación/ integración referida a sus industrias de armamento y a sus políticas de contratación pública, aceptando de este modo una mayor división del trabajo en sus estrategias de defensa nacional.

La dimensión de la defensa europea y, en conexión con ella, las relaciones de Europa con la única superpotencia que queda en pie dependerán en buena parte de la definición que haga en el futuro próximo de sus intereses el Reino Unido. En términos militares, el Reino Unido sigue siendo una potencia líder en Europa, junto con Francia. ¿Buscará un pilar de defensa europeo más fuerte, complementario del pilar estadounidense, pero pretendiendo que la relación entre ambas partes sea más igualitaria? ¿O preferirá, como en el pasado, cultivar el papel de seguidor privilegiado, intentando a menudo mediar entre los estadounidenses y los europeos? Si el Reino Unido escogiese la primera opción, que parece todavía la menos probable, también reforzaría su posición en el sistema europeo. El equilibrio de poder europeo, en la medida en que esta idea no supone un sacrilegio total para la Europa comunitaria, depende en buena parte de lo que Europa haga o no haga.

Blair lo ha entendido y se ha atrevido a optar por una superpotencia europea al mismo tiempo que reiteraba su rechazo a un superestado europeo. Por supuesto, aquí hay una contradicción. ¿Cree honestamente Blair que una superpotencia, aunque sea en su variedad posmoderna, puede desarrollarse sin instituciones fuertes y sin una identidad europea común que la respalde? Como proposición resulta muy poco convincente. Y, lo que tal vez es peor, ¿qué ocurre si los estadounidense no están de acuerdo con las políticas acordadas colectivamente por los europeos? ¿Estarán dispuestos Blair y otros a apartarse de la línea acordada por la mayoría? El desarrollo de una política exterior común, por no mencionar una política de seguridad común, se revelará probablemente como un proceso lento. Cuando Francia y el Reino Unido estén dispuestos a intercambiar sus asientos permanentes en el Consejo de Seguridad por un asiento ocupado por la Unión, sabremos que asistimos al nacimiento de una verdadera PESC.

Puede apreciarse una contradicción más inherente a este proceso. Al menos algunos europeos desean proyectar su poder en el resto del mundo mediante el desarrollo de una política exterior y de seguridad común. Éste es el caso en particular de las potencias más grandes, especialmente Francia y el Reino Unido. Y sin embargo, no sólo son las más reticentes a aceptar sacrificios relativos a la soberanía nacional, sino que además prefieren a menudo olvidarse de que la integración europea constituye en sí misma un intento de superar la política del poder. ¿Cómo es posible reconciliar entonces estructura interna y ambiciones externas? Tal vez mediante coaliciones entre los que cuentan con voluntad y capacidad, siguiendo así el precedente establecido por la UEM. Más que ninguna otra política anterior, el desarrollo de la PESC podría sin duda alejarnos mucho del viejo modelo de integración basado en instituciones y normas comunes de aplicación general.

El escenario más probable, sin embargo, apunta a que la PESC siga desarrollándose lentamente —tal como lo hará la PESD, junto con todas las otras abreviaturas que los europeos suelen inventar en lugar de políticas reales—. Si acaso, las ampliaciones futuras tenderán a ralentizar el desarrollo aún más. A menos, claro está, que surjan grandes crisis por el camino —y las crisis suelen ser inesperadas, como nos enseña la historia—. Es remotamente posible que George W. Bush se convierta sin quererlo en el unificador más importante de Europa llevando al extremo el unilateralismo agresivo, de tal forma que obligue a los europeos a reforzar su unidad como una forma de restringir el poder estadounidense desbocado, lo que seguramente será demasiado difícil. Europa todavía no está preparada. Y además es un escenario muy peligroso.

El mundo sería más seguro si una Europa en proceso de unión se concentrase más bien en su papel de potencia civil y sobre todo regional, con una misión civilizadora y algunos instrumentos adicionales para imponer la paz cuando fuese necesario. Aquí es donde radica su ventaja comparativa; y sería de gran ayuda que los estadounidenses se tomasen Europa más en serio, pues eso ayudaría a crear las condiciones para una mayor complementariedad entre ambos. Seguramente, ser una potencia homóloga creíble no excluye desempeñar un papel de contrapeso cuando sea necesario. El estatuto de superpotencia llegará mucho más adelante, si es que llega. Entretanto, sería bueno para la paz y la estabilidad mundial que esta Europa en proceso de unión también contribuyese al refuerzo de las instituciones internacionales y al desarrollo de un sistema multipolar basado más en las normas y en la equidad y menos en el poderío militar. El poder hegemónico puede ser peligroso, incluso para los que lo ejercen.

TERCERA PARTE

CONCLUSIONES

Capítulo 8

¿QUÉ ES LO QUE ESTÁ EN JUEGO?

LOS DÉFICIT REALES...

Más de cincuenta años después de que todo empezase, la integración regional en Europa se ha convertido en un sistema complejo, sin precedentes en la historia y sin rival en otras partes del mundo contemporáneo. Los viejos y los nuevos Estados-nación de Europa se han sumado a ella: algunos siguen esperando con impaciencia en la antesala y sólo unos pocos siguen queriendo quedarse fuera (¿por cuánto tiempo?). La mejor prueba del éxito la constituyen las sucesivas rondas de profundización y ampliación, que en lenguaje corriente querría decir que la integración regional se vuelve cada vez más densa y también se extiende a nuevos ámbitos de políticas, al mismo tiempo que el número de miembros sigue aumentando. La Unión Europea está muy sana y dando resultados, tal vez en contra de todas las previsiones y a despecho de todo tipo de escenarios catastróficos.

A diferencia de los imperios del pasado, la integración europea se asienta sobre sistemas democráticos y sobre el principio de libre asociación. Ningún país ha sido forzado a unirse o a ir en contra de la voluntad colectiva de sus ciudadanos. Por tanto, cabe considerar que responde a necesidades reales, al menos para una cantidad suficiente de personas en el gobierno, entre los grupos de interés o entre los simples ciudadanos que han accedido a ofrecer su apoyo activo o pasivo.

Ante todo, la integración europea puede verse como un sistema altamente desarrollado de gestión conjunta de la interdependencia. Esta interdependencia se inició con el comercio y se fue extendiendo progresivamente a muchas otras manifestaciones de interacción e intercambios transfronterizos en un continente muy poblado, con una historia larga y turbulenta, con recursos naturales relativamente escasos y con una gran diversidad de culturas, tradiciones políticas y sistemas económicos. En la actualidad, el bienestar de los ciudadanos europeos está íntimamente vinculado a este sistema de interdependencia regional y lo está asimismo de manera más general su calidad de vida, en la medida en que también depende de la libertad para viajar, estudiar o trabajar en cualquier lugar de la Unión, y también está vinculada al acceso a una gran variedad de bienes y servicios, así como a una mayor seguridad, entre otras cosas. Podríamos vernos tentados de añadir la capacidad de preservar una determinada forma de vida, aunque éste sigue siendo un argumento controvertido para la minoría que sigue prefiriendo destacar la diversidad en lugar de la comunidad de valores y modelos de sociedad.

Muchos aspectos de la vida cotidiana de los ciudadanos europeos dependen ahora de decisiones tomadas allende sus fronteras estatales, aunque sea con la participación de sus representantes. Un rasgo característico de la integración europea ha sido el intento de combinar de manera general la liberalización de los mercados y la eliminación de las barreras estatales con el establecimiento de normas e instituciones comunes —un nuevo nivel de gobernanza, según el lenguaje al uso en la actualidad—. Al fin y al cabo, esto sólo se aplica a los países en los que el individualismo ha sido moderado por consideraciones sobre el bien público y donde el gobierno no es visto como algo necesariamente malo; puede que tenga que ver también con el hecho de que Europa sea vieja y esté muy poblada.

Por supuesto, la interdependencia no es un fenómeno genuinamente europeo. Durante las últimas décadas ha caracterizado cada vez más las relaciones internacionales, y el ritmo acelerado de las fuerzas transnacionales ha llevado a menudo a nociones exageradas como la del empequeñecimiento del mundo y la aldea global; hace pensar en algo así como el analista sofisticado de Nueva York que predica la globalización a las tribus del desierto de Kalahari. Pero la globalización no es un espejismo pasajero; se refiere a fuerzas reales que operan en el mundo actual, derribando muchas de las barreras que a lo largo de los años los gobiernos habían erigido de manera cuidadosa y a conciencia en nombre de la autonomía estatal, o simplemente en aras de la protección de intereses particulares.

En la mayoría de los casos, la interdependencia regional en la Europa actual es sustancialmente diferente de la que encontramos a nivel global, al menos en dos aspectos significativos, intensidad y gobernanza, que suelen reforzarse mutuamente. En Europa la concentración regional de los intercambios económicos es elevadísima, y eso está íntimamente vinculado al sistema de normas y reglas que gobierna estos intercambios. Así ocurre en casi todos los aspectos del comercio, aunque puede afirmarse que no tanto en los mercados financieros, donde lo regional tiende a fundirse con lo global. No siembre es fácil determinar si el grado de estas diferencias se debe más a los fundamentos del mercado que a las normas artificiales.

La integración regional ha sido utilizada como instrumento de desarrollo económico, como catalizador de la modernización y en muchos sentidos como una especie de máquina de convergencia para el beneficio de los países menos desarrollados del continente europeo. Todo ello ha reducido la distancia geográfica (así como la política y la cultural) entre el centro y la periferia. Y el desarrollo económico, junto con la modernización, sigue ayudando a reforzar las nuevas instituciones democráticas de países que emergen de largos períodos de autoritarismo y totalitarismo. Todos ellos también constituyen partes integrales de lo que generalmente se conoce como el proceso de europeización. Estas consideraciones también ayudan a explicar por qué la periferia tiene una idea más halagüeña de la Unión Europea, al menos de la que ha conocido hasta ahora, aunque el reto del ajuste haya sido mucho más difícil para la periferia que para el centro.

Seguramente ha ayudado el desarrollo progresivo de un sentido de solidaridad entre los participantes, que se ha traducido entre otras cosas en instrumentos financieros de redistribución a través del presupuesto comunitario. Por limitada que sea, dado el reducido tamaño del presupuesto común, la resdistribución constituye hoy día un elemento crucial del acuerdo global en el que se basa la integración europea, y éste es un rasgo distintivo muy importante de la UE. La solidaridad se ha presentado en forma de ayuda mutua en una gran variedad de instancias y también en la distribución de la carga presupuestaria, ya sea con respecto a la política de asilo o a los costes de la protección medioambiental. La distribución de la carga y la redistribución de los costes son, por ejemplo, un elemento fundamental del acuerdo interno en la UE en relación con el Protocolo de Kioto. Por muy lento que haya sido, se ha ido desarrollando un sentido de comunidad en el seno de la UE; por supuesto, se encuentra muy alejado del sentido de comunidad (*Gemeinschaft*, como lo llamarían los alemanes) que puede encontrarse en los viejos Estados-nación que cuentan con una larga historia reforzada por vínculos estrechos, por símbolos compartidos y por mitos.

La integración europea empezó como una forma de poner los cimientos de la reconciliación franco-alemana y, por tanto, como un instrumento de paz y seguridad en el viejo «núcleo carolingio» de Europa. Era funcionalismo puro y duro. La cooperación franco-alemana aportó posteriormente el motor de la integración. La UEM es el ejemplo más destacado de cómo la integración económica puede constituir el medio para fines muy elevados y así es como lo percibieron los líderes políticos franceses y alemanes. Al fin y al cabo, el dinero y la guerra siempre han estado estrechamente vinculados en la historia europea.

Aun así, los principales instrumentos de la guerra siguen estando más allá del control de las instituciones regionales europeas. La mayoría de los gobiernos estatales siguen optando por la cooperación defensiva en la Alianza Atlántica en lugar de en la UE. Durante la Guerra Fría, todos sabíamos muy bien que en última instancia la garantía de la seguridad de Europa Occidental estaba en manos estadounidenses, aunque lo esté menos en la actualidad, pues ya no está claro quién o qué constituye la principal amenaza para la seguridad del conjunto de los europeos. Cabe pensar que esta ambigüedad es el tipo de lujo que pueden permitirse quienes viven a una distancia segura de las zonas problemáticas y de la vieja frontera soviética; los belgas y los portugueses, entre otros, pueden relajarse. Los ciudadanos de las nuevas repúblicas bálticas, sin embargo, ven las cosas de manera diferente y es natural que esperen protección exterior de Washington y no de París, Londres, Berlín o Bruselas. Los recuerdos del gigante ruso no desaparecen con facilidad. Sin duda, esto puede cambiar a medida que las percepciones de las amenazas externas se ajustan a la nueva situación geográfica y que la seguridad interna tiende a fundirse con la seguridad externa. Pero lo normal es que lleve su tiempo.

Las políticas comunes europeas y las instituciones comunes también han sido utilizadas como instrumentos para proyectar poder e influencia colectivos en los asuntos internacionales. Esto es sin duda lo que ha ocurrido con el comercio. Los europeos han aprendido de la experiencia que la única forma de tener un impacto real en las negociaciones multilaterales es actuando conjuntamente. Sin embargo, no todos han llegado a la conclusión de que las lecciones extraídas del comercio exterior puedan ser aplicadas con facilidad a las políticas de otros ámbitos, y todavía menos si nos desplazamos a lo largo del espectro que va desde la baja política hacia la alta política. Así, el salto del poder económico al poder político ha demostrado ser extremadamente difícil. Las relaciones con la superpotencia a través del Atlántico han sido por lo habitual un factor de división. La definición de una política exterior común parte de la premisa de que los miembros perciben que tienen más intereses en común entre ellos que con terceros países, y por tanto están preparados para sacrificar su independencia de acción (o simplemente la ilusión de independencia) con objeto de reforzar su poder de negociación colectivo. No siempre ha sido tan obvio, sobre todo en aquellos ámbitos en los que la autosuficiencia regional ha sido relativamente baja (es el caso de la seguridad, una vez más).

La integración europea ha aportado muchos beneficios concretos. Y también ha generado cantidades ingentes de retórica en la que a menudo se exageraban las esperanzas o los temores, dependiendo del punto de partida. Mucha gente ha tendido a tomarse demasiado en serio la retórica oficial para después verse sorprendida al descubrir que la unión política o una genuina política exterior común no están a la vuelta de la esquina. Los líderes políticos se reúnen regularmente en los Consejos Europeos, seguidos de toda una caravana de expertos. Cuando finalizan estas reuniones, los largos comunicados conjuntos y declaraciones solemnes son a veces sustitutos de decisiones reales. Estos documentos no siempre deben ser leídos al pie de la letra, sino que deberían ser vistos más bien como parte de un ritual europeo. Ésta es una de las primeras lecciones que se ven obligados a aprender los observadores del escenario europeo.

Por contra, adoptar demasiado realismo duro puede ser igualmente engañoso, si no más. Detrás de toda la retórica hay una visión política de una Europa unida que ha movilizado a gran cantidad de gente entre las élites políticas y fuera de ellas, y que ha actuado como motor en varias fases de la integración europea. Y como todas las visiones, no ha sido muy precisa. Los acontecimientos han defraudado y dejado fuera de juego una y otra vez a los pragmáticos con los pies en el suelo, tan convencidos de que lo único que necesitan las visiones, cuando aparecen, es que los especialistas se ocupen de ellas. No han sido capaces de ver la «sustancia de la visión» y la voluntad política que podría generar. Ha ocurrido muchas veces en el pasado y más recientemente con la UEM, de modo que podría volver a ocurrir con la Convención.

Por muy avanzado que esté —y que de hecho sea único— según los estándares internacionales, el marco institucional de la UE sigue reservando un papel central a los Estados-nación y a sus representantes. Los Estados-nación no se han desvanecido —y probablemente no lo harán en un futuro previsible—. Por el contrario, en muchos aspectos se han reforzado mediante el proceso de integración regional. Al menos para algunos, la amenaza de fragmentación interna parece mucho más real que la perspectiva de disolución en una especie de sopa europea. El carácter simbólico de la integración regional y de la participación en ella de los Estados-nación puede parecer contradictorio sólo para aquellos que siguen considerando la soberanía algo absoluto que se tiene o no se tiene (como la virginidad, supongo).

Por otro lado, en este sistema europeo en rápida evolución no ha habido ninguna potencia que imponga sus deseos a los demás. La ausencia de un hegemón, algo remarcable por sí mismo, no significa por supuesto que algunos países no hayan sido más iguales que otros a la hora de influir sobre los resultados de las políticas. No podía haber sido de otro modo, teniendo en cuenta las inmensas diferencias existentes entre los Estados participantes en términos de tamaño, poderío económico y capacidad institucional.

De ahí que Alemania y Francia hayan desempeñado a menudo un papel de liderazgo en la integración europea y que el Reino Unido haya intentado hacer lo mismo, aunque hasta ahora con menos éxito. Italia y España se han esforzado una y otra vez en unirse a la primera división, mientras que otros siguen siendo menos iguales, por mucho que les disguste esta dura realidad. Todo esto es cierto. Sin embargo, es igualmente cierto que el llamado método de toma de decisiones comunitario ha otorgado a los países pequeños y medianos un papel y una influencia en la integración europea mucho mayores de lo que jamás habrían tenido en un sistema intergubernamental tradicional. La construcción regional levantada tras el fin de la Segunda Guerra Mundial es cualitativamente muy diferente de un concierto de grandes potencias, que es más familiar a los estudiosos de la historia europea anterior. Éste es otro de los rasgos clave y novedosos de la integración europea.

Seguramente, el nuevo sistema político europeo —y lo cierto es que hay un sistema político que se ha desarrollado a lo largo de los años, aunque la diplomacia y las negociaciones intergubernamentales sigan siendo más importantes que la política democrática tal como la hemos conocido en nuestros Estados-nación— es excesivamente burocrático y a menudo ineficiente y costoso. Tiende a actuar por reacción ante los acontecimientos, pues no es un tipo de sistema del que puedan surgir con facilidad iniciativas o un liderazgo político. Asimismo, es conservador en el sentido de que cualquier cambio repecto del *statu quo* exige mayorías amplias y la necesidad de superar muchos pesos y contrapesos. El mastodonte comunitario se mueve lentamente y afronta con dificultad los virajes y las curvas de la carretera.

Europa se ha convertido en un negocio lucrativo para los responsables políticos, para los miembros de los *lobbies* y para todos aquellos que cada vez en mayor número se benefician de las dádivas de las instituciones comunitarias. Todos ellos constituyen una minoría necesaria, pero no dejan de ser una minoría. Entretanto, el sistema europeo se ha convertido en algo cada vez menos atractivo para los ciudadanos en general. Las decisiones son percibidas como si fuesen tomadas desde muy lejos por aquellos a quienes afectan directamente y a puerta cerrada, con poca transparencia y todavía menos *accountability*. Seguramente no es de gran ayuda que los temas suelan presentarse en el lenguaje políticamente esterilizado de la burocracia de Bruselas. Lo que comenzó siendo un proyecto elitista por excelencia se ha convertido por el camino en algo además burocráticamente pesado. Y el déficit democrático se ha ampliado a medida que se han ido añadiendo nuevos ítems a la agenda comunitaria.

Este déficit es real y se manifiesta muy claramente en la ausencia de debates de alcance paneuropeo sobre temas que hace ya tiempo que dejaron de ser prerrogativas de los Estados-nación. El resultado ha sido una distancia cada vez más grande entre la percepción y la realidad en la política estatal, mientras que es muy poca la política (democrática) europea de la que pueda discutirse —y son muchas las políticas europeas existentes—. Así que, de manera indirecta, la integración europea ha reducido las opciones democráticas de los ciudadanos y al mismo tiempo ha reforzado también la dimensión gestora de la política en Europa. La «camisa de fuerza dorada» en ocasiones puede ser buena para la eficiencia económica. Pero a largo plazo es sin duda alguna mala para la democracia y para la política, y por tanto inestable y potencialmente peligrosa, sobre todo si tras el concepto general de eficiencia se esconde un número significativo de perdedores. Podríamos estar llegando a ese punto en la Europa de hoy día.

Para la amplia variedad de políticas que abarca la integración europea se han desarrollado diferentes métodos de gobernanza. Cubren todo un espectro que va de la cooperación intergubernamental al federalismo total, un federalismo que en varios países no se atreve a ser presentado como tal. Por otro lado, las normas comunes de carácter débil y las formas no constrictivas de cooperación intergubernamental suelen coincidir con bajos niveles de integración en su forma más básica y con la persistencia de una amplia diversidad. Todo eso no tiene nada de malo, siempre y cuando sea compatible con los fundamentos económicos y políticos y estos últimos incluyan, claro está, una elección consciente por parte de un número de participantes suficiente. Son los europeos los que, de manera colectiva, deben decidir lo que hacen de manera conjunta y de manera separada y, por consiguiente, el precio que están dispuestos a pagar por continuar con la integración o con la fragmentación.

Las cuestiones sociales y referidas al Estado del bienestar se encuentran entre aquellas en las que la diversidad seguirá siendo lo fundamental durante algún tiempo. Son valores comunes más que políticas comunes lo que sostienen aquello que algunos prefieren denominar el modelo social europeo. Esta persistente diversidad de políticas permite que los Estados-nación europeos sigan disfrutando de un considerable grado de autonomía, aunque esté sujeto a las restricciones impuestas por la demografía y la movilidad internacional de capitales, así como a normas sobre la financiación del déficit en el contexto de la UEM. Cabría esperar que las políticas sociales y del bienestar se mantengan durante mucho tiempo, sobre todo para asuntos de responsabilidad estatal. Eso debería significar asimismo que el grueso del gasto gubernamental (y, por consiguiente, de los impuestos) se mantiene en el nivel estatal o incluso subestatal. La sanidad, la educación y la seguridad social se encuentran en el núcleo de las cuestiones políticamente relevantes para los ciudadanos europeos; por tanto, no hay mucho riesgo de que los sistemas estatales se queden sin munición política en el futuro previsible. Pero eso debería seguir dejando bastante margen para el compromiso político activo en el nivel europeo con respecto a aquellas cuestiones que desde hace tiempo han traspasado las fronteras del Estado-nación.

...Y LOS MITOS FAVORITOS

La novedad de la integración europea y la dificultad para acomodarla a viejas categorías análogas contribuyen a explicar el nacimiento y la pervivencia de varios mitos en torno a lo que es o debería ser esta nueva Europa. Uno de dichos mitos, muy popular entre los euroescépticos, es el del superestado europeo, que supuestamente ya constituye una amenaza real para la soberanía nacional. En su lugar, los euroescépticos proponen más bien una asociación laxa de Estados soberanos, en la que la Comisión hace como mucho las veces de secretaría para gestionar lo que sería esencialmente una zona de libre comercio (la vieja AELC todavía tiene sus seguidores, y ahora tiene además una hermana más joven y dinámica al otro lado del Atlántico).

Seguramente hay ejemplos de excesos centralistas por parte de la burocracia de Bruselas, a menudo ayudada por los políticos nacionales que andan en busca de disciplina externa para importarla a sus países cuando las cosas se ponen feas. Los Estados débiles y los gobiernos débiles buscan cabezas de turco en el exterior o toman Bruselas como referencia adecuada a la hora de importar racionalidad económica y ortodoxia financiera. Esto se vuelve peligroso cuando se repite con demasiada frecuencia, y es entonces cuando las presiones en favor de más centralización o armonización se dejan sentir sobre aquellos que mantienen más confianza en la capacidad de sus instituciones estatales o subestatales para obtener los resultados esperados.

Sin embargo, la nostalgia por las zonas de libre comercio suele pasar por alto (o rechazar) la realidad de las economías mixtas en Europa y la coexistencia de diferentes sistemas económicos. Las normas comunes han sido diseñadas no sólo para regular mercados, sino también para gobernar la interacción entre diferentes sistemas estatales. La búsqueda de las llamadas reglas de juego uniformes en la competencia económica y en otros ámbitos ha guiado buena parte de la regulación comunitaria y de la burocracia que la acompaña. Por tanto, las críticas son al menos en parte ideológicas y el fundamentalismo del mercado está en el centro de ellas. Aparentemente, tampoco se entienden muy bien (y aún son menos apreciados) el grado y el tipo de interdependencia que ya se ha alcanzado en Europa y lo que exige en términos de gestión, por no mencionar las otras funciones desempeñadas por las instituciones comunitarias.

Por supuesto, los euroescépticos están muy preocupados por la pérdida de soberanía nacional derivada de la integración regional y de las obligaciones impuestas por las normas e instituciones comunitarias. Al mismo tiempo, les resulta muy conveniente subestimar la pérdida de autonomía estatal derivada de la globalización de los mercados, mientras siguen sobreestimando de manera exagerada la capacidad de cada uno de los países europeos para llevar a cabo acciones independientes en un mundo en el que el poder está distribuido de forma muy asimétrica y en el que Europa ya no es el centro. Implícitamente, los euroescépticos a menudo parecen preferir la regulación del mercado procedente de Washington y su aplicación extraterritorial a la negociación de normas europeas comunes.

Muchos conservadores británicos constituyen una categoría aparte. Está claro que les desagrada participar en un viaje con un destino desconocido, como fue tan acertadamente descrito en el pasado el proceso de integración europea. Creen saber qué aspecto tendrá dicho destino y no quieren llegar allí. Para empeorarlo, muchos de ellos preferirían tener diferentes compañeros de viaje, pues se sienten más próximos a Tejas o a Arizona que a Finlandia o a Grecia, y en cuestión de gustos no hay argumentos racionales que valgan.

El otro mito, surgido de algún lugar cercano a la izquierda en el espectro político y con los socialistas franceses entre sus principales defensores, es el de la Europa social. «Europa social» significa que existe un avanzado nivel de armonización de los estándares sociales y de las políticas como contrapartida necesaria a la integración del mercado, aunque no siempre esté claro si esta armonización de estándares que se propone debería ir acompañada de una transferencia sustancial de la financiación de las políticas del bienestar al nivel europeo de responsabilidades. Los países más holgados de Europa seguramente no serían tan partidarios de dicha transferencia y todos sabemos que la solidaridad transfronteriza tiene sus límites, incluso entre los socialistas. Es muy probable que a los socialistas griegos o polacos les resulte más fácil que a sus camaradas alemanes estar a favor de la solidaridad transfronteriza. Al fin y al cabo, de los primeros cabe esperar normalmente que se encuentren entre los receptores y de los alemanes se espera que paguen.

Los sistemas sociales y del bienestar son sin duda una parte integral de la Europa Occidental posterior a la Segunda Guerra Mundial. Sin embargo, los defensores de la «Europa social» prefieren pasar por alto la persistente y amplia diversidad de los sistemas sociales y del bienestar estatales, que después de la ampliación será incluso mayor, así como la ausencia de un mercado de trabajo integrado a nivel europeo. De ahí que intentar construir una «Europa social», una especie de Escandinavia a lo grande, siga siendo algo así como intentar construir un rascacielos en la arena; puede funcionar siempre y cuando sólo se construyan pocas plantas, que en este caso particular significa un nivel mínimo de estándares comunes, así como algunos programas comunitarios cuidadosamente seleccionados.

El tercer mito muy extendido es el de Europa como potencia global. Es muy popular tanto a la derecha como a la izquierda del espectro político, aunque los que están a la derecha suelen decantarse por querer actuar sobre la base del poder prestado por los estadounidenses. Que Europa actúe como una potencia global significa que los europeos recuperarían colectivamente buena parte (o una parte) del poder que los Estados-nación perdieron tras dos «guerras civiles» desastrosas durante el siglo xx: un viaje de vuelta a la historia para aquellos que se niegan a acomodarse en un lugar más modesto del orden mundial que cambia con rapidez. De hecho, contrariamente a buena parte de la retórica oficial presentada en foros públicos, la mayoría de los países europeos parece tener únicamente preocupaciones regionales y poca disposición a pagar el precio de desempeñar un papel global activo, incluido el de policía global en un mundo en el que el «poder suave» tiene muchas limitaciones. Cabe entender que Francia y el Reino Unido son la excepción: siguen teniendo la ambición (¿la ilusión?) y tal vez también el potencial necesarios para desempeñar un papel internacional más activo, sin necesidad de aceptar las constricciones de una potencia civil regional. El problema es que ambos países a veces parecen presuponer que los otros europeos se conformarían con seguir su liderazgo, con pocas instituciones y normas comunes; pero esta presunción en raras ocasiones ha demostrado ser realista.

Las relaciones con Estados Unidos han sido absolutamente cruciales, tanto durante la Guerra Fría en la que lideró el «mundo libre» como en la actual era de lo que puede acabar siendo un nuevo imperio. Siempre se ha dado una gran ambivalencia en las actitudes estadounidenses oficiales hacia la integración europea: el apoyo público, reiterado en casi cualquier ocasión que se presentase, solía mostrarse partiendo del presupuesto de que la influencia y el equilibrio de poder entre ambos lados del Atlántico no cambiarían como consecuencia de una mayor unidad europea, de modo que los europeos seguirían apoyando alegremente el liderazgo estadounidense. ¿No fue Churchill quien dijo una vez que sin duda necesitas aliados, pero el problema es que los aliados tienden a formarse opiniones propias? Tal vez hubiese añadido que cuanto más fuertes se vuelven los aliados, más alto manifiestan sus opiniones. Esta ambivalencia en las actitudes estadounidenses ha sido muy evidente con respecto a la creación de la moneda única y al establecimiento de una política exterior y de seguridad común —escepticismo sería un término más adecuado en estos casos, por no decir oposición frontal—. Una potencia global europea no puede surgir sin abordar, en primer lugar, el complicado problema de sus relaciones con la única superpotencia.

Tratados, constituciones y demás

A menudo la UE ha sido acusada de inacción y de indecisión. Sin embargo, con el cambio de siglo esta Unión sustituyó doce monedas nacionales por el euro y se prepara ahora para acoger a diez nuevos miembros, tras haber completado las negociaciones de adhesión con todos ellos. No está mal, se mire como se mire. Es cierto que ha habido muchos retrasos, medidas incompletas y malas previsiones. Pero ¿acaso no es todo eso característico de las sociedades humanas, y muy especialmente de los sistemas políticos democráticos de gran tamaño con estructuras federales o confederales?

La UEM y las futuras ampliaciones son dos grandes proyectos de la primera década del nuevo siglo y también son los principales motores del cambio. En muchos sentidos, apuntan en direcciones opuestas. La introducción del euro ha sido sin duda el mayor paso en la integración desde el Tratado de Roma. Se espera que tenga un impacto significativo sobre los mercados, las estructuras de producción y las políticas públicas, y estos efectos serán muy duraderos. La gestión del euro plantea cuestiones básicas sobre cómo los miembros de la UEM desean definirse colectivamente en el contexto de la globalización y también sobre cómo manejan individualmente los instrumentos económicos y las políticas estructurales de que disponen todavía en el nivel estatal. La UEM podría acabar teniendo sobre el proceso de convergencia de diferentes modelos capitalistas en Europa un efecto mucho mayor de lo que nunca se ha visto hasta ahora.

Las divisas no se gestionan solas. La estructura institucional prevista por el Tratado de Maastricht es inadecuada, pero es todo lo que en su momento resultaba factible. Además, no es sólo una cuestión de disposiciones legales. También cabe considerar la sabiduría institucional que proporciona el tiempo y la experiencia. La utilización de la misma moneda desde Laponia hasta las Azores es en sí mismo un cambio revolucionario. Una mala gestión comportaría costes económicos y políticos significativos.

El BCE necesitará ir más allá de las constricciones de la ortodoxia financiera más estricta y adquirir la flexibilidad y confianza necesarias para gestionar la nueva moneda en un entorno económico probablemente adverso. Asimismo, necesitará tener un interlocutor político creíble. La nueva moneda única requerirá el desarrollo de una dimensión europea en la política macroeconómica, que no puede ser identificada exclusivamente con la política monetaria en manos del BCE. También requerirá la defensa de una posición común en foros internacionales y la realización de difíciles ajustes internos en los países miembros. Hasta que todo esto ocurra, habrá un riesgo real de desajustes persistentes en la eurozona y de desarrollo de condiciones poco propicias para el crecimiento de los miembros en su conjunto. La UEM puede acabar siendo finalmente ese gran paso que los europeos no estaban realmente dispuestos a dar. Un resultado así debería ser evitado a toda costa: la vuelta a las monedas nacionales es casi inconcebible y el precio del fracaso es prohibitivo.

El euro necesita ser gestionado y necesita también una base sólida de aceptación pública y de legitimidad. Todo eso puede desarrollarse, al menos en parte, a través de una mejora tangible en el bienestar de los ciudadanos europeos (como ha ocurrido muchas veces con anterioridad). Pero la UEM también necesitará más democracia y *accountability*. Lo más probable es que tengan razón aquellos que durante mucho tiempo han defendido la existencia de un vínculo entre la unión monetaria y la unión política, aunque todavía no se haya manifestado. De maneras muy diversas, la UEM probablemente actuará como poderoso factor unificador a largo plazo y es posible que también lo haga como factor de división si algunos países se quedan fuera de ella durante mucho tiempo. En cualquier caso (y es posible que en ambos), acabará conformando el curso de la integración europea.

Sabemos, y hasta hace poco hemos solido evitar decirlo en público, que la nueva ampliación será un asunto extremadamente difícil que conlleva el riesgo de que la Unión se convierta en una asociación muy diversa y cada vez más laxa —en muchos sentidos un asunto inmanejable—. Una minoría de europeos en países que ya son miembros estaría sin duda contenta de que ocurriese así; los demás intentan reforzar la Unión y sus instituciones a fin de superar el desafío. Una asociación laxa de 25 miembros o más no cuadra con facilidad con la UEM o con otros objetivos que los europeos comparten ampliamente.

Podemos predecir con bastante seguridad que a la Unión le costará un tiempo y un esfuerzo considerables digerir los efectos de la próxima ronda de ampliaciones. Al fin y al cabo, ésta implica meter a Estados en su mayoría jóvenes con estructuras económicas débiles y con profundas cicatrices dejadas por largos períodos de totalitarismo, seguidos de transiciones incompletas que han tenido efectos muy desiguales en diferentes estratos sociales. Si la Unión intenta digerir los efectos de la próxima ampliación, cuando lo más probable es que tenga lugar un retraimiento hacia el interior, puede empezar a perder incluso el poco apetito que ahora parece tener de cara a próximas rondas de ampliaciones. Es casi seguro que en última instancia las fronteras de la Unión se convertirán por el camino en una de las principales cuestiones políticas.

De la Convención y de la nueva conferencia intergubernamental posterior cabe esperar que ofrezcan el marco institucional de una Unión más eficaz que sea capaz de afrontar el doble desafío de la ampliación y de la UEM; es decir, una Unión que consiga reconciliar eficacia, democracia y diversidad —una combinación nada fácil—. Se necesita un ejecutivo europeo más fuerte, que incluya tanto a la Comisión como al Consejo y que pueda dar resultados sólidos con mayor eficiencia y transparencia; lo que debería incluir, entre otras cosas, más votaciones por mayoría cualificada en el Consejo y una mayor racionalización de la Comisión y de las tareas que realiza. Es asimismo necesario que haya más democracia en el sentido de más poderes para el Parlamento Europeo, mayor participación de los parlamentos estatales y un compromiso más activo de los ciudadanos en el proceso de toma de decisiones comunitario.

Por otro lado, de la Convención debería esperarse que ofreciese salvaguardas adicionales para aquellos que se sienten amenazados por los fanáticos de la armonización o de la centralización en Bruselas. Más Europa no es siempre una Europa mejor. Hay margen para la descentralización y la subsidiariedad, incluso en lo relativo al tratamiento de alguna de las vacas sagradas de la integración. Una Unión muy numerosa y diversa necesita concentrarse más en lo esencial. Éste debería ser un mensaje fundamental para la Unión que se amplía.

En algunos casos, puede que también sean inevitables una mayor diferenciación y una mayor flexibilidad, combinadas con algunas excepciones (autoexclusiones en el argot comunitario). Muchos han utilizado una gran variedad de metáforas para describir esta posible evolución de la UE: desde la geometría variable y las capas múltiples al vuelo de las ocas y a los campos magnéticos, a las constelaciones estelares y a los círculos concéntricos. Los analistas de la política europea han demostrado tener una imaginación de una fertilidad remarcable a la hora de utilizar metáforas y una menor habilidad para describir con más precisión las consecuencias institucionales y de otro tipo provocadas por estas situaciones.

Ningún país quiere ser relegado a las categorías inferiores, aunque algunos pueden verse obligados a afrontar internamente la oposición popular o las restricciones económicas. Resulta difícil imaginar que la UE pueda continuar al ritmo de sus miembros más lentos, especialmente a medida que aumenta el número y la diversidad de sus miembros. Por ello, los derechos de veto serán difíciles de mantener en una Unión ampliada, sobre todo en el terreno económico. Hasta ahora, la participación en la UE se ha visto amenazada como el matrimonio en la Iglesia Católica: el divorcio no está permitido, aunque los *affaires* que se puedan tener al margen han sido en general tolerados. Esto puede cambiar a medida que desaparezcan progresivamente los vetos. El divorcio podría ser entonces el último recurso para los países que en algún momento puedan sentirse como una minoría sitiada e incapaz de bloquear decisiones que sistemáticamente van en contra de sus intereses. Aunque es altamente improbable que esto ocurra en una Unión con 25 miembros o más, muy dependiente todavía del consenso o al menos de las mayorías amplias, las disposiciones relativas al divorcio podrían constituir una válvula de seguridad útil.

¿Estamos preparados para un paso así y, lo que resulta aún más difícil, estamos preparados para acordar que en el futuro los cambios constitucionales, a excepción de algunas disposiciones fundamentales, ya no exigirán la unanimidad entre los Estados participantes? En un sistema político europeo más maduro, en el que la igualdad de los ciudadanos debería contar cada vez más que la igualdad de los Estados, el progreso no puede ser rehén de pequeñas minorías. Al fin y al cabo, éste debería ser uno de los elementos fundamentales que distinguen a una constitución de un tratado internacional. ¿O es que sólo estamos obsesionados con las palabras?

De la Convención puede salir el marco institucional. De ella debería asimismo esperarse que saliesen algunos de los símbolos y que consagrase los valores comunes fundamentales de una Europa en proceso de unión. Sin embargo, de ella no saldrán decisiones y políticas concretas. Esto es cosa de la política cotidiana. El Tratado de Maastricht, por ejemplo, proclamó el nacimiento de una política exterior y de seguridad común europea. Más de una década después, la PESC sigue siendo más un espejismo que una realidad. Sin duda alguna, de cara al futuro un nuevo ministro de Asuntos Exteriores de Europa, surgido de la Convención y de la posterior conferencia intergubernamenal y respaldado con recursos humanos y financieros adicionales, marcaría una verdadera diferencia. Pero debería estar sujeto a la voluntad política colectiva, así como a la convergencia de opiniones de los gobiernos miembros. Y en la actualidad esto no se da. Lo más probable es que el cambio hacia las votaciones por mayoría en asuntos de política exterior sea un proceso lento.

La UE se ha conformado sobre todo como potencia civil y regional. Su arma más desarrollada en relación con los países vecinos es la perspectiva de que éstos puedan ser miembros de ella. No deja de ser importante, aunque es un arma que amenaza con convertirse en un bumerán como consecuencia de las sucesivas rondas de ampliaciones. Intentar ir más allá, sobre todo en situaciones de conflicto armado, ha causado a menudo mucha frustración y no menos humillación. En todo caso, la UE continuará viéndose afectada principalmente por lo que ocurra en sus inmediaciones extranjeras. Nuevas crisis conllevarán nuevos desafíos y podrían acabar actuando como catalizadores para una PESC más eficaz.

La prolongación del punto muerto al que se ha llegado en Oriente Medio, alimentado por la implicación descaradamente parcial de Estados Unidos en favor del Israel de Sharon, podría causar aún mayor frustración a los europeos y además dañar sus intereses; pero es poco probable que llegue a constituir de igual modo un catalizador para una política común activa en la región. Es mucho lo que aquí está en juego; los europeos tienen instrumentos de influencia relativamente débiles a su alcance (o eso creen) y posicionarse en contra de Estados Unidos no es todavía algo que estén dispuestos a hacer muchos europeos.

Una desavenencia grave en las relaciones transatlánticas tendría, por supuesto, importantes consecuencias sobre la joven política exterior de Europa, pero también sobre la integración europea en general. Las relaciones con la superpotencia siguen constituyendo una variable crucial en la formación del nuevo escenario político de Europa. En la era de la supremacía estadounidense, una mayor unidad europea contará necesariamente con un elemento antiestadounidense, al menos en el sentido de que una potencia europea más fuerte tenderá a actuar no sólo como contraparte, sino también en ocasiones como contrapeso de Estados Unidos. Aquellos que aborrecen la idea de un mundo multipolar tenderán por tanto a equiparar la emergencia de un polo europeo con el antiamericanismo; afortunadamente para ellos, es probable que deban esperar bastante más para que esto último ocurra. La mayoría de los ciudadanos europeos, sin embargo, parecen hoy día más dispuestos a ir en esta dirección que algunos de sus líderes políticos. Cabe pensar que la política exterior y de seguridad se presta más que los asuntos económicos a la formación de coaliciones *ad hoc* por parte de los que cuentan con voluntad y capacidad. Pero si surgen divisiones, los europeos corren el riesgo de que aquellos que son más fuertes que ellos les obliguen a participar en coaliciones de sumisos.

La integración europea comenzó básicamente como un asunto económico, aunque con fuertes resonancias políticas. La economía sigue constituyendo la espina dorsal. Durante muchos años, la integración ayudó a mantener una sucesión de círculos virtuosos, que contribuyeron al fuerte crecimiento de las economías nacionales, al mismo tiempo que potenciaron el consenso en esencia permisivo de los ciudadanos europeos en torno a la continuación de la integración. Fue muy bueno mientras duró. Ahora hace ya más de diez años que los resultados de la mayoría de las economías europeo-occidentales vienen siendo muy decepcionantes, sobre todo comparándolos con los resultados de la economía estadounidense, incluso después del estallido de la burbuja bursátil. La transición a la UEM puede haber contribuido a estos resultados decepcionantes mediante políticas macroeconómicas restrictivas, aunque entre los *cognoscenti* éste sigue siendo un argumento polémico.

En el momento de escribir estas líneas, las perspectivas no son mucho mejores. Si la UE atravesase otro período de crecimiento bajo (quizás incluso negativo), combinado con tasas de desempleo elevadas (o más elevadas), lo más probable es que se hiciesen sentir consecuencias políticas más amplias, entre ellas las relativas a la evolución de las actitudes populares hacia la UE y hacia el euro en particular. El amor por Europa siempre ha tenido una fuerte dimensión pecuniaria. ¿Cuenta el BCE (y su equivalente político en ciernes) con la suficiente madurez para manejar, por ejemplo, una recesión prolongada y/o un importante reajuste al alza del tipo de cambio entre el euro y el dólar que pudiese acabar con uno de los pocos factores restantes que en Europa contribuyen al crecimiento económico? Puede que pronto lo sepamos.

Por supuesto, el entorno económico global no es algo que pueda ser completamente conformado según los deseos de los responsables políticos europeos. Pero, tras reconocer lo obvio, podemos añadir tranquilamente que la eurozona (por no mencionar la suma de todas las economías de la UE) es suficientemente grande como para adoptar una posición propia frente al resto del mundo. Eso presupone que los Estados miembros actúan de manera coordinada y convirtiendo a la UE en algo más que la suma de sus partes estatales. La gestión macroeconómica y la dimensión exterior de la UE serán por tanto cruciales. Hasta ahora no han recibido la atención que se merecen.

Muchos instrumentos de política económica todavía siguen estando, obviamente, en manos de los gobiernos estatales. El gran reto para el futuro próximo será ver si consiguen, ya sea de manera individual o colectiva, reconciliar la competitividad internacional y las reformas estructurales internas con el tipo de sociedad políticamente estable y compasiva que los europeo-occidentales crearon al acabar la Segunda Guerra Mundial. Necesitan manipular con mucho cuidado el problema de los perdedores en tiempos de cambio acelerado y de incertidumbre creciente. El nuevo acuerdo global debería contemplar redes de seguridad social eficaces y algunos medios para que la gente se pudiese adaptar al nuevo entorno económico. Al intentar reformar las políticas sociales y del bienestar, los países europeos continuarán enfrentándose, sin embargo, a una tarea extremadamente difícil, al igual que aquellos con trabajos más seguros y/o generosas pensiones acumuladas que se resisten ferozmente al cambio. En este sentido, algunos países tendrán más éxito que otros. En el sistema europeo se da tanto la competencia como la solidaridad.

Europa está muy poblada, es rica y está envejecida. En su mayor parte está rodeada de países con poblaciones mucho más pobres y jóvenes, países con elevadas tasas de natalidad, instituciones políticas débiles y perspectivas económicas inciertas: una combinación verdaderamente explosiva. Los pobres están a las puertas. Algunos ya están saltando por encima de ellas. La política de inmigración se ha convertido en una parte integral de la política exterior —y también de la política de ampliaciones—. Los gobiernos europeos, de manera separada y (cada vez más con el tiempo) conjunta, continúan experimentando grandes dificultades para reconciliar los intereses económicos con las constricciones sociales y políticas. Y la inmigración presenta efectos desiguales en sus sociedades —de otro modo, no hay por qué fingir—. Algunos estarán tentados de buscar una cabeza de turco en Bruselas, mientras no es en absoluto seguro que una política común también fuese eficaz en el tratamiento del problema. A medida que la UE se expande hacia el este, un número cada vez mayor entre esos jóvenes y desfavorecidos pasará a estar formado por ciudadanos privilegiados de la Unión, aunque tras largos períodos transitorios destinados a aplacar los temores de los que ya están dentro. La inmigración continuará siendo un tema candente y en buena parte dependerá del desarrollo de la situación económica.

La otra fuerza del cambio poderosa y en buena medida imprevisible puede venir de los sistemas políticos estatales y de los ciudadanos europeos en general. El consenso permisivo en favor de la integración regional se ha debilitado; las fuerzas nacionalistas, sobre todo a la derecha del espectro político, han crecido en muchos países europeos, al mismo tiempo que el déficit democrático de la Unión no ha hecho sino ampliarse y complicarse más. Hasta ahora la integración europea no ha conseguido movilizar a los ciudadanos, excepto a una minoría pequeña, aunque muy influyente. Hasta el momento de escribir estas líneas, esto es lo que se ha visto confirmado en las reacciones populares (o en su ausencia) hacia los trabajos de la Convención. En términos simples, el proyecto de la integración europea parece tener un futuro político sombrío.

Una Europa política

El presente libro defiende que la integración europea influye de maneras muy diversas sobre las vidas cotidianas de los ciudadanos del viejo continente, desde los grandes temas del dinero y la seguridad hasta el microcosmos de la regulación. Ha contribuido a hacer que los europeos sean más receptivos con respecto a ideas y culturas diferentes de las suyas, de carácter local o nacional, y ha contribuido a hacerlos más ricos y, en cierto sentido, también más seguros. Por último, aunque no menos importante, ha contribuido a construir un continente pacífico y democrático, con excepción de algunas zonas problemáticas que persisten en la periferia exterior de la Unión. La integración regional ha resultado de gran utilidad para los europeos —por supuesto, para algunos más que para otros—. Sin embargo, a medida que se van borrando los recuerdos del pasado más feo y distante de Europa, la Unión se sitúa frente a nuevos y difíciles desafíos.

Es extremadamente fácil desarrollar escenarios futuros pesimistas. El bloqueo político interno, la impotencia de la política exterior, la debilidad económica y la demografía desfavorable podrían conducir progresivamente a la irrelevancia y a la desaparición de muchos de los hitos del pasado. La historia nos enseña que es poco, por no decir nada, lo que puede considerarse a ciencia cierta irreversible en los asuntos humanos. Es cierto que la integración europea ya ha sobrevivido a la prueba del tiempo en varias ocasiones, pero le esperan pruebas nuevas y difíciles. Y es mucho, pero mucho, lo que está en juego.

La integración ha sido fruto en su mayor parte de la conspiración de una élite con buenas intenciones y resultados bastante notables. Un número reducido de individuos ha desempeñado un papel determinante. Pero el carácter elitista de la integración europea también ayuda a explicar la ausencia de debate público en torno a los grandes temas relacionados con la integración europea, excepción hecha de aquellos países en los que minorías importantes de euroescépticos desafían la verdad oficial. Hay que reconocer que muchos de los temas de los que se ocupan las instituciones comunitarias no generan por sí solos un debate público apasionado. La regulación económica, por ejemplo, difícilmente puede ser un tema que movilice a los ciudadanos. El lenguaje oscuro a menudo utilizado por los europeos de profesión tampoco es que ayude. Ni siquiera la UEM generó mucho debate en la mayoría de los países miembros. Al ser fruto de las negociaciones intergubernamentales, contó con el apoyo consensuado de la mayoría de los principales partidos políticos, que anteriormente también habían avalado los preceptos de la nueva ortodoxia económica. Se suponía que tener más Europa sería bueno para la economía, así como para la paz y la seguridad. Y la mayoría que se oponía hablaba sobre todo en términos de menos Europa.

El carácter elitista de la integración europea ha alcanzado rápidamente sus límites. Aunque el liderazgo político puede seguir desempeñando un papel importante, sobre todo en los grandes temas, el proyecto europeo necesita ser más democrático y por tanto más político de manera explícita. También necesita una nueva visión que tenga más sentido para las generaciones más jóvenes de europeos. El proyecto de la integración a menudo tiene un aspecto viejo y cansado, al igual que la inmensa mayoría de los que lo dirigen. Por supuesto, las instituciones comunes deberían demostrar más transparencia y *accountability*, al mismo tiempo que los partidos políticos y la sociedad civil refuerzan su cooperación a través de las fronteras estatales. Por ejemplo, la elección indirecta del jefe del ejecutivo europeo (cabe pensar que una elección directa sería todavía prematura) contribuiría claramente al desarrollo de partidos políticos transnacionales con plataformas comunes sobre cuestiones que ya no pueden ser manejadas de manera eficaz en el interior de las fronteras estatales. Pero todo eso no será suficiente por sí solo para movilizar a los ciudadanos europeos, y especialmente a los jóvenes.

Tras la cuestión de si conviene más o menos integración suelen esconderse diferentes concepciones sobre el tipo de Europa, y el tipo de sociedad, en el que queremos vivir. Intentemos descodificar el contenido político de algunos de los principales ítems de la actual agenda europea. La reforma del Pacto de Estabilidad y Crecimiento, así como los nuevos poderes que se acabarán otorgando al Grupo del Euro, son temas referidos a diferentes percepciones de la política macroeconómica y de la gestión de la nueva moneda única, incluido el delicado dilema entre estabilidad y crecimiento. También están al acecho diferentes ideas sobre si la democracia debería quedarse recluida en el santuario del dinero y de las finanzas. La reforma de la PAC y de los Fondos Estructurales en el contexto de un presupuesto comunitario más eficiente y equitativo se refiere en su mayor parte a la escala y a la naturaleza de la redistribución a través de las fronteras, así como a las perspetivas de modernización de los miembros nuevos y más pobres. Por supuesto, también se refiere a la eficiencia en la utilización de los escasos recursos. La protección medioambiental no puede ser recluida en las fronteras estatales, y en conexión con ella se plantean difíciles opciones.

Buena parte de la discusión sobre fiscalidad y estándares sociales se refiere a los pícaros aprovechados y a lo que constituye competencia justa entre diferentes sistemas económicos. Mientras los Estados miembros deseen preservar un alto grado de autonomía y diversidad, necesitarán ponerse de acuerdo sobre normas para gobernar los intercambios transfronterizos. La alternativa sería dejar que el mercado se ocupe de todo, pero ésta difícilmente puede considerarse una propuesta política inocente. Lo que a menudo está en juego es hasta qué punto a los votantes o a los mercados se les debería permitir decidir sobre el nivel óptimo de regulación o de impuestos. ¿Quién dijo que democracia y mercados hacen buena pareja?

También deben tomarse decisiones importantes con respecto a la ampliación y a la política exterior. La admisión de nuevos miembros, por ejemplo, plantea cuestiones complicadas sobre los criterios de admisión, lo que a su vez incide sobre cuestiones complicadas en torno a la identidad, la definición y la misión de Europa. El envío a los Balcanes y a otros lugares de policías, soldados y todo tipo de asesores tiene que ver con el papel de estabilización y de reconstrucción que, al ser perfectamente conscientes de que la inestabilidad y el crimen cruzan las fronteras con facilidad, quieren desempeñar en estas zonas problemáticas del continente aquellos europeos más afortunados que cruzaron el Rubicón hace muchos años, dejando atrás sus equipajes de chauvinismo e intolerancia.

Por último, y no menos importante, los intentos persistentes de desarrollar una política europea común en relación con el conflicto de Oriente Medio, la pobreza en África o el cambio climático surgen de la creencia (o la ilusión) de que los europeos tienen en común algunos valores e intereses que en ocasiones pueden diferir de los que defienden los estadounidenses u otros. Por supuesto, es cierto que la comunidad transatlántica sigue siendo extremadamente valiosa y necesita ser protegida de las amenazas externas o de la implosión. Sin embargo, es igualmente cierto que la arrogancia unilateralista, respaldada por el poderío militar que tan a menudo exhiben los representantes de la nueva derecha estadounidense, tiene implicaciones más amplias para las relaciones transatlánticas.

Las débiles instituciones comunitarias apenas si pudieron manejar un mercado interno imperfecto llevando a cabo funciones de regulación en el mejor de los casos. Está claro que no pudieron gestionar una moneda única ni desempeñar eficazmente el papel de construcción estatal y nacional en el problemático vecindario de Europa, ni actuar como catalizador del cambio político y del desarrollo económico en las jóvenes democracias del este. El fundamentalismo del mercado a menudo se disfraza de defensa de la soberanía, mientras que al otro lado del Canal de la Mancha se prefiere hablar la lengua de la autonomía estatal. Pero seguramente esto no es todo. Sería injusto y engañoso intentar reducir a nacionalismo estrecho de miras cualquier tipo de oposición a la concreción de más políticas y medidas para la integración. Las políticas comunes no son deseables *per se*; necesitan ser justificadas en términos concretos y legitimadas políticamente.

En el mapa político de Europa aparecen muchas líneas divisorias: entre países grandes y pequeños, entre Estados fuertes y débiles, entre defensores de la integración y defensores de la independencia, entre ricos y pobres, etc. Por suerte, estos campos se solapan, pues de otro modo las divisiones hubiesen sido más profundas. Uno de los argumentos expuestos en el presente libro es que la naturaleza del sistema político europeo —predominantemente intergubernamental— tiende a poner el acento en las divisiones entre países a expensas de cualquier otra consideración; y ello ya no refleja adecuadamente los efectos reales de la integración en una amplia variedad de temas. De ahí que el debate político se haya vuelto distorsionado y que quede poco de él en temas que ya no pueden ser abordados de manera eficaz en el nivel estatal. Una Europa más política reconocería cada vez más que hay al menos otras líneas divisorias que cortan todas las otras y que se parecen mucho a la línea divisoria que se encuentra en los Estados miembros: las que dividen entre izquierda y derecha, entre viejo y nuevo. Y este reconocimiento cambiaría los términos del debate.

Pero ¿y si los europeos no estuviesen preparados todavía para la democracia a nivel europeo? ¿Y si no estuviesen preparados todavía para el federalismo, sea del tipo que sea? Por ejemplo, la UEM podría revelarse como un gran error si la política no es capaz de recuperar el terreno perdido con respecto a la integración de los mercados y de las políticas económicas. Supongamos que todo esto resulta ser cierto: ¿hay alguien preparado para calcular los costes de dar marcha atrás a la moneda única o a cualquier otro gran logro de la integración europea? Éste es precisamente el punto en el que el animal político se aleja del estudioso de la torre de marfil.

Intentar reconciliar la democracia con la creciente interdependencia internacional constituye un problema que va más allá de las fronteras de Europa. De hecho, es una de las cuestiones fundamentales en todo el debate sobre la globalización. Los europeos tienen una oportunidad mucho mejor de abordar eficazmente este problema, teniendo en cuenta su larga historia de estrecha cooperación sobre todo a partir de normas e instituciones comunes y el rechazo total del poder hegemónico. Hoy día, los descendientes de los que inventaron la soberanía y el Estado-nación están siendo reclamados para diseñar nuevas formas de democracia supranacional a fin de estar a la altura del tipo de integración que ya se ha conseguido en algunas políticas. Y necesitarán ideas novedosas, pues no hay muchos sitios de los que copiar, o simplemente de los que aprender. Lo que está en juego es la solidaridad de la construcción regional, así como la paz y la democracia en Europa.

Deben ser tomadas algunas decisiones democráticas fundamentales sobre la base de algunas opciones alternativas: la eficiencia, la equidad y la estabilidad; la productividad y un medio ambiente más limpio; la integración y la diversidad; el imperio de los expertos y los representantes electos para la gestión del mercado interior y de la moneda única; el grado y el tipo de solidaridad a través de las fronteras; los límites geográficos de la joven identidad común de Europa; la exportación de la paz y la estabilidad a las inmediaciones extranjeras y más allá de ellas; y la defensa de valores e intereses comunes en un mundo en que el auge de los mercados y la muy desigual distribución del poder político cuestionan cada vez más aquellos rasgos que siguen haciendo de Europa un lugar diferenciado de otras regiones del mundo.

Seguramente, los europeos no se pondrán de acuerdo a la hora de tomar una decisión sobre estos temas y muchos otros. Al fin y al cabo, ésta es la esencia de la democracia. Pero necesitan ser más conscientes de dichos temas y de la elección que conllevan. Necesitan un espacio público europeo en el que debatir lo que quieren hacer juntos y cómo. Las opciones serán menos rígidas en una Europa más política. Durante mucho tiempo hemos fingido que las divisiones entre países no eran las únicas que verdaderamente contaban y que la elección era esencialmente entre más o menos Europa. Es hora de moverse para construir una Europa políticamente madura. «¿Qué Europa queremos?» es ahora la cuestión fundamental.

BIBLIOGRAFÍA SELECCIONADA

CAPÍTULO 1. ¿QUÉ EUROPA QUEREMOS?

Escribir sobre Europa, y sobre la integración europea en particular, ha sido un pasatiempo popular para autores que, desde diferentes disciplinas académicas y profesiones, cubren un espectro muy amplio que va desde lo general y lo abstracto hasta lo pedante. De ahí que las referencias bibliográficas que se ofrecen a continuación sean sólo una lista orientativa escogida de entre una bibliografía extremadamente rica.

Para una historia fascinante de Europa, desde la edad de hielo hasta la Guerra Fría, véase Norman Davies, *A History of Europe*, Oxford, Oxford University Press, 1996. Para un estudio sobre el siglo xx extremadamente bien escrito, véase Mark Mazower, *Dark Continent*, Londres, Allen Lane, 1998 (trad. cast.: *La Europa negra*, Barcelona, Ediciones B, 2001); y para una historia completa de las ideas sobre Europa y la identidad europea, véase Anthony Pagden (comp.), *The Idea of Europe: From Antiquity to the European Union*, Cambridge, Cambridge University Press, 2002.

Sobre el federalismo, la bibliografía es muy abundante pero de calidad muy desigual. Uno de los mejores trabajos es Dusan Sidjanski, *The Federal Future of Europe: From the European Community to the European Union*, Ann Arbor, The University of Michigan Press, 2000 (trad. cast.: *El futuro federalista de Europa: de los orígenes de la Comunidad Europea a la Unión Europea*, Barcelona, Ariel, 1998).

Hay muchos libros de introducción a la integración europea. Entre los mejores se encuentran el de John Pinder, *The Building of the European Union*, Oxford, Oxford University Press, 3ª ed., 1998; y el de Desmond Dinan, *Ever Closer Union: An Introduction to European Integration*, Basingstoke, Macmillan, 1999. Véase también el número especial del cuarenta aniversario de una de las revistas líderes en este ámbito, *Journal of Common Market Studies*, vol. 40, nº 4, 2002.

En Larry Siedentop, *Democracy in Europe*, Londres, Allen Lane, 2000 (trad. cast.: *La democracia en Europa*, Madrid, Siglo XXI, 2001), se ofrece una visión novedosa por parte de alguien que va por libre, y se defiende la idea de que el proceso de integración constituye una grave amenaza para la democracia en

Europa. El lector también puede querer consultar el sitio web de la Convención Europea para el debate actual sobre el futuro de Europa, aunque separar el grano de la paja puede convertirse en un ejercicio que exige demasiado tiempo: <http://european-convention.eu.int>.

Dos autores franceses ofrecen una respuesta política exploratoria a la cuestión «¿Qué Europa queremos?»; véase Pascal Lamy y Jean Pisani-Ferry, *The Europe We Want*, Londres, Arch Press, 2002.

Donald Puchala es el autor del muy agudo artículo «Of Blind Men, Elephants and International Integration», *Journal of Common Market Studies*, vol. 10, n° 3, 1972, que destaca las dificultades y riesgos de querer conseguir un panorama de conjunto, en contraste con la especialización precisa. Podría haber servido de advertencia al autor de este libro.

CAPÍTULO 2. LA DISTANCIA ENTRE LA POLÍTICA Y LA ECONOMÍA, O ENTRE LA PERCEPCIÓN Y LA REALIDAD

Para un estudio de economía política sobre la integración europea, véase Loukas Tsoukalis, *The New European Economy Revisited*, Oxford, Oxford University Press, 1997. Véanse también Jacques Pelkmans, *European Integration: Methods and Economic Analysis*, Harlow, Pearson, 2ª ed., 2001; y Wilhelm Molle, *The Economics of European Integration: Theory, Practice, Policy*, Londres, Ashgate, 4ª ed., 2001.

Para la historia reciente, véanse Alan Milward, *The Reconstruction of Western Europe 1945-51*, Londres, Methuen, 1984; y Nicholas Craft y Gianni Toniolo (comps.), *Economic Growth in Europe Since 1945*, Cambridge, Cambridge University Press, 1996.

Dos libros completos y muy instructivos sobre el sistema político europeo y el proceso comunitario de toma de decisiones son el de Hellen Wallace y William Wallace (comps.), *Policy-Making in the European Union*, Oxford, Oxford University Press, 4ª ed., 2000, y el de Simon Hix, *The Political System of the European Union*, Basingstoke, Macmillan, 1999. Para un estudio de los efectos de la integración sobre los sistemas políticos estatales, véanse Klaus Goetz y Simon Hix (comps.), *Europeanised Politics? European Integration and National Political Systems*, Londres, Frank Cass, 2001, e Yves Mény, Pierre Muller y Jean-Louis Quermonne (comps.), *Adjusting to Europe: The Impact of the European Union on National Institutions and Policies*, Londres, Routledge, 1996.

Para una aplicación sofisticada de la teoría política a la integración Europea, véase Andrew Moravscik, *The Choice for Europe: Social Purpose and State Power from Messina to Maastricht*, Ithaca, Cornell University Press, 1998; y para una aproximación crítica desde una perspectiva socialdemócrata, véase Fritz Sharpf, *Governing in Europe: Effective and Democratic?*, Oxford, Oxford University

Press, 1999. Joseph Weiler ha escrito profusamente sobre el vínculo entre derecho y política en la integración europea, y una colección de ensayos puede encontrarse en Joseph Weiler, *The Constitution of Europe*, Cambridge, Cambridge University Press, 1999.

El «déficit democrático» de la UE ha atraído una atención considerable. Ejemplos representativos de trabajos al respecto son Jack Hayward (comp.), *The Crisis of Representation in Europe*, Londres, Frank Cass, 1995, y Andrew Moravscik (comp.), «In defence of the "Democratic Deficit": Reassessing Legitimacy in the European Union», *Journal of Common Market Studies*, 40/4, 2002. Véase también Siedentop, *La democracia en Europa*.

El lector también puede consultar el sitio web sobre los resultados de las encuestas del *Eurobarómetro*: <http://europa.eu.int/comm/public_opinion/>.

CAPÍTULO 3. GANADORES Y PERDEDORES...

Un clásico sobre la relación entre Estado y mercado en Europa es Karl Polanyi, *The Great Transformation*, Boston, Beacon Press, 1957 (trad. cast.: *La gran transformación*, Madrid, Endynion, 1989). Véase también Andrew Shonfield, *Modern Capitalism*, Oxford, Oxford University Press, 1965. Algunas de las referencias antes mencionadas también son relevantes aquí, como Crafts y Toniolo, *Economic Growth in Europe Since 1945*; Tsoukalis, *The New European Economy Revisited*; y Moravscik: *The Choice for Europe*.

Para el estudio *ex ante* de los efectos del mercado interior, véase Comisión de la CE, «The Economics of 1992», *European Economy*, n° 35, marzo 1988; y para una versión popular, Paolo Cecchini, *The European Challenge: 1992*, Aldershot, Wildhouse, 1988. Para el estudio *ex post*, véase Comisión Europea, «Economic Evaluation of the Single Market», *European Economy*, Reports and Studies n° 4, Luxemburgo, Office for Official Publications of the European Communities, 1996; y Comisión Europea, *The Single Market Review*, Londres: Kogan Page, 1996.

Para teorías centro-periferia, véase Dudley Seers y Constantine Vaitsos (comps.), *Integration and Unequal Development: The Experience of the EEC*, Nueva York, St Martin's Press, 1980. Dos buenos ejemplos de trabajos posteriores sobre los efectos europeizadores y modernizadores sobre la periferia son José María Maravall, *Regimes, Politics and Markets*, Oxford, Oxford University Press, 1997; y George Pagoulatos, *Greece's New Political Economy: State, Finance and Growth from Postwar to EMU*, Basingstoke, Palgrave, 2003.

Sobre las desigualdades económicas, el lector puede consultar Amartya Sen, *On Economic Inequality*, Oxford, Clarendon Press, 1997 (trad. cast.: *Sobre la desigualdad económica*, Barcelona, Crítica, 1979); Daniel Cohen, Thomas Piketty y Gilles Saint-Paul, *The Economics of Rising Inequalities*, Oxford, Oxford University Press, 2002; Michael Forster y Mark Pearson, «Income Distribution and Poverty in the OECD Area: Trends and Driving Forces», *OECD Economic Studies*, París, OCDE, 2002.

Para los efectos distributivos de las políticas comunitarias, véase Ronald Hall, Alasdair Smith y Loukas Tsoukalis (comps.), *Competitiveness and Cohesion in EU Policies*, Oxford, Oxford University Press, 2001. Entre las publicaciones comunitarias oficiales, el lector puede consultar el primero y el segundo de los informes sobre cohesión de la Comisión Europea, *First Report of Economic and Social Cohesion*, Luxemburgo, Office for Official Publications of the European Comunities, 1996; y Comisión Europea, *Unity, Solidarity and Diversity for Europe, its People and its Territory — Second Report of Economic and Social Cohesion*, vols. 1 y 2, Luxemburgo, Office for Official Publications of the European Comunities, 2001; y los informes periódicos sobre *The Social Situation in the European Union*. Un estudio crítico de los efectos de las políticas regionales de la UE puede encontrarse en Michele Boldrin y Fabio Canova, «Inequality and Convergence in Europe's Regions: Reconsidering European Regional Policies», *Economic Policy*, vol. 16, n° 32, 2001.

Capítulo 4.   ...y el resto del mundo: los estadounidenses y los otros

Sobre la política comercial común y el comercio exterior de la UE, véase H. Paemen y A. Bensch, *From the GATT to the WTO: The European Community in the Uruguay Round*, Lovaina, Leuven University Press, 1995; y I. Macleod, I. D. Hendry y S. Hyett, *The External Relations of the European Communities*, Oxford, Clarendon Press, 1996.

Un buen libro de introducción al nuevo sistema mundial de comercio es Bernard Hoekman y Michel Kostecki, *The Political Economy of the World Trading System: the WTO and Beyond*, Oxford, Oxford University Press, 2ª ed., 2001. Los servicios financieros merecen un tratamiento diferenciado, como, por ejemplo, el de Geoffrey Underhill (comp.), *The New World Order in International Finance*, Nueva York, St Martin's Press, 1997.

Las relaciones con los socios privilegiados y el tema del regionalismo son abordados en M. Lister, *The European Union and the South*, Londres, Routledge, 1997; Martin Holland, *The European Union and the Third World*, Basingstoke, Palgrave, 2002; y Richard Pomfret, *The Economics of Regional Trading Arrangements*, Oxford, Oxford University Press, 2001. Sobre la ayuda exterior comunitaria, véanse los informes anuales de la Comisión en <http://europa. eu.int/comm/europeaid/reports/index_en.htm>.

Para un instructivo repaso histórico de la PESC, véase Anthony Foster y William Wallace, en Wallace y Wallace, *Policy-Making in the European Union*. Para una aproximación crítica que subraya la distancia entre las expectativas y las capacidades, véase Christopher Hill, «The Capability-Expectations Gap, Or Conceptualising Europe's International Role», *Journal of Common Market Studies*, vol. 31, n° 3, 1993; y también Stanley Hoffmann, «Towards a Common European Foreign and Security Policy?», *Journal of Common Market Studies*, vol. 38, n° 2, 2000. La dimensión transatlántica también es abordada posteriormente en el capítulo 7.

Para un trabajo colectivo sobre el futuro de una política europea de defensa, véase François Heisbourg y otros, *European Defence: Making It Work*, Chaillot Papers n° 2, París, Institute for Security Studies, 2000; y Gilles Andréani, Charles Bertram y Charles Grant, *Europe's Military Revolution*, Londres, Centre for European Reform, 2001.

Sobre la evolución reciente de los asuntos de interior y justicia, véase Jörg Monar, «The Dynamics of Justice and Home Affairs: Laboratories, Driving Factors and Costs», *Journal of Common Market Studies*, vol. 39, n° 4, 2001.

Robert Cooper fue el primero en referirse a los Estados de la UE como Estados posmodernos; véase Robert Cooper, *The Postmodern State and the World Order*, Londres, Demos and Foreign Policy Centre, 1996.

Capítulo 5. La gobernanza económica y las opciones políticas

Un interesante libro recientemente aparecido sobre la persistencia de los diferentes modelos de capitalismo en Europa y sus ventajas comparativas es el de Peter Hall y David Soskice (comps.), *Varieties of Capitalism*, Oxford, Oxford University Press, 2001; véase también Vivien Schmidt, *The Futures of European Capitalism*, Oxford, Oxford University Press, 2002. Michel Albert escribió un libro ampliamente difundido sobre el tema en 1991, *Capitalisme contre capitalisme*, París, Le Seuil, 1991. Para los clásicos de siempre, véanse Polanyi, *La gran transformación* y Shonfield, *Modern Capitalism*.

Uno de los mejores libros sobre la regulación europea ha sido el escrito por Giandomenico Majone, *Regulating Europe*, Londres, Routledge, 1996. Uno de los trabajos más ilustrativos sobre el tema sigue siendo, desde una perspectiva económica, el del Centre for Economic Policy Research, *Making Sense of Subsidiarity: How Much Centralization for Europe?*, Londres, CEPR, 1993.

Una conclusión bastante agnóstica sobre lós efectos del mercado interior es la de Paul Geroski y Klaus Peter Gugler, *Corporate Growth Convergence in Europe*, CEPR Discussion Paper 2838, Londres, CEPR, junio de 2001. La Comisión Europea publica regularmente una tabla de resultados que recoge la aplicación de medidas sobre el mercado interior por parte de los países miembros; véase <http://europa.eu.int/comm/internal_market/en/update/score>.

Sobre la reforma de la PAC se han escrito ríos de tinta, hasta ahora con un efecto muy limitado. Entre los mejores ejemplos, en la dirección de una política rural, se encuentra el artículo de Louis Pascal Mahé y François Ortalo-Magné,

«Five Proposals for a European Model of the Countryside», *Economic Policy*, 28 de abril de 1999, y en la versión más larga, *Politique Agricole: Un Modèle Européen*, París, Presses de Sciences Po, 2001. Véase también Elmar Rieger en Wallace y Wallace, *Policy Making in the European Union*.

Un libro de introducción general sobre el tema es el de Michele Cini y Lee McGowan, *Competition Policy in the European Union*, Basingstoke, Macmillan, 1998. Para un estudio más especializado relativo a la aplicación de la legislación sobre fusiones, véase Edurne Navarro y Andrés Font, *Merger Control in the EU*, Oxford, Oxford University Press, 2002.

Sobre servicios financieros, para un tratamiento amplio y predominantemente crítico de las principales cuestiones, el lector puede consultar Geoffrey Underhill, *The New World Order in International Finance*. En un tono similar y con un estilo más provocativo, véase Susan Strange, *Mad Money*, Manchester, Manchester University Press, 1998 (trad. cast.: *Dinero Loco. El descontrol del sistema financiero global*, Barcelona, Paidós, 1999). Los informes anuales del Banco de Pagos Internacionales (BPI) contienen información y análisis valiosos sobre los principales desarrollos del sistema financiero internacional; una visión oficial, aunque poco autocomplaciente, puede encontrarse en <http://www.bis.org>. En este mismo sitio web puede encontrarse el muy interesante informe de 2001 del Grupo de los Diez, *Report on Consolidation in the Financial Sector*. Sobre los progresos en la UE, puede consultarse el sitio web <http://europa.eu.int/comm/internal_market/en/finances/actionplan/>.

Un libro de referencia sobre diferentes modelos de Estado del bienestar en Europa es el de Gøsta Esping-Andersen, *Three Worlds of Welfare Capitalism*, Princeton, Princeton University Press, 1990 (trad. cast.: *Los tres mundos del estado del bienestar*, Valencia, Institución Alfonso el Magnánimo, 1993). Para trabajos más recientes sobre los retos de la reforma, véanse también Martin Rhodes e Yves Mény (comps.), *The Future of European Welfare: A New Social Contract?*, Londres, Macmillan, 1998; G. Bertola, T. Boeri y G. Nicoletti (comps.), *Welfare and Employment in a United Europe*, Cambridge, MIT Press, 2001; y Gøsta Esping-Andersen y otros, *Why We Need a New Welfare State*, Oxford, Oxford University Press, 2002. Un libro reciente sobre la inmigración en Europa es el de Tito Boeri, Gordon Hanson y Barry McCormick, *Immigration Policy and the Welfare System*, Oxford, Oxford University Press, 2002.

Sobre armonización fiscal, véanse el Comité Ruding, *Report of the Committee of Independent Experts on Company Taxation*, Bruselas, Comisión Europea, 1992; y Sijbren Cnossen (comp.), *Taxing Capital in the European Union: Issues and Options for Reform*, Oxford, Oxford University Press, 2000. Explicaciones claras e instructivas sobre el procedimiento presupuestario comunitario y el funcionamiento de los Fondos Estructurales pueden encontrarse en el capítulo de Brigid Laffan y Michael Shackleton, y en el de David Allen, recogidos en el libro editado por Wallace y Wallace, *Policy-Making in the European Union*.

CAPÍTULO 6. LA UEM: UN FACTOR UNIFICADOR

En torno a la UEM hay una bibliografía valiosa y que crece con rapidez gracias a las aportaciones tanto de estudiosos como de profesionales. La UEM ofrece un laboratorio viviente para que economistas y otros científicos sociales comprueben sus teorías, y muchos de ellos han asumido el reto. A medida que se acercaba el gran día, había un reconocimiento cada vez más extendido del hecho de que no se trataba de un mero proyecto económico para el que bastasen las teorías económicas tradicionales. La bibliografía más reciente sobre el tema así lo ha reflejado.

Para la historia de la integración monetaria europea, véanse Loukas Tsoukalis, *The Politics and Economics of European Monetary Integration*, Londres, Allen & Unwin, 1977; Peter Ludlow, *The Making of the European Monetary System*, Londres, Butterworths, 1982; Tommaso Padoa-Schioppa, *The Road to Monetary Union: The Emperor, the Kings, and the Genies*, Oxford, Clarendon Press, 1994; y Kenneth Dyson y Kevin Featherstone, *The Road to Maastricht*, Oxford, Oxford University Press, 1999.

Para un estudio completo de la economía de la UEM, véase Paul de Grauwe, *Economics of Monetary Union*, Oxford, Oxford University Press, 4ª ed., 2000. Véase también Daniel Gros y Niels Thygesen, *European Monetary Integration*, Oxford, Oxford University Press, 2ª ed., 1998; así como el número especial del *Oxford Review of Economic Policy*, vol. 14, n° 3, 1998, especialmente el artículo de Christopher Allsopp y David Vines, y el de Barry Eichengreen.

Para una aproximación profunda a la UEM desde la economía política, el lector puede consultar Kenneth Dyson, *Elusive Union: The Process of Economic and Monetary Union in Europe*, Oxford, Oxford University Press, 2000; igualmente, Jeffry Frieden, Daniel Gros y Erik Jones (comps.), *The New Political Economy of EMU*, Oxford, Rowman & Littlefield, 1998; Kenneth Dyson (comp.), *European States and the Euro: Europeanization, Variation, and Convergence*, Oxford, Oxford University Press, 2002; así como el libro editado por Colin Crouch, *After the Euro*, Oxford, Oxford University Press, 2000, en especial el artículo de Robert Boyer.

Para una teoría catastrofista de la UEM, véase Martin Feldstein, «EMU and International Conflict», *Foreign Affairs*, vol. 76, n° 4, 1997; sobre la cuestión de la legitimidad, Dermot Hodson e Imelda Maher, «Economic and Monetary Union: Balancing Credibility and Legitimacy in an Asymmetric Policy-Mix», *Journal of European Public Policy*, vol. 8, n° 3, 2002; y sobre coordinación entre políticas, véase Iain Begg (comp.), *Europe: Government and Money*, Londres, Federal Trust, 2002.

Dos trabajos representativos con una aproximación y propuestas críticas en torno a la reforma son el de Paul De Grauwe, «Challenges for Monetary Policy in the Euroland», *Journal of Common Market Studies*, vol. 40, n° 4, 2002, y el de Jean-Paul Fitoussi y Jérôme Creel, *How to Reform the European Central Bank*,

Londres, Centre for European Reform, 2002. Véase también *Monitoring the European Central Bank*, una serie publicada por el Centre for Economic Policy Reform de Londres. Más cercana a la visión oficial del BCE es la de Otmar Issing y otros, *Monetary Policy in the Euro Area*, Cambridge, Cambridge University Press, 2001.

Los efectos sobre la banca son examinados en Edward Gardener, Philip Molyneux y Barry Moore (comps.), *Banking in the New Europe: The Impact of the Single European Market Programme and EMU on the Banking Sector*, Basingstoke, Palgrave, 2002.

Thomas Friedman puso en circulación la idea de la «camisa de fuerza dorada» en *The Lexus and the Olive Tree*, Londres, Harper Collins, 2000.

CAPÍTULO 7. LA EXTENSIÓN DE LA *PAX EUROPEA*

El tema de las próximas ampliaciones ha sido directamente vinculado al debate general sobre el futuro de Europa, pues afecta a prácticamente todos y cada uno de los aspectos de la integración europea. Así, muchas de las referencias bibliográficas mencionadas anteriormente también se ocupan de diferentes aspectos de la ampliación. Los informes anuales de la Comisión sobre el proceso en su conjunto, así como sobre cada país candidato, contienen material útil; véase <http://europa.eu.int/comm/enlargement/report2002>.

Para un resumen claro de la ampliación hacia el este y de los problemas que suscita, véanse Alan Mayhew, *Recreating Europe: The European Union's Policy towards Central and Eastern Europe*, Cambridge, Cambridge University Press, 1998; y Peter Mair y Jan Zielonka (comps.), *The Enlarged European Union: Diversity and Adaptation*, Londres, Frank Cass, 2002.

Sobre las economías en transición un libro bueno, aunque un poco anticuado, es el de Daniel Gros y Alfred Steinherr, *Winds of Change: Economic Transition in Central and Eastern Europe*, Harlow, Longman, 1995. Véanse también los informes anuales del Banco Europeo para la Reconstrucción y el Desarrollo (BERD) en <http://www.ebrd.org/pubs/index.htm>, así como los informes del Banco Mundial en <http://www.worldbank.org>, y muy en particular, Banco Mundial, *Transition: The First Ten Years*, Washington, DC, Banco Mundial, 2002. Un buen estudio de caso sobre el legado comunista en los países en transición puede encontrarse en Abby Innes, *Czechoslovakia: The Short Goodbye*, New Haven y Londres, Yale University Press, 2001.

Sobre los Balcanes, Mark Mazower ha escrito una muy buena historia resumida: *The Balkans*, Londres, Weidenfeld & Nicholson, 2000. Véase también Misha Glenny, *The Balkans 1804-1999: Nationalism, War and the Great Powers*, Londres, Granta, 1999. Sobre el papel de la UE en la región y las perspectivas de ampliación hacia allí, véase Wim van Meurs y Alexandros Yannis, *The European*

Union and the Balkans: From Stabilisation Process to Southeastern Enlargement, Hellenic Foundation for European and Foreign Policy/Centrum für angewandte Politikforschung, Gütersloh, Bertelsmann Foundation, 2002. Véase también el excelente artículo de Ivan Krastev sobre la desesperación absoluta de los electorados en los países balcánicos: «The Balkans: Democracy Without Choices», *Journal of Democracy*, vol. 13, n° 3, 2002.

Un libro reciente sobre Turquía es el de Brian Beeley (comp.), *Turkish Transformation*, Londres, Eothen, 2002. Véase también Heinz Kramer, *A Changing Turkey: The Challenge to Europe and the United States*, Washington, DC: Brookings Institution Press, 2000.

Sobre el problema de Chipre y su adhesión a la UE, véanse Michael Emerson y Nathalie Tocci, *Cyprus as Lighthouse of the East Mediterranean: Shaping Reunification and EU Accession Together*, Bruselas, CEPS, 2002, y Thomas Diez (comp.), *The European Union and the Cyprus Conflict*, Manchester, Manchester University Press, 2002.

Sobre las relaciones UE-Rusia, véanse Dmitriy Danilov y Stephan De Spiegeleire, *From Decoupling to Recoupling: A New Security Relationship Between Russia and Western Europe?*, Chaillot Papers n° 31, París, Institute for Security Studies, 1998, y Michael Emerson y otros, *The Elephant and the Bear: European Union, Russia and their Near Abroad*, CEPS Working Paper, Bruselas, CEPS, 2001. Los efectos de la ampliación en las inmediaciones orientales de la Unión son abordados en Stephen White, Ian McAllister y Margot Light, «Enlargement and the New Oursiders», *Journal of Common Market Studies*, vol. 40, n° 1, 2002.

El vínculo entre globalización e integración europea ha sido profusamente abordado. Algunos de los mejores trabajos sobre el tema son Henryk Kierzkowski (comp.), *Europe and Globalization*, Basingstoke, Palgrave, 2002, y François Bourguignon y otros, *Making Sense of Globalization*, CEPR Policy Paper n° 8, Londres, CEPR, 2002. Para una aproximación crítica a la globalización desde una perspectiva histórica, véanse Harold James, *The End of Globalization: Lessons from the Great Depression*, Cambridge, Harvard University Press, 2001 (trad. cast.: *El fin de la globalización: lecciones de la gran depresión*, Madrid, Turner, 2003), así como Joseph Stiglitz y Pierre-Alain Muet (comps.), *Governance, Equity, and Global Markets*, Oxford, Oxford University Press, 2001; y sobre las diferencias fundamentales entre las perspectivas estadounidense y europea, véase Stanley Hoffmann, «Clash of Globalizations», *Foreign Affairs*, vol. 81, n° 4, 2002.

Tras la llegada de George Bush Jr. al poder, y todavía más desde los acontecimientos del 11 de septiembre de 2001, se ha escrito mucho sobre las divergencias crecientes entre las políticas y motivaciones estadounidenses y europeas, sobre el uso del poder «duro» y «suave» en el mundo actual y sobre las tendencias unilateralistas de los fuertes en contraste con el internacionalismo de los débiles. Algunos de los estudios más interesantes son Joseph Nye Jr., *The Paradox of*

American Power, Oxford, Oxford University Press, 2002 (trad. cast.: *La parado-ja del poder norteamericano*, Madrid, Taurus, 2003); David Calleo: *Rethinking Europe's Future*, Princeton, The Century Foundation, 2001; y, con una aproxi-mación muy diferente, Henry Kissinger, *Does America Need a Foreign Policy?*, Nueva York, Simon & Schuster, 2001. Dos trabajos cortos y elocuentes en la ex-posición son Robert Kagan, «Power and Weakness», *Policy Review*, nº 113, 2002, y Pierre Hassner, *The United States: The Empire of Force or the Force of the Empire?*, Chaillot Papers nº 54, París, Institute for Security Studies, 2002.

CAPÍTULO 8.   ¿QUÉ ES LO QUE ESTÁ EN JUEGO?

Se han realizado diversos intentos de desarrollar escenarios futuros sobre la evolución de una UE ampliada, habitualmente con una dosis de voluntarismo. Para un trabajo de sabiduría oficial, puede consultarse Comisión Europea, *Sce-narios Europe 2010: Five Possible Futures for Europe*, Bruselas, Comisión Eu-ropea, Célula de Prospección, 1999. Para un trabajo corto y elocuente en la ex-posición, véase Charles Grant, *EU 2010: An Optimistic Vision of the Future*, Londres, Centre for European Reform, 2000.

El incesante debate sobre el futuro de Europa puede seguirse en el sitio web de la Convención Europea <http://www.european-convention.eu.int>. Los si-tios web de las presidencias rotativas del Consejo también suelen contener in-formación interesante. Sobre cuestiones de gobernanza y democracia en la UE, véase también Comisión Europea, *Enhancing Democracy: A White Paper on Go-vernance in the European Union*, Bruselas, Comisión Europea, 2001.

Sobre la relevancia persistente de la división izquierda-derecha en la política europea contemporánea, un muy buen libro es el de Norberto Bobbio, *Left and Right*, Cambridge, Polity Press, 1996 (trad. cast.: *Derecha e izquierda*, Madrid, Taurus, 1998). Véase también Anthony Giddens, *The Third Way: The Renewal of Social Democracy*, Cambridge, Polity Press, 1998 (trad. cast.: *La tercera vía: la renovación de la social-democracia*, Madrid, Taurus, 2003). Sobre izquierda *ver-sus* derecha y la política comunitaria, el lector también puede consultar el sitio web <http://www.eustudies.org/LeftRightForum.htm>, donde se recoge un in-teresante y continuo debate entre estudiosos.

En *La democracia en Europa*, Siedentop ha desarrollado la idea de que Eu-ropa no está todavía preparada para el federalismo, aunque éste pueda ser el ob-jetivo adecuado. Para una aproximación más constructiva que destaca la necesi-dad de reforzar el pilar popular de la democracia europea, véase Yves Mény, «*De la démocratie en Europe*: Old Concepts and New Challenges», *Journal of Common Market Studies*, vol. 41, nº 1, 2003.

FIGURAS Y TABLA

ABREVIATURAS

ACP	Países de África, Caribe y Pacífico
AELC	Asociación Europea de Libre Comercio
AUE	Acta Única Europea
BCE	Banco Central Europeo
BEI	Banco Europeo de Inversiones
BNA	Barreras No Arancelarias
CE	Comunidad Europea
CECA	Comunidad Europea del Carbón y el Acero
CEE	Comunidad Económica Europea
CEI	Comunidad de Estados Independientes
CES	Comité Económico y Social
DM	Deutschmark (marco alemán)
DPE	Diputado del Parlamento Europeo
ECOFIN	Consejo de Ministros de Economía y Finanzas
EEE	Espacio Económico Europeo
Euratom	Comunidad Europea de la Energía Atómica
Europol	Oficina Europea de Policía
FEDER	Fondo Europeo de Desarrollo Regional
FMI	Fondo Monetario Internacional
FSE	Fondo Social Europeo
GATT	Acuerdo General sobre Aranceles y Comercio (*General Agreement on Tariffs and Trade*)
IED	Inversión Extranjera Directa
IVA	Impuesto sobre el Valor Añadido
MTC	Mecanismo de Tipos de Cambio
OCDE	Organización para la Cooperación y el Desarrollo Económico
OCEE	Organización de Cooperación Económica Europea
OMC	Organización Mundial de Comercio
OTAN	Organización del Tratado del Atlántico Norte
PAC	Política Agrícola Común

PE	Parlamento Europeo
PELDR	Partido Europeo de los Liberales, Demócratas y Reformistas
PESC	Política Exterior y de Seguridad Común
PESD	Política Europea de Seguridad y Defensa
PPA	Paridad de Poder Adquisitivo
PPE-DE	Partido Popular Europeo y Demócratas Europeos
PSE	Partido de los Socialistas Europeos
SME	Sistema Monetario Europeo
TJ	Tribunal de Justicia (de las Comunidades Europeas)
TLCAN	Tratado de Libre Comercio de América del Norte
UE	Unión Europea
UEM	Unión Económica y Monetaria
UEO	Unión Europea Occidental
VMC	Votación por Mayoría Cualificada

ÍNDICE ANALÍTICO Y DE NOMBRES